종이와 연필로 익히는 데이터 분석

데이터
과학자의
가설 사고

データサイエンティストの仮説思考

(Data Scientist no Kasetsu Shikou : 7299-6)

© 2022 Daisuke Kochu, Akio Kawachi, Shunsuke Kohno, Kairi Suzuki, Saki Nagaki, Junichi Nakano

Original Japanese edition published by SHOEISHA Co.,Ltd.

Korean translation rights arranged with SHOEISHA Co.,Ltd. through Eric Yang Agency, Inc.

Korean translation copyright © 2024 by BJPUBLIC

이 책의 한국어판 서작권은 에릭양 에이전시를 통한 저작권사와의 녹점 계약으로
(주)비제이퍼블릭에 있습니다. 저작권법에 의해 한국 내에서 보호를 받는 저작물이므로
무단전재와 복제를 금합니다.

종이와 연필로 익히는 데이터 분석

데이터 과학자의 가설 사고

들어가며

최근 빅데이터와 AI, 디지털 트렌스포메이션(DX) 등 Society 5.0을 향해 나아가며 디지털 기술을 활용할 일이 늘고 있습니다. 미래 디지털 사회에서는 다양한 정보가 디지털화되고, 일상적인 업무를 할 때도 데이터 활용이 당연해질 것입니다. 지금까지 업무를 감(感)과 경험에 의존해 진행했다면, 앞으로는 데이터에 기반을 두고 논리적으로 의사결정을 해야 합니다.

일본 정부는 2019년 6월에 『AI 전략 2019』를 발표했습니다. 그리고 디지털 사회의 기초 지식(이른바 「읽기·쓰기·셈하기」 같은 소양)으로 모든 국민이 **「수리·데이터 과학·AI」** 영역에 힘을 기르도록 하겠다는 목표를 내걸었습니다. 이 『AI 전략 2019』에 따라 많은 대학생과 고등학생이 디지털 사회에서 필요한 데이터 리터러시(Data literacy, 데이터를 읽고 파악하는 능력을 뜻한다—역자 주)를 배우기 시작했습니다.

또, 경제산업성에서는 2022년 3월에 모든 직장인이 익혀야 할 『**DX 리터러시 표준**』을 발표했습니다. 이 DX 리터러시 표준 가운데 「What : DX로 활용되는 데이터·기술」이라는 항목에서 데이터 리터러시에 관해 언급하고 있습니다.

앞으로 디지털 사회를 살아가기 위해 직장인은 **데이터를 읽는 힘, 데이터를 해석하는 힘, 데이터를 다루는 힘, 데이터를 분류하는 힘, 데이터에서 법칙을 발견하는 힘, 데이터를 보고 예측하는 힘**이라는 6가지 힘(데이터 리터러시)을 몸에 익혀야 합니다. 이 책에서는 직장인이 익혀야 할 '데이터를 읽는 힘(제2장)', '데이터를 설명하는 힘(제3장)', '데이터를 분류하는 힘(제4장)', '데이터에서 법칙을 발견하는 힘(제5장)', '데이터를 보고 예측하는 힘(제6장)'이라는 5가지 힘에 관해 해설합니다.

'데이터를 다루는 힘'은 Microsoft Excel이나 Google 스프레드시트 등의 표 계산 소프트를 반복 활용하면 익힐 수 있습니다. 이 책은 데이터 드리븐(Data driven, 수집한 데이터를 종합적으로 분석해 활용하는 것—역자 주) 사고방식을 익히는 데 중점을 두었기에 '데이터를 다루는 힘'은 제외했습니다.

또한 이 책은 일본 전기 주식회사가 NEC 아카데미 for AI에서 실시하는 '종이와 연필로 시작하는 데이터 과학 입문' 콘텐츠를 바탕으로 집필했습니다. 종이와 연필로 배운다는 콘셉트를 바탕으로 Python이나 R 등의 프로그래밍 언어를 사용하지 않고도 **데이터 과학자의 사고 과정을 체험할 수 있도록 했습니다.** 데이터 과학자가 어떤 사고 회로로 데이터와 마주하는지 이 책에 실은 40개의 퀴즈를 풀면서 체험해보시기 바랍니다.

2022년 3월 저자를 대표해서

고추 다이스케

저자 소개

편저자

고추 다이스케

일본 전기 주식회사 AI·애널리틱스 사업통괄부 수석 데이터 과학자.

2003년 4월 일본 전기 주식회사 입사. 유통·서비스업을 중심으로 분석 컨설팅을 제시하였고, 2016년 NEC프로페셔널 인정 제도 '시니어 데이터 애널리스트' 초대 인정자가 되었다. 2018년 NEC그룹의 AI인재 육성을 통괄하는 AI인재 육성 센터의 센터장으로 취임하여 AI인재 육성에 힘썼다. 2019년 AI인재를 육성하기 위한 NEC아카데미 for AI를 개설해 학장을 지냈다. 저서로는 『AI 인재를 기르는 방법』, 『교양으로서의 데이터 과학』, 『데이터 과학자 검정 공식 레퍼런스북』이 있다.

저자

가와치 아키오

일본 전기 주식회사 AI·애널리틱스 사업통괄부 리드 데이터 과학자.

2009년 4월 일본 전기 주식회사 입사. 통신 사업자를 위한 SE로 활동하다가 2015년 10월부터 데이터 과학자로 활동하기 시작했다. 지금까지 유통, 제조, 전력, 부동산, 관공서 등 폭넓은 업계에서 분석에 종사했다. 현재는 주로 분석을 제안하거나 인재를 육성하며 분석 어드바이저로 일한다.

고노 슌스케

일본 전기 주식회사 AI·애널리틱스 사업통괄부 데이터 과학자.

2014년 4월 일본 전기 주식회사 입사. 업무 개선을 위한 과제·요건 분석 기술 연구 개발에 종사하다가 철도·제조 영역의 고객을 중심으로 데이터 분석 프로젝트에 관여하고 있다. 분석 검증부터 적용까지 폭넓은 단계를 담당한다. 또, 고객 기업의 데이터 분석팀 설립과 육성 지원도 하고 있다.

스즈키 가이리

일본 전기 주식회사 AI·애널리틱스 사업통괄부 데이터 과학자.

2020년 4월 일본 전기 주식회사 입사. 데이터 과학자로서 데이터 분석 업무와 기술 검증 업무에 종사. 현재는 주로 관공서의 고객 데이터 분석 지원에 관여하고 있으며 요건 정의와 분석 검증, 적용을 담당한다.

나가키 사키

일본 전기 주식회사 AI·애널리틱스 사업통괄부 데이터 과학자.

2018년 4월 일본 전기 주식회사 입사. 입사 이래로 데이터 과학자로서 여러 업계의 AI기술을 활용한 데이터 분석 업무에 종사하였고, 현재는 제조업·에너지업·철도업 고객을 중심으로 한 AI 활용 안건 제안부터 고객 데이터를 이용한 검증, AI를 활용한 시스템 제안, AI 인재 육성 지원 등 폭넓게 활동하고 있다. 일본 데이터베이스 학회 회원이다.

나카노 준이치

일본 전기 주식회사 AI·애널리틱스 사업통괄부 데이터 과학자.

2007년 4월 일본 전기 주식회사 입사. 데이터웨어 하우스 시스템 설계·개발·보수 경험을 거쳐서 데이터 과학자로서 CRM 영역의 데이터 해석을 담당하고 있다. 현재는 NEC의 AI사업 확대에 공헌하는 한편, 데이터 분석을 이용한 Well-Being 향상 연구 등에도 몰두하고 있다. 2022년 3월 게이오대학 대학원 경영 관리 연구과 수료, 경영학 석사를 취득하였다.

베타리더

미래의 비즈니스 변화에 대응하기 위해, 분야를 막론하고 각 기업은 디지털 변혁을 위해 인재 채용과 교육을 진행하고 있습니다. 〈데이터 과학자의 가설 사고〉는 어려우면서도 복잡한 프로그래밍을 사용하지 않고 데이터 리터러시를 익힐 수 있는 책으로, 데이터 분석에 경험이 없는 사람도 디지털 시대에 발맞춘 인재가 될 수 있도록 도와줄 것입니다.

데이터 리터러시에 필요한 데이터를 읽는 것을 시작으로 설명, 분류, 발견, 예측 순으로 데이터 과학자의 사고방식을 배우고, 40여 개의 퀴즈로 배운 사고력을 검증하는 부분이 좋았습니다. 상권 분석에서부터 매출 분석, 설비 이상, 고객 이탈, 상품 수요 예측 등 다양한 업무에서 데이터 리터러시를 활용하는 방법을 알려주기에 업무에 바로 적용할 수 있는 실전 가이드북이라는 생각이 들었습니다.

이 책은 데이터를 통해 사고할 수 있는 데이터 드리븐 사고방식을 빠르고 쉽게 습득할 수 있기에 학생부터 데이터 과학을 배우고자 하는 사람, 기업의 디지털 트랜스포메이션(DX)을 진행하고자 하는 사람들에게 최적의 출발이 될 수 있을 것입니다.

윤진수

디지털 시대를 맞이하면서 데이터를 접하거나 활용할 일이 늘고 있습니다. 이제 무슨 일을 하든 데이터들이 늘 따라 다닙니다. 이 책은 오늘날 디지털 시대에서 데이터를 활용하기 위한 다양한 방법을 쉽고 친절하게 설명합니다. 그리 어렵지 않아 다소 기초적인 내용일 수도 있겠지만 그만큼 중요하며 꼭 알아야 하는 내용이기도 합니다. 실생활에서 흔히 접할 수 있는 다양한 예시를 퀴즈를 풀면서 쉽게 이해할 수 있습니다.

윤모린

"데이터 과학자의 가설 사고"는 데이터 분석에서 중요한 역할을 하는 가설적 사고를 깊게 이해하도록 돕는 데 가장 쉽게 설명한 책이라 생각합니다. 복잡한 문제를 다루는 데이터 과학자들이 어떻게 창의적인 접근으로 가설을 설정하고, 그 가설들을 어떻게 검증하는지에 대해 명확하게 설명합니다. 가설 설정부터 검증까지의 과정에서 필요한 다양한 기법과 전략들을 정리해 알기 쉽게 제시하며, 실제 데이터 분석 상황에서 어떻게 활용할 수 있는지 그 방법을 구체적인 예시와 함께 설명합니다.

특히 현장에서 바로 사용할 수 있는 실용적인 지식을 담고 있어, 신입 데이터 과학자부터 경력자, 그리고 데이터 분석 역량 강화를 원하는 모든 독자에게 유익할 것입니다. "데이터 과학자의 가설 사고"를 읽은 후 데이터 과학의 핵심 개념과 기술을 잘 이해하게 되었고, 이를 실무에서 적용하는 데 큰 도움이 되었습니다. 우리가 변화하는 세상에서 직면하는 복잡성과 불확실성 속에서 더욱 명확하고 효율적인 의사결정을 하도록 안내합니다. 따라서 저의 데이터 과학 경력을 한 단계 끌어올릴 수 있도록 도와준 "데이터 과학자의 가설 사고"를 강력히 추천합니다.

이석곤

이 책을 통해 생소하고 어렵게만 느껴졌던 데이터 과학자와 데이터 리터러시의 개념을 쉽게 익힐 수 있게 되었습니다. 데이터 분석에서 자주 사용하는 통계 개념과 그래프를 실생활과 밀접한 예시로 차근차근 설명하며, 머신 러닝의 k-means법, 의사결정트리, 선형회귀 기법을 연필로 퀴즈를 풀면서 자연스럽게 습득할 수 있습니다.

데이터 분석을 처음 접하더라도 데이터 과학자가 데이터를 분석하는 사고방식과 데이터를 분류하는 원리, 데이터로부터 결과를 추측하거나 수치를 예측하는 과정을 큰 어려움 없이 이해할 수 있습니다.

특히, 데이터 분석을 통해 실생활에 활용할 수 있는 다양한 사례를 제시하는 부분이 인상 깊었으며, 데이터 과학자를 목표로 하거나 데이터 분석을 시작하는 모든 분에게 이 책이 훌륭한 첫걸음을 도와줄 것입니다.

안단희

Python이나 R 등 프로그래밍 언어를 사용하지 않고도 데이터 리터러시 소양을 키울 수 있는 책입니다. 종이와 연필로 40개의 퀴즈를 풀며 데이터를 읽고 설명하거나 활용하는 능력을 넘어 데이터 속에 숨은 법칙을 발견하거나 미래를 예측하는 능력도 키울 수 있다는 장점이 있습니다.

책을 읽다 보면 이상값을 제거하여 상관관계의 정밀도를 높인다거나, 하나의 숫자를 고객 수 × 고객 단가와 같이 분해하는 등 경험이 풍부한 고수의 실전 감각을 자연스럽게 얻어갈 수 있을 것입니다.

한국외국어대학교 데이터분석가 **허 민**

목차

들어가며 —— v
저자 소개 —— vii
베타리더 —— ix
이 책을 활용하는 방법 —— xx

제1장 디지털 시대에 필요한 데이터 리터러시

1-1. 디지털 시대의 도래 —— 3
DX 시대의 빅데이터의 역할 —— 3
Society 5.0의 실현 —— 4

1-2. 데이터 리터러시는 미래의 직장인에게 필수 스킬 —— 6
디지털 시대의 「읽기·쓰기·셈하기」 같은 소양 —— 6
모든 대학생·고등학생이 배우는 데이터 리터러시 —— 8
신입사원이 더 뛰어난 데이터 리터러시 —— 9
column: 모든 직장인이 익혀야 할 DX 리터러시 —— 10

1-3. 데이터 리터러시를 익히자 —— 12
직장인이 익혀야 할 데이터 리터러시 —— 12
column: 데이터 과학자란? —— 14

제2장 데이터를 읽는 힘을 기른다

2-1. 생각하면서 데이터를 읽자! —— 19

- 퀴즈1 : 데이터를 목적에 맞게 보는 방법을 배운다 —— 19
- 퀴즈2 : 데이터의 특징과 경향을 파악하는 방법을 배운다 —— 20
- 퀴즈3 : 데이터에서 착안점을 찾는 방법을 배운다 —— 21

2-2. 전체의 경향을 파악하자! —— 23

데이터의 대푯값 : 평균값·최빈값·중앙값 —— 23
- 퀴즈4 : 평균값·최빈값·중앙값 산출 방법을 배운다 —— 25
- 퀴즈5 : 대푯값과 데이터 분포의 관계를 배운다 —— 26

데이터 분포를 확인한다 —— 29

column : 히스토그램의 폭 —— 30

실제 사회에서는 평균값=최빈값이 아닌 경우가 많다 —— 33
일본 국민의 대부분은 552만 3천 엔의 소득이 있다? —— 33
대부분의 세대는 1,791만 엔을 저축해 놓았다? —— 34

2-3. 데이터의 세부 내용을 확인하자! —— 36

- 퀴즈6 : 상이값·이상값을 배운다 —— 36
존재하지 않는 데이터(결측값) —— 38

2-4. 데이터의 관계성을 파악하자! —— 40

- 퀴즈7 : 두 개의 데이터의 관계성을 배운다 —— 40
두 데이터의 관계성 : 상관 —— 41
상관관계와 인과관계 —— 42
- 퀴즈8 : 상관과 인과를 배운다 —— 43
상관관계를 어떻게 볼 것인가? —— 46

제3장 데이터를 설명하는 힘을 기른다

3-1. 데이터를 시각화해보자! —— 55

퀴즈1 : 적절한 그래프 표현을 배운다 —— 55

적절한 그래프 표현 —— 57

column : 시계열 데이터를 시각화할 때는 꺾은선 그래프? —— 59

column : 데이터 과학자는 원 그래프를 쓰지 않는다? —— 61

퀴즈2 : 부적절한 그래프 표현을 배운다 —— 62

3-2. 데이터를 비교한다는 것은? —— 66

퀴즈3 : 적절한 비교 대상 설정 방법을 배운다 —— 66

적절한 비교 대상 설정 —— 67

데이터를 비교하는 4가지 시점 —— 69

퀴즈4 : 어떤 시점과의 비교 방법을 배운다 —— 71

퀴즈5 : 타자와의 비교 방법을 배운다 —— 73

곱셈에 의한 분해 —— 74

덧셈에 의한 분해 —— 75

3-3. 데이터에서 과제를 찾아낸다 —— 76

퀴즈6~9 : 데이터에서 과제를 찾아내는 순서를 배운다 —— 76

매출 데이터에서 과제를 찾아내는 순서 —— 78

포인트 3배 DAY의 매출 증가 효과 —— 86

운동회의 매출 증가 효과 —— 87

제4장 데이터를 분류하는 힘을 기른다

4-1. 특징이 비슷한 데이터를 그룹으로 만들자! —— 97

퀴즈1 : 데이터를 그룹으로 나누는 의미를 배운다 —— 97
데이터를 그룹으로 나누는 의미 —— 101
그룹별 해결 방안을 생각한다 —— 102
column: 고객의 잠재적인 니즈를 파악한다 —— 104
데이터의 특징이 비슷하다는 판단 —— 105
퀴즈2 : 데이터 사이의 거리를 배운다 —— 105
퀴즈3 : 거리를 계산할 때의 주의사항을 배운다 —— 108
column: 스케일이 다른 데이터 —— 110

4-2. 목적에 맞게 데이터를 분류하자! —— 113

퀴즈4 : 데이터를 분류하기 위한 관점을 배운다 —— 113
데이터 분류의 어려움 —— 116

4-3. 데이터를 기계적으로 분류하자! —— 119

퀴즈5 : 그룹의 중심을 배운다 —— 119
데이터를 분류하는 방법 : k-means법 —— 122
column: k-means법의 초깃값 문제 —— 126

4-4. 데이터 분류를 체험하자! —— 128

퀴즈6~8 : 데이터를 분류하는 순서를 배운다 —— 128

제5장 데이터에서 법칙을 발견하는 힘을 기른다

5-1. 데이터에서 법칙을 발견한다! —— 143

- 퀴즈1 : 데이터에서 법칙을 발견하는 방법을 배운다 —— 143
- 퀴즈2 : 발견한 법칙을 적용하는 방법을 배운다 —— 146
- ■ 판별 문제의 특징 —— 148

5-2. 판별 문제를 푸는 의사결정 트리 모델 —— 149

- 퀴즈3 : 의사결정 트리 모델을 만드는 방법을 배운다 —— 149
- 의사결정 트리 모델을 성장시킨다 —— 151
- 퀴즈4 : 의사결정 트리 모델을 이용해 결과를 추측하는 방법을 배운다 —— 153

5-3. 판별 문제의 정밀도를 평가해보자! —— 155

- 퀴즈5 : 판별 문제의 평가 방법을 배운다 —— 155
- 2×2칸 크로스 표로 정리한다 —— 156
- 판별 문제의 정밀도를 평가하는 방법 —— 159
- 적합률과 재현율 가운데 어느 쪽이 중요할까? —— 162

5-4. 의사결정 트리 모델을 활용해보자! —— 164

- 퀴즈6 : 데이터에서 법칙을 발견해서 판별 문제를 푸는 순서를 배운다 —— 164

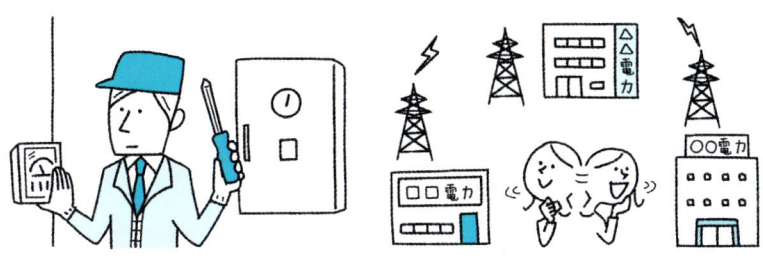

제6장 데이터를 보고 예측하는 힘을 기른다

6-1. 수치 데이터의 관계성을 확인하자! —— 181

퀴즈1 : 수치 데이터의 관계성을 확인하는 방법을 배운다 —— 181

퀴즈2 : 수치 데이터의 관계성이 좁혀지지 않을 때의 대처 방법을
　　　　배운다 —— 182

수치 이외의 데이터와의 관계성을 확인한다 —— 185

퀴즈3 : 수치 이외의 데이터와의 관계성을 확인하는 방법을
　　　　배운다 —— 185

6-2. 내삽과 외삽에 주의하자! —— 187

퀴즈4 : 데이터를 보고 예측할 때 주의해야 할 내삽과 외삽을
　　　　배운다 —— 187

데이터를 보고 찾아낸 관계성을 적용할 수 있는 경우와
　　적용할 수 없는 경우 —— 189

외삽에 의한 예측 예 —— 191

6-3. 데이터의 치우침에 주의하자! —— 194

퀴즈5 : 데이터에 치우침이 있을 때의 주의사항을
　　　　배운다 —— 194

데이터에 치우침이 없는지 확인한다 —— 195

식료품점의 캠페인 실패 —— 197

6-4. 시간 변화에 주목하자! —— 201

퀴즈6 : 시계열 데이터의 트렌드와 주기성을 배운다 —— 201

시계열 데이터에서는 다양한 변동을 발견할 수 있다 —— 205

6-5. 데이터를 보고 예측하자! —— 206

퀴즈7~9 : 데이터를 보고 예측하는 순서를 배운다 —— 206

제7장 업무에서 데이터 리터러시를 활용한다

7-1. 데이터를 읽는 힘을 활용한다 —— 221
데이터를 읽는 힘을 활용한 사례 : **앙케트 조사** —— 222
데이터를 읽는 힘을 활용한 사례 : **상권 분석** —— 223

7-2. 데이터를 설명하는 힘을 활용한다 —— 225
데이터를 설명하는 힘을 활용한 사례 : **매출 분석** —— 226
데이터를 설명하는 힘을 활용한 사례 : **품질 관리** —— 228

7-3. 데이터를 분류하는 힘을 활용한다 —— 229
데이터를 분류하는 힘을 활용한 사례 : **고객 세그먼테이션** —— 230
데이터를 분류하는 힘을 활용한 사례 : **점포 뭉치기** —— 232

7-4. 데이터에서 법칙을 발견하는 힘을 활용한다 —— 233
데이터에서 법칙을 발견하는 힘을 활용한 사례 : **설비 이상** —— 235
데이터에서 법칙을 발견하는 힘을 활용한 사례 : **고객 이탈** —— 235

7-5. 데이터를 보고 예측하는 힘을 활용한다 —— 237
데이터를 보고 예측하는 힘을 활용한 사례 : **상품 수요 예측** —— 238
데이터를 보고 예측하는 힘을 활용한 사례 : **이용객 수 예측** —— 240

맺는 말 —— 245
참고문헌 —— 247

이 책을 활용하는 방법

■ 이 책의 대상 독자

다음과 같은 분들이 이 책으로 데이터 리터러시를 익히기를 바랍니다. 앞으로 있을 디지털 사회에서는 디지털 리터러시가 필수 스킬이 될 것이기에 모든 직장인이 이 책의 예상 독자가 됩니다. 몇 년 후에는 대학교나 고등학교에서 데이터 리터러시를 배운 학생이 신입사원으로 입사할 것이기에 특히 관리직이나 코치 등의 중견 사원들은 하루빨리 데이터 리터러시를 익혀야 하겠습니다.

이 책의 대상 독자

직장인 전반

관리직/코치(중견 사원)

젊은 사원

대학생/고등학생

〈직장인 전반〉
- 디지털 트랜스포메이션(DX)을 진행하기 위해 데이터를 활용하는 기술을 익히고자 하는 사람
- 상사에게 "데이터를 사용해서 논리적으로 생각해보라"는 말을 듣지만, 데이터의 어느 부분을 보면 좋을지를 모르는 사람
- 데이터 과학자와 협업하게 되었는데, 그들이 어떤 식으로 사고하는지 알고 싶은 사람

〈관리직/코치(중견 사원)〉
- 대학에서 데이디 리디리시를 익힌 신입사원을 받아들인 부서의 관리직/코치

〈젊은 사원〉
- 데이터 리터러시를 배우지 못한 사람

〈대학생/고등학생〉
- 비즈니스 현장에서 데이터 리터러시가 어떻게 활용되는지 알고 싶은 사람

■ 이 책의 구성

데이터 리터러시를 익히기 위한 퀴즈를 40문제 준비했습니다. 각 장의 퀴즈를 풀다 보면 데이터 과학자가 어떤 사고 회로로 데이터를 대하는지 간접 체험할 수 있습니다. 데이터 과학자의 사고방식을 모방하면서 데이터를 읽고 해석할 때의 요점(착안점)을 이해하고, 데이터를 바탕으로 논리적인 의사 결정을 하기 위한 힘을 기릅시다.

각 장의 구성

장		퀴즈
제1장	디지털 시대에 필요한 데이터 리터러시	-
제2장	데이터를 읽는 힘을 기른다	8문제
제3장	데이터를 설명하는 힘을 기른다	9문제
제4장	데이터를 분류하는 힘을 기른다	8문제
제5장	데이터에서 법칙을 발견하는 힘을 기른다	6문제
제6장	데이터를 보고 예측하는 힘을 기른다	9문제
제7장	업무에서 데이터 리터러시를 활용한다	-

퀴즈는 모두 사지선다 문제입니다. Excel이나 Python 등을 사용하지 않고, 종이와 연필만 있으면 풀 수 있는 문제를 준비했으니 가벼운 마음으로 데이터 과학자의 사고 과정을 체험해보시기 바랍니다.

40개의 퀴즈를 모두 풀었다면, 꼭 비즈니스 현장에서 데이터 활용에 도전해보시기 바랍니다. 여러 번 반복해서 데이터를 활용해보면 데이터 드리븐 사고방식을 습득할 수 있을 겁니다.

제1장

디지털 시대에 필요한 데이터 리터러시

이 장에서는 미래의 디지털 사회에서 필수 스킬이 될 '디지털 리터러시'에 관해 설명합니다. 일본 정부는 AI 전략에 바탕을 두고, 문·이과 상관없이 모든 대학생과 고등학생을 대상으로 리터러시 교육을 실시하겠다고 발표했습니다. 대학교와 고등학교에서 데이터 리터러시를 배운 신입사원과 리터러시 격차가 벌어지지 않으려면 이미 사회인이 된 우리도 데이터 리터러시를 하루빨리 익혀야 합니다.

먼저 1-1에서는 **미래의 비즈니스 환경 변화에 대응하기 위해 데이터와 디지털 기술 활용이 왜 중요한지** 설명합니다. 이어서 1-2에서는 **모든 대학생과 고등학생이 배우는 데이터 리터러시를 소개하면서 직장인이 왜 데이터 리터러시를 익혀야 하는지** 설명합니다. 마지막으로 1-3에서는 **직장인이 익혀야 할 데이터 리터러시**를 설명합니다.

〈이 장의 구성〉

1-1. 디지털 시대의 도래
1-2. 데이터 리터러시는 미래의 직장인에게 필요한 스킬
1-3. 데이터 리터러시를 익히자

1-1. 디지털 시대의 도래

최근 '디지털 트랜스포메이션(DX : Digital Transformation)'이라는 단어를 자주 듣게 되었습니다. 얼마 전까지만 해도 '빅데이터'와 'AI(인공지능 : Artificial Intelligence)'라는 키워드를 이용한 디지털 활용 방법이 주목받았는데, 2018년 9월에 경제산업성(우리나라의 산업통상자원부, 중소벤처기업부 등에 해당한다—역자 주)이 『DX 리포트~IT 시스템 '2025년의 절벽' 극복과 DX의 본격적인 전개~』를 발표하면서 DX라는 단어를 자주 사용하게 되었습니다.

■ **DX 시대의 빅데이터의 역할**

경제산업성이 2018년 12월에 발표한 『DX 추진 가이드라인』에서는 DX를 '기업이 비즈니스 환경의 빠른 변화에 대응하기 위해 데이터와 디지털 기술을 활용해 고객과 사회의 니즈를 바탕으로 제품이나 서비스, 비즈니스 모델을 개혁함과 동시에 업무 그 자체와 조직, 프로세스, 기업 문화·풍토를 변혁해 경쟁에서 우위를 확립하는 것'이라 정의하고 있습니다. 미래의 비즈니스 환경 변화에 대응하려면 **데이터와 디지털 기술을 활용하는 것**이 중요하며, 각 기업은 발빠르게 DX를 추진해야 합니다.

일상에서도 디지털을 활용한 비즈니스가 침투해 있습니다. 예를 들어 Uber Eats로 대표되는 음식 배달 서비스나 메루카리(メルカリ, 일본의 온라인 중고 거래 플랫폼으로 우리나라의 '당근마켓'에 해당한다—역자 주)로 대표되는 프리마켓 서비스 등 편리한 서비스가 차례로 등장하고 있습니다. 이러한 새로운 서비스에 빅데이터가 중요한 역할을 하고 있으며, 예측이나 화상 인식 등의 AI 기술을 활용해서 지금까지 없었던 새로운 가치를 제공하고 있습니다.

■ Society 5.0의 실현

미래 사회는 IoT(Internet of Things : 사물 인터넷)나 AI, 로봇을 활용해서 지금까지는 할 수 없었던 일이 가능해지고, 새로운 가치를 낳을 수 있는 **Society 5.0**이라 불립니다. Society 5.0에서는 데이터가 중요한 역할을 하고, 사람의 행동 로그 데이터나 기계의 가동 로그 데이터 등의 빅데이터를 AI로 해석함으로써 새로운 가치를 만들어냅니다. 예를 들어 사람의 운전 동작 없이 주행할 수 있는 자율 주행차 개발이나 개인별로 맞춤화된 서비스를 제공하는 등 빅데이터를 활용함으로써 정보 사회(Society 4.0)를 잇는 새로운 사회(Society 5.0)의 실현을 목표로 하고 있습니다.

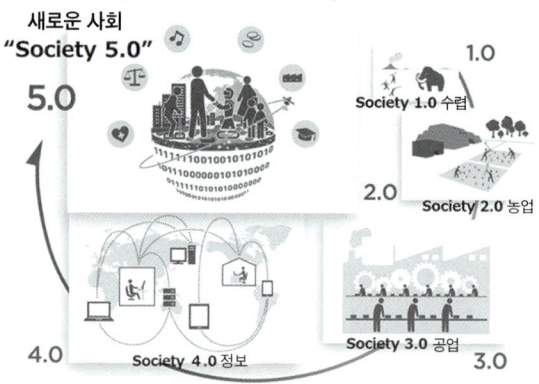

출처 : 내각부 「Society 5.0」
URL : https://www8.cao.go.jp/cstp/society5_0/

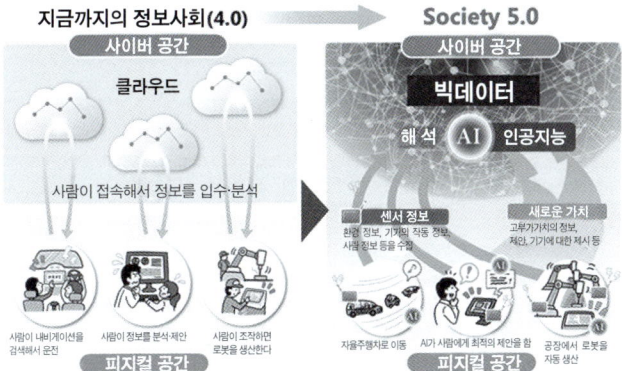

출처 : 내각부 「Society 5.0」
URL : https://www.8.cao.go.jp/cstp/society5_0/

1-2. 데이터 리터러시는 미래의 직장인에게 필수 스킬

새로운 사회 'Society 5.0'에서는 데이터와 디지털 기술을 적절하게 활용하기 위한 기본적인 소양을 갖추는 것이 중요합니다. 빅데이터 활용과 AI 기술 적용이 당연해진 사회에서는 데이터를 바탕으로 판단을 내리는 **데이터 드리븐 사고**가 요구됩니다. 앞으로 사회에서 활약할 직장인은 지금까지의 감과 경험에 기반한 의사결정에만 머물 것이 아니라, 데이터에 기반한 의사결정 방법도 익혀야 합니다.

■ 디지털 시대의 「읽기·쓰기·셈하기」 같은 소양

일본 정부는 데이터 드리븐 사고를 모든 일본 국민이 익히게끔 2019년 6월 『AI 전략 2019~사람·산업·지역·정부 모든 것에 AI~』를 책정했습니다. 이『AI 전략 2019』에서는 디지털 사회의 기초 지식(이른바 '**읽기·쓰기·셈하기**' 같은

소양)으로 모든 국민이 '**수리·데이터 과학·AI**'에 관한 힘을 갖추는 것을 목표로 내걸었습니다.

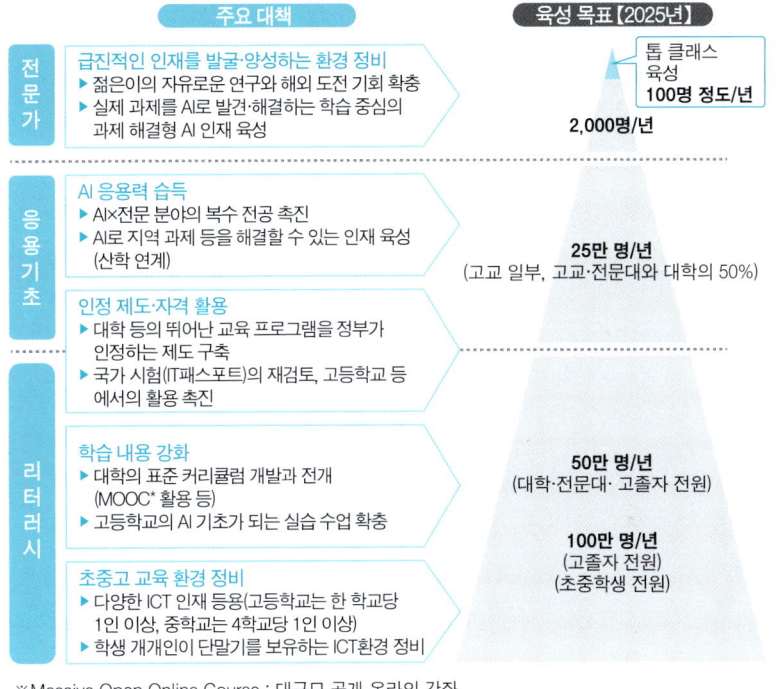

※Massive Open Online Course : 대규모 공개 온라인 강좌

출처 : 내각부『AI 전략 2019』를 바탕으로 작성
URL : https://www.maff.go.jp/j/kanbo/tizai/brand/attach/pdf/ai-15.pdf

『AI 전략 2019』에 기초해 초등학교에서는 2020년도부터 '**프로그래밍 교육**'이 필수화되었고, 고등학교에서는 2022년도부터 '**정보 I**'이 필수 과목이 되었습니다. 그리고 대학교와 고등학교에서는 문과·이과에 상관없이 모든 학부를 대상으로 '**수리·데이터 과학·AI 리터러시 교육**'을 진행하기 시작했습니다.

■ 모든 대학생·고등학생이 배우는 데이터 리터러시

일본의 모든 대학생과 고등학생(약 50만 명/년)이 배우게 된 '수리·데이터 과학·AI 리터러시 교육'을 조금 더 자세히 살펴봅시다. 수리·데이터 과학·AI 리터러시 교육 강화 거점 협회에서는 '수리·데이터 과학·AI(리터러시 레벨) 모델 커리큘럼'을 공개하고 있습니다. 전국 대학교와 고등학교에서는 이 모델 커리큘럼을 참고해 모든 학부를 대상으로 리터러시를 교육 중입니다.

수리·데이터 과학·AI(리터러시 레벨) 모델 커리큘럼

도입
1. 사회에서의 데이터·AI 이용과 활용
   - 1-1. 사회에서 일어나고 있는 변화
   - 1-2. 사회에서 활용되고 있는 데이터
   - 1-3. 데이터·AI의 활용 영역
   - 1-4. 데이터·AI 이용과 활용을 위한 기술
   - 1-5. 데이터·AI 이용과 활용 현장
   - 1-6. 데이터·AI 이용과 활용의 최신 동향

기초
2. 데이터 리터러시
   - 2-1. 데이터를 읽는다
   - 2-2. 데이터를 설명한다
   - 2-3. 데이터를 다룬다

주의사항
3. 데이터·AI 이용 및 활용 시 유의 사항
   - 3-1. 데이터·AI를 다룰 때의 유의 사항
   - 3-2. 데이터 보안 유의 사항

선택
4. 옵션
   - 4-1. 통계 및 수리 기초
   - 4-2. 알고리즘 기초
   - 4-3. 데이터 구조와 프로그래밍 기초
   - 4-4. 시계열 데이터 해석
   - 4-5. 텍스트 해석
   - 4-6. 영상 해석
   - 4-7. 데이터 핸들링
   - 4-8. 데이터 활용 실천(교사 있는 학습)
   - 4-9. 데이터 활용 실천(교사 없는 학습)

출처 : 수리·데이터 과학 교육 강화 거점 협회 『수리·데이터 과학·AI(리터러시 레벨) 모델 커리큘럼~데이터 사고의 함양~』
URL : http://www.mi.u-tokyo.ac.jp/consortium/pdf/model_literacy.pdf

리터러시 레벨의 모델 커리큘럼은 '도입', '기초', '주의사항', '선택'의 4가지로 구성되어 있습니다. 대학생과 고등학생은 여기서 '기초'에 해당하는 **데이터 리터러시**를 배웁니다. 모델 커리큘럼에서는 일상생활이나 업무 현장에서 데이터를 활용하기 위한 기초적인 소양으로 **데이터를 읽는 힘, 데이터를 설명하는**

힘, 데이터를 다루는 힘이라는 3가지 힘을 기를 것을 권장하고 있습니다.

이 모델 커리큘럼에는 '데이터 사고 함양'이라는 부제가 있습니다. 정부는 리터러시 교육을 통해 데이터 드리븐 사고를 할 수 있는 학생을 늘리고자 하며, 구체적으로는 다음 학습 목표를 들 수 있습니다. 데이터 리터러시를 익힌 고등학생과 대학생이 앞으로 다양한 기업에 취직해 비즈니스 현장에서 활약할 것으로 기대됩니다.

기초 : 데이터 리터러시의 학습 목표

- 데이터의 특징을 파악하고, 일어난 사건의 배경이나 의미를 이해할 수 있다
- 데이터를 파악하는 데 도메인 지식(Domain knowledge, 영역 지식)이 중요하다는 사실을 이해한다
- 데이터 발생 현장을 확인하는 일의 중요성을 이해한다
- 데이터 비교 대상을 올바르게 설정하고, 숫자를 비교할 수 있다
- 적절한 시각화 방법을 선택하고, 다른 사람에게 데이터를 설명할 수 있다
- 부적절하게 작성된 그래프/숫자에 속지 않는다
- 문헌이나 현장을 파악하고, 관계를 분석·고찰해서 표현할 수 있다
- 스프레드시트 등을 사용해 소규모 데이터(수백 건~수천 건 수준)를 집계·가공할 수 있다

출처 : 수리·데이터 과학 교육 강화 거점 협회 『수리·데이터 과학·AI(리터러시 레벨) 모델 커리큘럼~데이터 사고의 함양~』
URL : http://www.mi.u-tokyo.ac.jp/consortium/pdf/model_literacy.pdf

■신입사원이 더 뛰어난 데이터 리터러시

『AI 전략 2019』로 모든 대학생과 고등학생이 데이터 리터러시를 익힌다는 사실을 알았습니다. 그럼 사회인은 어떨까요? 앞으로 Society 5.0이나 DX는 데이터 리터러시를 고등학교나 대학교에서 배운 신입사원에게 맡기면 될 테니, 이미 사회인으로서 일하는 우리는 배우지 않아도 될까요?

정부는 학생과 더불어 매년 100만 명의 사회인에게 데이터 리터러시를 배울 기회를 제공하는 것을 목표로 하고 있습니다. 앞으로 입사할 젊은이는 대학교와 고등학교에서 데이터 리터러시를 충분히 배운 상태에서 신입사원(사회인)이 됩니다. 하지만 이미 사회인으로 활동 중인 기존 사원(젊은 사원이나 중견 사원) 대다수는 학생 시절에 데이터 리터러시를 배우지 않았고, 데이터 드리븐 사고방식을 갖추지 못한 상태에서 일을 진행하고 있습니다.

때문에 가까운 장래에 데이터 리터러시를 익힌 신입사원과 그렇지 못한 기존 사원 사이에 '**리터러시 격차**'가 벌어지는 게 아닐까?' 하는 우려의 목소리가 나오고 있습니다. 정부가 2019년 3월에 발표한『인간 중심의 AI 사회 원칙』에서도 리터러시의 유무에 따라서 격차가 발생하거나 약자를 낳을 가능성이 지적되고 있습니다. 이러한 격차를 줄이기 위해서라도 모든 세대가 데이터 리터러시를 익혀야 합니다.

앞으로 있을 디지털 사회에서는 온갖 정보가 디지털화되고, 일상 업무 가운데 데이터를 활용하는 것이 당연해집니다. 지금까지 감과 경험으로 진행해온 업무를 이제는 데이터에 기반해 논리적으로 해야 합니다. 데이터 드리븐하게 사고하는 신입사원과 함께 디지털을 활용한 새로운 가치를 창출하기 위해서는 기존 사원도 디지털 사회의 「읽기·쓰기·셈하기」 같은 기본 소양인 디지털 리터러시를 제대로 익혀야 합니다.

column: 모든 직장인이 익혀야 할 DX 리터러시

2022년 3월 경제산업성은 모든 직장인이 익혀야 할 DX 리터러시를 정의한『DX 리터러시 표준 ver. 1.0』을 발표했습니다. DX 리터러시 표준에서는 노농자가 'DX 리터러시'를 익힘으로써 DX를 자기 일로 파악하고, 과감하게 행동하기를 권하고 있습니다.

이 DX 리터러시 표준은 앞에서 말한 '수리·데이터 과학·AI(리터러시 레벨) 모델 커리큘럼'과도 일관성을 꾀하고 있으며 'What : DX로 활용되는 데이터·기술'에서 데이터를 읽는 힘, 데이터를 설명하는 힘, 데이터를 다루는 힘이 정의되어 있습니다. 데이터 리터러시는 모든 직장인이 익혀야 할 기초적인 소양입니다.

DX 리터러시 표준의 전체상

표준 책정의 목적
각 노동자가 'DX 리터러시'를 익혀서 DX를 자신의 일로 파악하고, 변혁을 향해 행동할 수 있게 한다

Why — DX의 배경
- DX의 중요성을 이해하기 위해 필요한 사회, 고객·유저, 경쟁 환경의 변화에 관한 지식을 정의
- DX 리터러시로서 익혀야 하는 지식의 학습 지침으로 삼는다

What — DX로 활용되는 데이터·기술
- 비즈니스 현장에서 활용되는 데이터나 디지털 기술에 관한 지식을 정의
- DX 리터러시로서 익혀야 하는 지식의 학습 지침으로 삼는다

How — 데이터·기술 활용
- 비즈니스 현장에서 데이터나 디지털 기술을 활용하는 방법이나 유의점에 관한 지식을 정의
- DX 리터러시로서 익혀야 하는 지식의 학습 지침으로 삼는다

마인드 스탠스
- 사회 변화 속에서 새로운 가치를 낳기 위해 필요한 의식·자세·행동을 정의
- 개인이 자기 행동을 돌아보기 위한 지침 및 조직·기업이 DX 추진이나 지속적 성장을 실현하기 위해 구성원에게 요구할 의식·자세·행동을 검토하는 방향으로 삼는다

What : DX로 활용되는 데이터·기술

학습 목표 : DX 추진 수단으로서의 데이터와 디지털 기술에 관해 안다

항목	내용	학습 항목 예
데이터 사회 데이터	'데이터'에는 숫자뿐 아니라 문자·그림·음성 등 다양한 종류가 있다는 사실과 각 데이터가 어떻게 축적되어 사회에서 활용되는지를 이해한다	· 데이터의 종류 · 사회 데이터의 활용 등
데이터 데이터를 읽고 설명한다	· 데이터 분석 수법과 결과를 해석하는 방법을 이해한다 · 데이터 분석 결과의 의미를 간파하고, 분석 목적이나 전달받는 사람에 따라 적절하게 설명하는 방법을 이해한다	· 데이터 분석 수법 　(기초적인 확률·통계 지식) · 데이터를 읽는다 　(비교 방법·중복 등) · 데이터를 설명한다 　(시각화·분석 결과 언어화 등)
데이터 데이터를 다룬다	데이터 활용에는 데이터 추출·가공에 관한 다양한 수법과 데이터베이스 등의 기술이 필수적임을 이해한다	· 데이터 추출·가공 　(클렌징·집계 등) · 데이터 출력 · 데이터베이스 　(데이터베이스의 종류, 구조 등)
데이터 데이터에 따라 판단한다	· 업무·사업 구조, 분석 목적을 이해하고, 데이터를 분석·활용하기 위한 접근 방법을 안다 · 기대와 다른 분석 결과가 나와도 결과 자체가 중요한 견해가 된다는 사실을 이해한다 · 분석 결과에서 경영이나 업무에 대한 개선 행동을 찾아내고, 행동에 따른 결과 일어난 일을 모니터링하는 수법을 이해한다	· 데이터 드리븐한 판단 프로세스 · 분석 접근 설계 · 모니터링 수법 등

출처 : 경제산업성 『DX 리터러시 표준 ver. 1.0』을 바탕으로 작성
URL : https://www.meti.go.jp/policy/it_policy/jinzai/skill_standard/DX_Literacy_standard_ver1.pdf

제1장 디지털 시대에 필요한 데이터 리터러시

1-3. 데이터 리터러시를 익히자

그러면 직장인으로서 어떤 리터러시를 익혀야 할지 생각해봅시다. 고등학생과 대학생은 **데이터를 읽는 힘**, **데이터를 설명하는 힘**, **데이터를 다루는 힘**을 배웁니다. 사회인도 마찬가지로 이 세 가지 힘을 익혀야 합니다. 이에 더해 **데이터를 분류하는 힘**, **데이터에서 법칙을 찾아내는 힘**, **데이터를 보고 예측하는 힘**도 기르는 것이 바람직하겠지요.

직장인이 익혀야 할 데이터 리터러시

■ 직장인이 익혀야 할 데이터 리터러시

비즈니스 현장에서는 수백에서 수천 건의 데이터를 빈번하게 다룹니다. 몇 건에서 몇십 건 정도의 데이터라면 한 건씩 데이터를 보면서 내용을 확인할 수 있지만, 수백에서 수천 건 규모가 되면 한 건씩 데이터를 확인하기가 어려워집니다. 특히 대량의 정보를 처리해야 하는 기획·마케팅 부문이나 경리·재무 부문, 제조·개발 부문 등에서는 수만에서 수십만 건이 넘는 데이터를 다루는 일이 일상다반사입니다.

이런 대량의 데이터에서 비즈니스에 도움이 되는 포인트를 골라내려면 **데이터를 몇 가지 그룹으로 분류하고, 데이터 안에 숨어 있는 법칙을 찾는 힘**이 필요합니다. 비즈니스 현장에서 다루는 데이터에는 다양한 상황의 데이터가 혼재되어 있습니다. 편의점 매출 데이터를 예로 생각해보면 날씨가 맑을 때의 데이터가 있는가 하면, 비 오는 날의 데이터도 있습니다. 또, 도심의 오피스빌딩 안에 자리한 점포 데이터가 있는가 하면, 교외의 길가에 자리한 점포 데이터도 있습니다.

이처럼 같은 '편의점 매출 데이터'에도 다양한 상황의 데이터가 섞여 있습니다. 이런 데이터를 똑같이 취급하면 비즈니스에 도움이 되는 지식을 골라낼 수 없습니다. 이럴 때는 매출 데이터를 몇 가지 비슷한 그룹으로 분류하면 그룹별 특징을 파악할 수 있게 됩니다.

또 비즈니스 현장에서는 **미래의 숫자를 검토하는 힘**도 필요합니다. 예를 들어 다음 달에 필요한 상품 수를 검토하거나, 내년 영업실적을 예측하는 등 미래의 숫자를 검토할 일이 많습니다. 이런 숫자 예측은 주로 데이터 과학자나 애널리스트 등의 전문가가 진행하지만 매번 전문가에게 부탁할 수는 없습니다. 간단한 예측 정도는 스스로 해보고 빠르게 업무에 활용하는 것이 중요합니다.

column: 데이터 과학자란?

일반사단법인 데이터 과학자 협회에서는 데이터 과학자를 '데이터 과학 능력, 데이터 엔지니어링 능력을 바탕으로 데이터에서 가치를 창출하고, 비즈니스 과제에 답을 찾는 프로페셔널'이라 정의합니다. 여기서 말하는 비즈니스란 사회에 도움이 되는 의미 있는 활동 전반을 가리킵니다. 또, 프로페셔널이란 체계적으로 트레이닝된 전문적인 스킬을 바탕으로 고객(손님이나 클라이언트)에게 관련 가치를 제공하고, 그 결과로 인식된 가치의 대가로 보수를 받는 사람을 가리킵니다.

데이터 과학자 협회에서는 데이터 과학자에게 필요한 스킬을 '비즈니스 능력', '데이터 과학 능력', '데이터 엔지니어링 능력' 3가지로 나누어 정의하고 있습니다. 각 능력의 상세한 스킬을 『데이터 과학자 스킬 체크리스트』로 공개 중이니 흥미가 있다면 확인해보시기 바랍니다. 스킬 체크리스트는 정기적으로 갱신되며, 최신판은 2021년 11월 19일에 공개된 '스킬 체크리스트 ver.4'입니다.

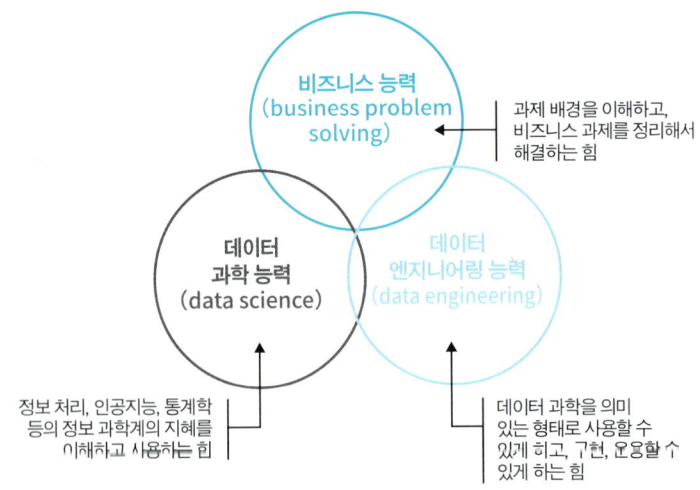

출처 : 일반사단법인 데이터 과학자 협회 프레스 릴리스 (2014. 12. 10)

제1장 <정리>

이 장에서 살펴본 것처럼 앞으로 디지털 사회에서는 데이터 리터러시가 필수 스킬이 됩니다. 고등학교와 대학교에서 데이터 리터러시를 배우는 학생과 리터러시 격차가 벌어지지 않으려면 모든 직장인이 데이터 리터러시를 익혀야 합니다.

디지털 시대의 도래
앞으로 있을 비즈니스 환경 변화에 대응하려면 데이터와 디지털 기술을 활용하는 것이 중요하며, 각 기업은 발빠르게 DX를 추진해야 합니다.

● **디지털 트랜스포메이션(DX)**
기업이 빠른 비즈니스 환경 변화에 대응하고 데이터와 디지털 기술을 활용해 고객과 사회의 니즈를 바탕으로 제품이나 서비스, 비즈니스 모델을 개혁함과 동시에 업무 자체와 조직, 프로세스, 기업 문화·풍토를 변혁해 경쟁에서 우위를 확립하는 것(경제산업성 정의)

● **Society 5.0**
정보사회(Society 4.0)를 잇는 사이버 공간(가상 공간)과 피지컬 공간(현실 공간)을 고도로 융합한 시스템을 통해 경제발전과 사회적 과제 해결을 도모하는 인간 중심 사회(내각부 정의)

데이터 리터러시는 미래 직장인에게 필수 스킬
새로운 사회 'Society 5.0'에서는 데이터와 디지털 기술을 적절하게 활용하기 위한 기초적인 소양을 익히는 것이 중요합니다.

● 정부 AI 전략 2019
디지털 사회의 기초 지식(이른바 '읽기·쓰기·셈하기' 같은 소양)으로 모든 국민이 '수리·데이터 과학·AI'에 관한 힘을 갖추는 것을 목표로 내걸고 있습니다.

● 고등학생·대학생이 배우는 데이터 리터러시
- 데이터를 읽는 힘 : 데이터의 특징을 파악하고, 일어난 일의 배경이나 의미를 이해할 수 있다
- 데이터를 설명하는 힘 : 적절한 시각화 방법을 선택해서 다른 사람에게 데이터를 설명할 수 있다
- 데이터를 다루는 힘 : 소규모 데이터를 집계·가공할 수 있다

데이터 리터러시를 익히자
직장인은 대학생·고등학생이 배우는 데이터 리터러시뿐 아니라 데이터를 분류하는 힘, 법칙을 발견하는 힘, 예측하는 힘도 길러야 한다.

● 직장인이 익혀야 할 데이터 리터러시
- 데이터를 읽는 힘, 데이터를 설명하는 힘, 데이터를 다루는 힘
- 데이터를 분류하는 힘 : 데이터를 몇 가지 그룹으로 분류할 수 있다
- 데이터에서 법칙을 찾아내는 힘 : 데이터에 숨어 있는 법칙을 찾아낼 수 있다
- 데이터를 보고 예측하는 힘 : 데이터를 보고 미래의 숫자를 검토할 수 있다

제 2 장

데이터를 읽는 힘을 기른다

이 장에서는 데이터를 읽는 힘을 길러보겠습니다. 비즈니스 현장에서는 매출 데이터나 설문 데이터 등 다양한 데이터를 바탕으로 의사 결정을 합니다. 또, 최근에는 인간의 행동 로그 데이터와 기계 가동 로그 데이터 등의 빅데이터가 적극적으로 수집되고, 상품 추천이나 고장 감지 등 빅데이터를 활용한 사례도 속속 등장하고 있습니다. 미래 디지털 사회를 살아가려면 **데이터를 적절하게 해석하고, 비즈니스에 활용하는 힘**이 필요합니다.

데이터를 적절하게 해석하려면 데이터를 생각하면서 읽는 트레이닝을 반복해야 합니다. 2-1에서는 **무엇을 생각하면서 데이터와 마주하면 좋을지** 설명합니다. 2-2에서는 **데이터 전체의 경향을 파악하는 방법**을, 2-3에서는 **데이터의 세부 내용을 확인하는 관점**을 설명합니다. 마지막으로 2-4에서는 **데이터의 관계성을 파악하는 방법**을 설명하겠습니다.

〈제2장 퀴즈〉

2-1. 생각하면서 데이터를 읽자!
- **퀴즈1** : 데이터를 목적에 맞게 보는 방법을 배운다
- **퀴즈2** : 데이터의 특징과 경향을 파악하는 방법을 배운다
- **퀴즈3** : 데이터에서 착안점을 찾는 방법을 배운다

2-2. 전체의 경향을 파악하자!
- **퀴즈4** : 평균값·최빈값·중앙값 산출 방법을 배운다
- **퀴즈5** : 대푯값과 데이터 분포의 관계를 배운다

2-3. 데이터의 세부 내용을 확인하자!
- **퀴즈6** : 상이값·이상값을 배운다

2-4. 데이터의 관계성을 파악하자!
- **퀴즈7** : 두 개의 데이터의 관계성을 배운다
- **퀴즈8** : 상관과 인과를 배운다

2-1. 생각하면서 데이터를 읽자!

데이터 과학자는 **데이터를 파악할 때 데이터를 읽는 목적과 데이터에 있는 배경을 생각합니다.** 예를 들어 편의점 매출 데이터를 파악할 때도 '왜 그 상품이 이 시간대에 팔렸는가'를 생각하면서 데이터와 마주하지요.

여기서는 데이터 과학자가 **어떤 관점으로 데이터를 파악하는지** 확인해봅시다. 데이터 과학자의 사고 과정을 체험해보고자 다음 퀴즈를 풀어보시기 바랍니다.

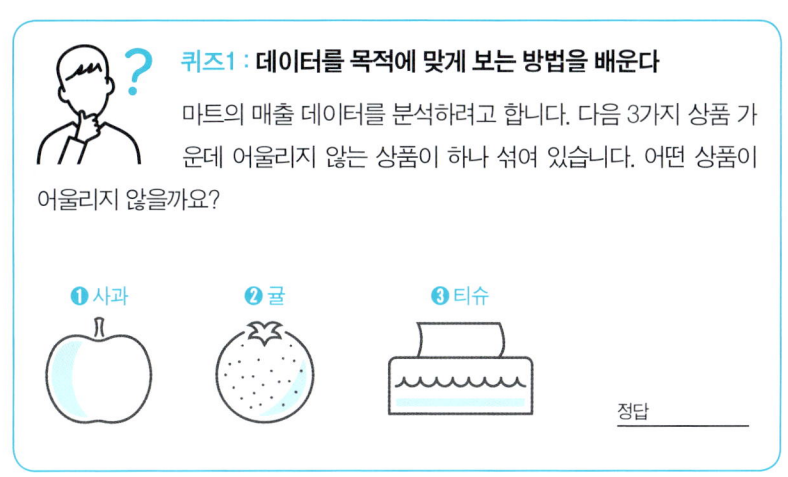

퀴즈1 : 데이터를 목적에 맞게 보는 방법을 배운다

마트의 매출 데이터를 분석하려고 합니다. 다음 3가지 상품 가운데 어울리지 않는 상품이 하나 섞여 있습니다. 어떤 상품이 어울리지 않을까요?

❶ 사과　　❷ 귤　　❸ 티슈

정답

[해설] 정답은 '티슈'입니다. '사과'와 '귤'은 과일이지만 티슈는 생활용품이며, 마트에서 판매하는 스타일 역시 다르기 때문입니다. 과일은 계절에 따라 매출이 달라지는데, 티슈 같은 생활용품은 1년 내내 안정적인 매출이 예상됩니다.

이처럼 데이터를 파악할 때는 **데이터에 있는 배경을 생각하는 것**이 중요합니다. 이 퀴즈를 풀 때는 마트의 매출 데이터를 분석한다는 사실에 근거해, 상품 카테고리에 따라 판매되는 스타일이 다르지 않을까를 생각하는 것이 중요합니다.

【정답 : ❸】

다음으로 퀴즈 2를 풀어보세요.

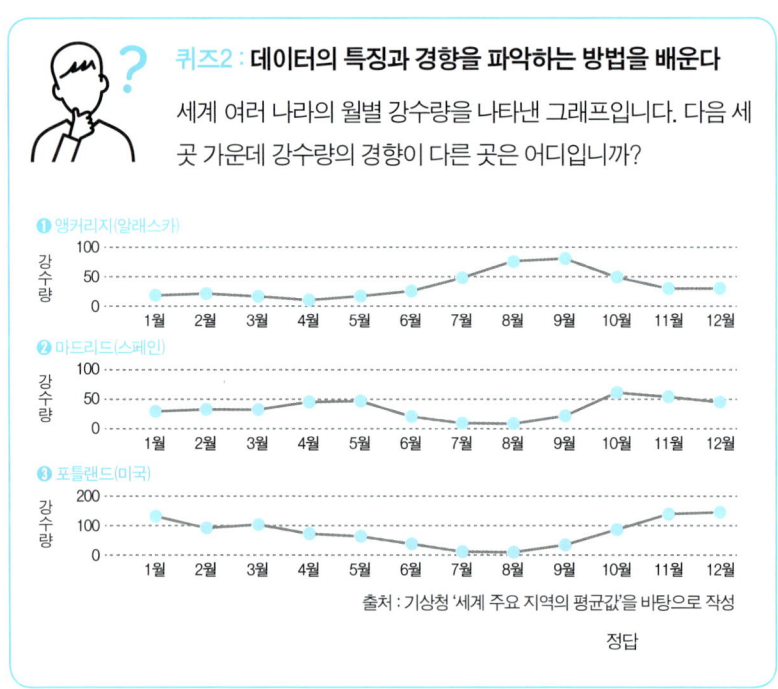

퀴즈2 : 데이터의 특징과 경향을 파악하는 방법을 배운다

세계 여러 나라의 월별 강수량을 나타낸 그래프입니다. 다음 세 곳 가운데 강수량의 경향이 다른 곳은 어디입니까?

❶ 앵커리지(알래스카)

❷ 마드리드(스페인)

❸ 포틀랜드(미국)

출처 : 기상청 '세계 주요 지역의 평균값'을 바탕으로 작성

정답

[해설] 정답은 '앵커리지(알래스카)'입니다. '마드리드(스페인)'와 '포틀랜드(미국)'는 여름(6~8월)보다 겨울(12~2월) 강수량이 많습니다. 한편 '앵커리지(알래스카)'는 여름 강수량은 많지만 겨울 강수량은 적습니다. 여기서는 꺾은선 그래프의 모양을 해석해서 강수량의 경향 차이를 확인했습니다.

이처럼 데이터 과학자는 **그래프를 이용해서 데이터의 특징이나 경향 차이를 판단합니다.**

【정답 : ❶】

마지막으로 퀴즈 3을 생각해봅시다.

 **퀴즈3 : 데이터에서 착안점을 찾는 방법을 배운다**

당신은 식품 회사에서 상품 기획을 담당하고 있습니다. 새로운 아이스크림을 기획하기 위해 과거에 아이스크림을 구입한 적이 있는 사람을 대상으로 그룹 인터뷰를 하기로 했습니다. 다음 세 사람 가운데 함께 인터뷰하는 편이 좋을 조합을 골라보세요.

- 20대 여성 회사원
- 자취 중
- 가끔 기분 전환용으로 고급 아이스크림을 산다
- 점심은 외식할 때가 많다
- 취미는 축구 관람

- 10대 남성 고등학생
- 4인 가족(부모님·여동생)
- 하굣길에 친구와 아이스크림을 사 먹을 때가 많다
- 취미는 등산

- 50대 여성 주부
- 3인 가족(남편·고등학생 아들)
- 아들에게 줄 아이스크림을 자주 산다
- 가끔 친구와 점심 식사를 즐긴다
- 취미는 야구 관람

 ❶ A씨와 B씨    ❷ A씨와 C씨    ❸ B씨와 C씨

정답 _____

[해설] 정답은 '③ B씨와 C씨'입니다. 데이터 과학자는 이처럼 **하나의 데이터에 복수의 관점(이 경우는 성별, 직업, 취미 등)이 있는 데이터를 자주 다룹니다.** 이런 데이터를 마주했을 때, 데이터 과학자는 데이터를 읽는 목적에 맞추어 적절한 관점을 찾으면서 데이터를 관찰합니다.

이번에는 새로운 아이스크림 기획이 목적이기 때문에 아이스크림 구입 상황에 주목해야 합니다. 'B씨'는 남자 고등학생으로 학교가 끝나고 하굣길에 아이스크림을 사 먹습니다. 'C씨'는 주부지만 고등학생 아들을 위해 아이스크림을 삽니다. 이러한 사실에 비추어 봤을 때 두 사람이 구입하는 상품은 비슷할 것으로 추측할 수 있습니다. 한편 'A씨'는 아이스크림을 자주 구입하지 않고, 가끔 고급 아이스크림을 사는 정도입니다. 따라서 새로운 아이스크림 상품 기획이라는 관점에서 보면 B씨와 C씨를 함께 인터뷰하는 편이 좋을 것 같습니다.

이처럼 복수의 관점이 있을 때도 데이터 과학자는 **목적에 따라 어떤 관점으로 데이터를 확인해야 좋을지를 판단하며 데이터를 관찰합니다.**

【정답 : ❸】

2-2. 전체의 경향을 파악하자!

데이터 과학자는 데이터를 입수하면 **데이터 전체를 훑어보고, 데이터의 경향을 파악하려 합니다.** 데이터에는 복수의 항목이 포함되어 있기 때문에 각각의 데이터만 보면 전체 경향을 제대로 파악할 수 없습니다. 여기서는 데이터 과학자가 어떤 방법으로 전체 경향을 파악하는지 확인해봅시다.

■ **데이터의 대푯값 : 평균값·최빈값·중앙값**

데이터의 전체적인 경향을 파악하기 위해 평균값이나 최빈값, 중앙값 같은 지표를 자주 사용합니다. 여러분도 평균값은 자주 접해보셨을 겁니다. 평균값·최빈값·중앙값의 정의는 다음과 같습니다.

> 평균값(Mean) : 데이터의 값을 더해서 데이터의 개수로 나눈 값
> 최빈값(Mode) : 데이터 가운데 가장 출현 빈도가 많은 값
> 중앙값(Median) : 데이터를 큰 순서로 늘어놨을 때 한가운데 있는 값

평균값·최빈값·중앙값을 실제로 계산해봅시다. 예를 들어 다음 그림처럼 키가 각기 다른 다섯 명이 있습니다.

이때 평균값은 (153+153+155+163+168)/5=158.4cm입니다. 또, 153cm가 두 명 있기 때문에 최빈값은 153cm입니다. 이 데이터는 홀수이기 때문에 중앙값은 가운데인 155cm입니다.

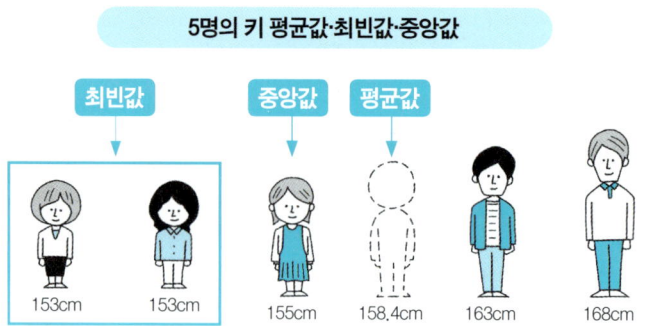

만약 데이터의 수가 짝수라면 중앙값은 가장 중앙에 가까운 두 값의 평균값이 됩니다. 예를 들어 앞의 다섯 명에 157cm인 사람이 추가되면 중앙값은 156cm가 됩니다.

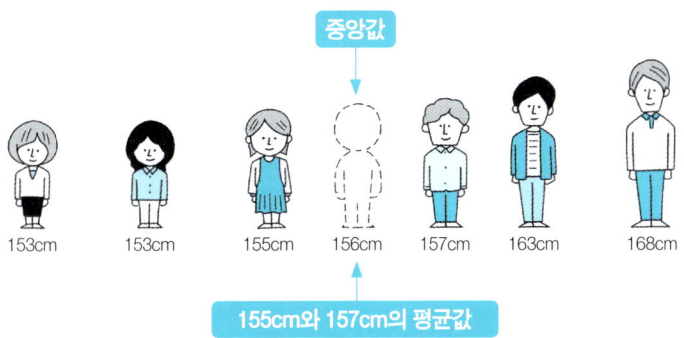

평균값·최빈값·중앙값을 이해했는지 확인하기 위해 다음 퀴즈4를 풀어보시기를 바랍니다.

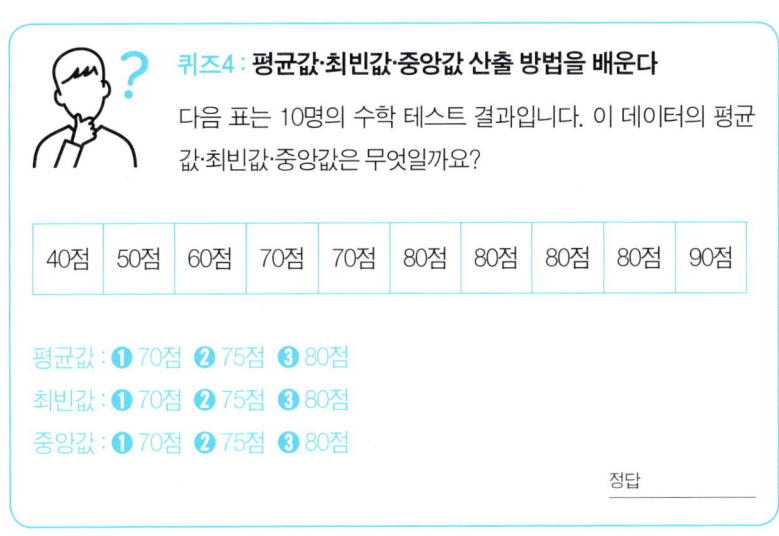

[해설] 먼저 평균값을 구해봅시다. 평균값은 '데이터의 값을 모두 더한 후 데이터 개수로 나눈 값'이기 때문에 다음과 같이 계산할 수 있습니다.

$$\frac{40+50+60+70+70+80+80+80+80+90}{10명} = 70점$$

다음으로 최빈값을 구해봅시다. 최빈값은 '데이터 가운데 가장 출현 빈도가 많은 값'이기 때문에 4명이 획득한 80점이 최빈값입니다.

마지막으로 중앙값을 구해봅시다. 중앙값은 '데이터를 큰 순서대로 늘어놨을 때 한가운데 있는 값'입니다. 여기선 데이터 수가 짝수이기에 5번째(70점)와 6번째(80점) 값을 더해서 2로 나눈 75점이 중앙값이 됩니다.

【정답 : 평균값 ❶, 최빈값 ❸, 중앙값 ❷】

평균값, 최빈값, 중앙값을 맞게 계산했나요? 이처럼 데이터 과학자는 평균값이나 최빈값 등의 지표를 이용해 데이터 전체의 경향을 확인합니다. 단, 이러한 지표는 **그 데이터를 집약한 대푯값**이며, 데이터 자체를 나타내는 것은 아닙니다. 대푯값은 매우 편리한 지표이지만 자칫하면 잘못된 해석을 불러올 수 있습니다. 대푯값을 제대로 사용하려면 대푯값의 성질을 올바로 이해해야 합니다.

그러면 대푯값의 성질을 이해하기 위해 다음 퀴즈5를 풀어봅시다. 퀴즈5에서는 가장 자주 사용되는 '평균값'을 다뤄보겠습니다.

퀴즈5 : **대푯값과 데이터 분포의 관계를 배운다**

편의점 3곳을 대상으로 각 점포의 삼각김밥 판매를 조사했습니다. 일주일 동안 판매된 삼각김밥의 개수는 다음 표와 같습니다. 점포별 삼각김밥 평균 판매 개수는 몇 개입니까?

| A점포 | 돔구장 가까이 있는 교외 점포 |

월	화	수	목	금	토	일
40	50	40	50	40	240	240

| B점포 | 오피스 거리에 있는 점포 |

월	화	수	목	금	토	일
120	120	120	120	120	50	50

| C점포 | 역 앞 점포 |

월	화	수	목	금	토	일
110	90	110	90	110	90	100

A점포 : ❶ 80개 ❷ 100개 ❸ 120개
B점포 : ❶ 80개 ❷ 100개 ❸ 120개
C점포 : ❶ 80개 ❷ 100개 ❸ 120개

정답

제2장 데이터를 읽는 힘을 기른다

[해설] 퀴즈4와 마찬가지로 평균값을 계산해보면 각 점포의 삼각김밥 평균 판매 개수는 다음과 같습니다.

- A점포 : $\dfrac{40+50+40+50+40+240+240}{7일} = 100개$

- B점포 : $\dfrac{120+120+120+120+120+50+50}{7일} = 100개$

- C점포 : $\dfrac{110+90+110+90+110+90+100}{7일} = 100개$

따라서 삼각김밥 판매 개수의 평균값은 A점포, B점포, C점포 모두 100개입니다.

【정답 : A점포 ❷, B점포 ❷, C점포 ❷】

앞서 설명했듯 평균값은 **데이터의 경향을 나타낼 때 가장 자주 사용되는 대푯값**입니다. 퀴즈5에서는 모든 점포의 일주일 평균 판매 개수가 같았습니다. 그렇다면 각 점포의 평균 판매 개수가 같았다는 사실에서 '일주일 동안 세 점포의 삼각김밥 판매 경향은 같다'고 결론 지을 수 있을까요? 이 질문에 답하고자 조금 더 자세하게 데이터를 살펴봅시다.

각 점포의 요일별 삼각김밥 판매 데이터를 막대 그래프로 나타내면 다음과 같습니다.

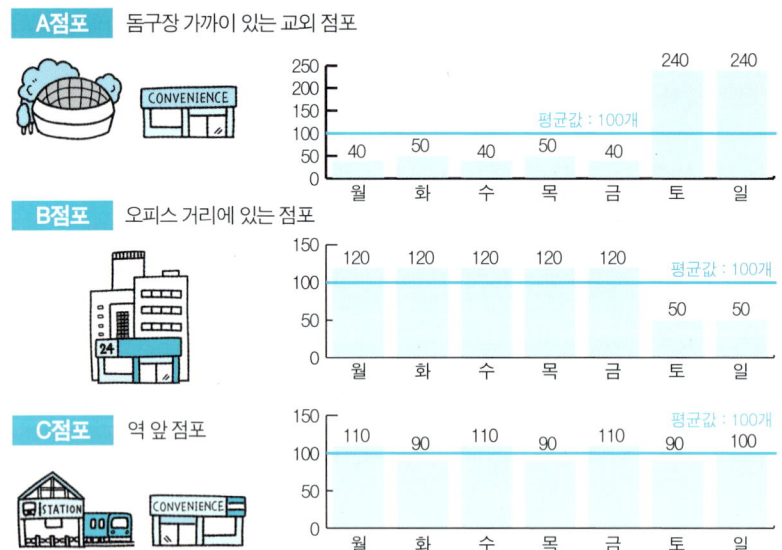

세 점포의 평균값은 같지만, 막대 그래프로 보면 경향이 다르다는 사실을 알 수 있습니다. A점포는 평일 매출이 적고, 주말 매출이 많습니다. 근처에 돔 구장이 있기 때문에 주말에 개최되는 이벤트의 영향으로 매출이 늘어난 것으로 추측됩니다. A점포는 주말 매출이 매우 크기에 일주일 평균 판매 개수도 그 영향으로 커졌습니다.

이에 반해 B점포는 주말에 비해 평일 매출이 많습니다. B점포는 오피스 거리에 있기 때문에 근처 사무실에 근무하는 사람이 많이 구입할 것으로 추측할 수 있습니다. 평일 판매 개수는 일주일 평균값(100개)보다 많음에도 불구하고, 주말 판매 개수가 적어서 다른 점포와 평균 판매 개수가 같습니다.

C점포는 평균과 주말의 차이가 거의 없습니다. 역 앞이라 편의성이 높은 점포이기에 요일에 따른 차이가 적은 것으로 보입니다.

이처럼 대푯값만으로 판단하면 데이터의 특징을 놓칠 가능성이 있습니다. 데이터 과학자는 **데이터를 대푯값만으로 판단하기보단, 실제 데이터의 분포를 관찰해서 해당 데이터의 특징을 간파해야 합니다.**

■데이터 분포를 확인한다

데이터 과학자는 데이터의 분포를 확인할 때 **히스토그램**을 사용합니다. 히스토그램은 세로축에 도수, 가로축에 계급을 나타낸 그래프입니다. 계급이란 데이터를 어느 일정한 범위로 나눴을 때의 구간을 가리킵니다. 도수란 각 구간에 포함된 데이터의 수를 뜻합니다. 히스토그램을 통해 데이터 분포를 시각적으로 확인할 수 있습니다.

예를 들어 연령 조사 결과 데이터를 5세 단위로 구분해 히스토그램을 작성하면 다음과 같습니다.

히스토그램을 작성하는 흐름

원 데이터

연령 조사 결과		
10세	27세	19세
12세	31세	36세
30세	48세	21세
20세	28세	27세
42세	25세	22세
13세	18세	34세
22세	6세	29세
23세	26세	33세
41세	38세	28세

집계표

계 급	도 수
1~5세	0명
6~10세	2명
11~15세	2명
16~20세	3명
21~25세	5명
26~30세	7명
31~35세	3명
36~40세	2명
41~45세	2명
46~50세	1명

히스토그램

(계급(5세 단위))

---

column: 히스토그램의 폭

히스토그램에서 계급의 폭을 변화시키면 인상이 변합니다. 앞의 연령 조사 결과 데이터의 계급 나누기를 바꾸면 다음과 같이 바뀝니다. 20세 단위로 히스토그램을 작성했을 때와 2세 단위로 히스토그램을 작성했을 때 인상이 크게 다르지 않나요? 히스토그램을 작성할 때는 적절한 계급 폭을 설정하는 것이 중요합니다.

계급 폭 차이에 따른 히스토그램의 차이

또 하나, 히스토그램을 사용해 데이터 분포를 확인해봅시다. 17세의 키 분포를 나타낸 히스토그램입니다.

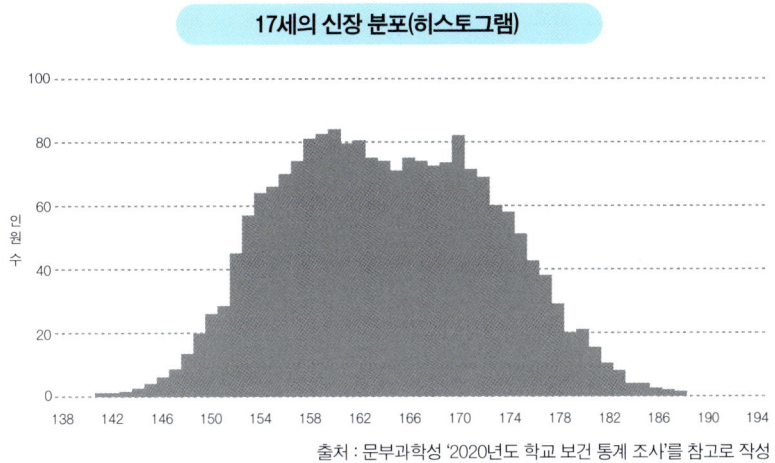

출처 : 문부과학성 '2020년도 학교 보건 통계 조사'를 참고로 작성

이 분포를 보면 중앙에 움푹한 부분이 있습니다. 데이터 과학자는 이러한 분포를 봤을 때 '왜 데이터에 움푹한 곳이 있을까?' 하며 **데이터에 움푹한 곳이 있는 배경**에 관해 생각합니다. 이 사례에서는 '17세 키니까 남녀 차이가 있는 게 아닐까?'라는 가설을 세워볼 수 있습니다. 남녀별로 색깔을 나눠보면 다음 그림과 같습니다. 남성이 여성보다 키가 더 큰 경향이 있는 것 같습니다.

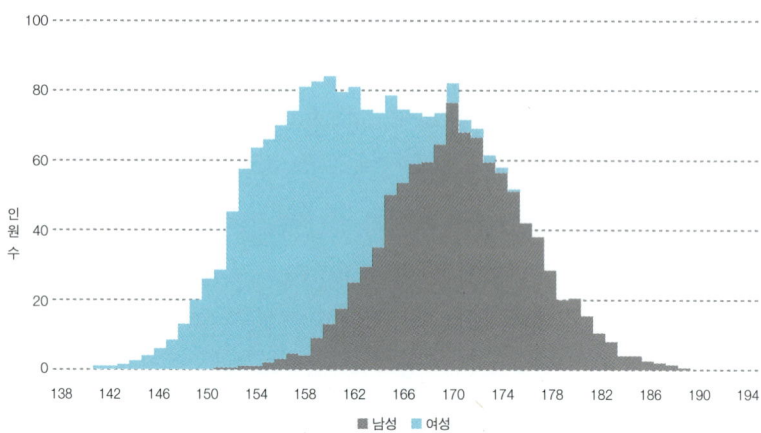

여기서 남녀별로 데이터를 나눠서 분포를 확인해보면 여성은 158cm 언저리에, 남성은 170cm 언저리에 정점이 있다는 사실을 알 수 있습니다.

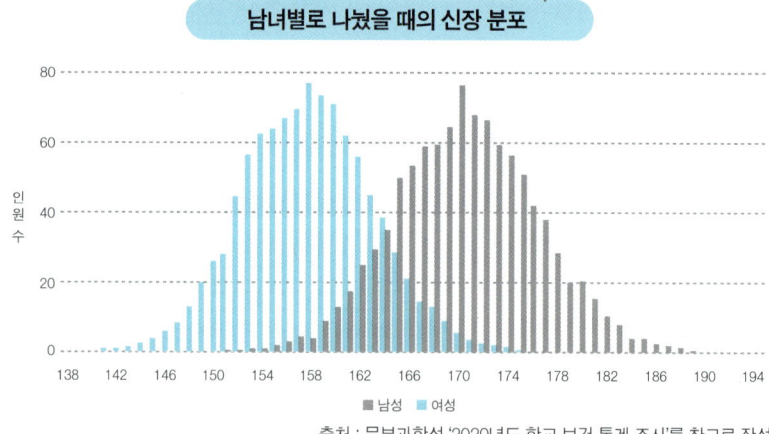

여기서는 남녀별 분포를 조사함으로써 움푹한 곳의 원인이 '남녀 차' 때문이라는 사실을 확인할 수 있었습니다. 이처럼 복수의 분포가 합쳐져 하나의 분포가 된 사례도 있기 때문에 데이터 과학자는 항상 **'데이터가 발생한 배경'**이

나 '관측된 배경'을 의식하면서 데이터를 마주해야 합니다.

■ 실제 사회에서는 평균값=최빈값이 아닌 경우가 많다

대푯값(평균값·최빈값·중앙값)은 데이터의 전체적인 경향을 파악하기 위해 존재하지만, 실제 사회에서는 평균값=최빈값이 아닌 경우가 많습니다. '평균값'이라 하면 가장 출현 빈도가 높은 '최빈값'을 떠올리기 쉽지만, 실제 사회에서는 평균값과 최빈값이 일치하지 않는 경우가 대부분이지요. 여기서는 평균값과 최빈값이 일치하지 않는 두 가지 경우를 살펴보겠습니다.

■ 일본 국민의 대부분은 552만 3천 엔의 소득이 있다?

후생노동성(우리나라의 보건복지부, 고용노동부, 여성가족부에 해당한다—역자 주)의 국민 생활 기초조사에 따르면 2019년도의 일본 국민 평균 소득 금액은 552만 3천 엔이라고 합니다. 하지만 히스토그램을 확인해보면 200~300만 엔인 세대가 가장 많다는 사실을 알 수 있습니다. 또, 중앙값은 437만 엔이기 때문에 반 이상의 세대는 552만 3천 엔의 소득이 없다는 사실을 알 수 있습니다. 평균값이 552만 3천 엔이라고 하면 많은 세대에 500~600만 엔의 소득이 있는 것처럼 느껴지지만 그렇지 않습니다. 이처럼 실제 사회에서는 평균값=최빈값이 아닌 경우가 많습니다.

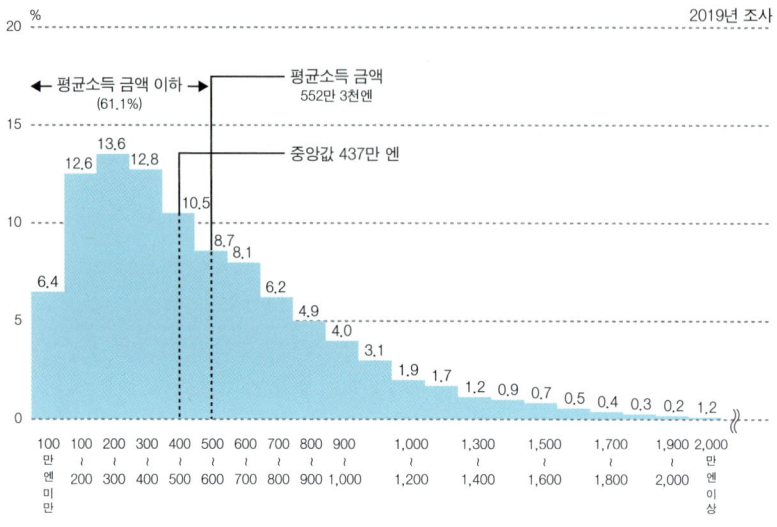

출처 : 후생노동성 '2019년 국민생활기초조사'

■ 대부분의 세대는 1,791만 엔을 저축해 놓았다?

또 하나의 예를 확인해봅시다. 총무성(일본의 중앙성청 가운데 하나로 우리나라의 행정안전부와 과학기술정보통신부에 해당한다―역자 주) 통계국의 가계조사 보고에 따르면, 2인 이상 세대의 2020년 평균 저축 보유액은 1,791만 엔이라고 합니다. 여러분 주위에 1,800만 엔을 저축한 사람이 얼마나 있나요? 이것도 히스토그램을 확인해보면 저축액이 100만 엔 미만인 세대가 가장 많다는 사실을 알 수 있습니다.

이처럼 평균값과 최빈값이 크게 어긋나는 원인은 4,000만 엔 이상 저축한 고액 저축 세대가 존재하기 때문입니다. 집계하는 대상 가운데 극단적으로 큰 값이 있으면 평균값도 커집니다. 이 예처럼 극단적으로 큰 값이 포함된 데이터를 고찰할 때는 평균값에 현혹되지 말고, 데이터의 분포를 정확하게 확인하는 것이 중요합니다.

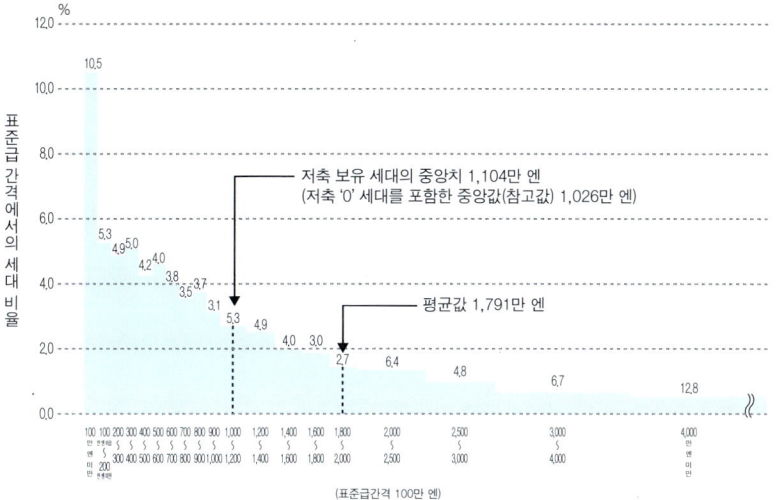

35

2-3. 데이터의 세부 내용을 확인하자!

앞에서는 데이터의 전체 경향을 파악하기 위한 대푯값(평균값·최빈값·중앙값)과 히스토그램을 배웠습니다. 여기서부터는 데이터 과학자가 어떤 관점으로 데이터의 세부 내용을 확인하는지를 살펴봅시다. 다음 퀴즈6을 풀어보세요.

퀴즈6 : 상이값·이상값을 배운다

이 빵집에서는 가게 영업을 마치고 나면 본사가 관리하는 매출 관리 시스템에 점장이 그날 매출을 입력해야 합니다. 그렇기에 점장은 매일 그날의 매출을 표 계산 소프트로 집계해서 매출 관리 시스템에 옮겨 넣고 있습니다. 2월 1일~10일의 매출 데이터를 확인했더니 다음 표와 같았습니다. 2월 1일~10일의 매출 평균값은 얼마일까요?

월 일	매출(천 엔)
2월 1일	130
2월 2일	120
2월 3일	110
2월 4일	130
2월 5일	120
2월 6일	100,000
2월 7일	130
2월 8일	120
2월 9일	110
2월 10일	130

❶ 110천 엔   ❷ 120천 엔   ❸ 10,110천 엔

정답

 **[해설]** 데이터를 보면 평상시 매출은 110천~130천 엔인 데 비해서 2월 6일만 100,000천 엔으로 극단적으로 큰 값이 섞여 있습니다. 이처럼 다른 데이터와 비교해서 극단적으로 큰(혹은 극단적으로 작은) 값을 '상이값'이라고 부릅니다.

이 '상이값'을 어떻게 다룰지 생각해봅시다. 2월 6일 매출은 다른 데이터에 비해 1,000배 크다는 사실을 알 수 있습니다. 이번 매출 데이터가 매출 관리 시스템에 어떻게 입력되었는지 떠올려보시기를 바랍니다.

이 빵집에서는 점장이 매일 매출을 시스템에 '손수 입력'하고 있습니다. 따라서 입력할 때 원래대로라면 천 엔 단위인 '100'이라 입력해야 할 매출을 실수로 일 엔 단위인 '100,000'이라 입력했을 것으로 추측해볼 수 있습니다. 실제로 점장에게 확인해보니 입력 실수라는 사실을 알 수 있었습니다. 이처럼 '상이값' 가운데서도 입력 실수나 측정 실수 등 '값이 극단적인 원인·이유'를 아는 것을 **이상값**이라고 부릅니다.

데이터 과학자는 이러한 이상값이 있는 데이터를 다루는 경우, **이상값을 적절하게 수정(혹은 제외)하고 분석**합니다. 이번 사례에서는 2월 6일 매출은 100천 엔을 잘못 입력한 것을 확인했기 때문에 2월 6일 매출을 100천 엔으로 수정해서 평균값을 계산했습니다.

$$\frac{130+120+110+130+120+100+130+120+110+130}{10일} = 120(천 엔)$$

이번 퀴즈에서 데이터 과학자의 사고 과정은 다음과 같습니다.

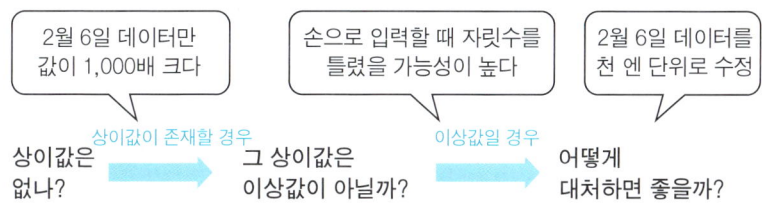

【정답 : ❷】

■존재하지 않는 데이터(결측값)

데이터의 상이값과 이상값을 배웠으니 결측값도 살펴봅시다. 다음 표는 어느 동물원의 동물별 하루 식사량을 나타낸 것입니다.

어느 동물원의 동물별 식사량

월 일	코끼리	사자	판다
4월 1일	52kg	4kg	11kg
4월 2일	48kg	5kg	13kg
4월 3일	48kg	0kg	12kg
4월 4일	55kg	5kg	16kg
4월 5일	53kg	4kg	15kg
4월 6일	─	─	─
4월 7일	35kg	4kg	13kg
4월 8일	41kg	4kg	15kg
4월 9일	55kg	5kg	15kg
4월 10일	50kg	0kg	─
4월 11일	50kg	6kg	─
4월 12일	53kg	4kg	─
4월 13일	52kg	4kg	─
4월 14일	49kg	5kg	─

데이터를 확인하니 4월 6일 데이터가 모두 '─'로 표시되어 있습니다. 이처럼 데이터가 존재하지 않는 것을 '**결측**'이라고 합니다. 모든 동물의 데이터가 결

손되어 있기 때문에 이날 식사량을 재는 시스템 고장 등 데이터를 기록하지 못했을 가능성을 생각해볼 수 있습니다.

각 동물의 식사량을 확인해보면 4월 10일 이후 판다의 식사량이 모두 결측된 것을 알 수 있습니다. 판다 사육 담당자에게 확인해보니 해당 판다는 4월 10일에 다른 동물원으로 이사했다고 합니다. 이처럼 어떤 조건으로 데이터 취득이 끝난 데이터를 '중도절단 데이터'라고 합니다.

판다 외에 신경 쓰이는 데이터는 없나요? 사자의 식사량을 눈여겨보면 4월 3일과 4월 10일의 식사량이 0kg입니다. 사자 사육 담당자의 이야기를 들어보니 내장 상태를 조절하기 위해 일주일에 한 번, 금식일을 마련하고 있다고 합니다. 따라서 이 0kg이라는 값은 결측이 아닙니다. 이처럼 표면적으로 결측 이유를 판단할 것이 아니라 **값의 배경에 있는 이유를 조사하는 것**이 중요합니다.

데이터 과학자는 결측값과 중도절단 유무를 확인함과 동시에 배경을 생각하면서 데이터를 파악합니다.

2-4. 데이터의 관계성을 파악하자!

지금까지 데이터의 전체 경향과 세부를 확인하는 관점을 설명했습니다. 여기서부터는 복수의 데이터의 관계성을 확인하는 방법을 설명하겠습니다. 먼저 퀴즈7을 풀어보시기를 바랍니다.

퀴즈7 : 두 개의 데이터의 관계성을 배운다

다음 표는 2021년 1~12월 사이, 한 세대당 아이스크림과 맥주 지출 금액이 기재된 데이터입니다. 이 두 데이터의 관계성을 나타낸 표는 어느 것일까요?

한 세대당 월별 지출 금액(2021년)

한 세대당 월별 지출 금액	1월	2월	3월	4월	5월	6월	7월	8월	9월	10월	11월	12월
아이스크림 지출 금액(엔)	510	458	602	708	915	1,089	1,485	1,427	973	779	582	620

한 세대당 월별 지출 금액	1월	2월	3월	4월	5월	6월	7월	8월	9월	10월	11월	12월
맥주 지출 금액(엔)	691	650	756	898	982	1,059	1,242	1,139	875	833	853	1,389

출처 : 총무성 통계국 '가계조사'를 참고로 작성

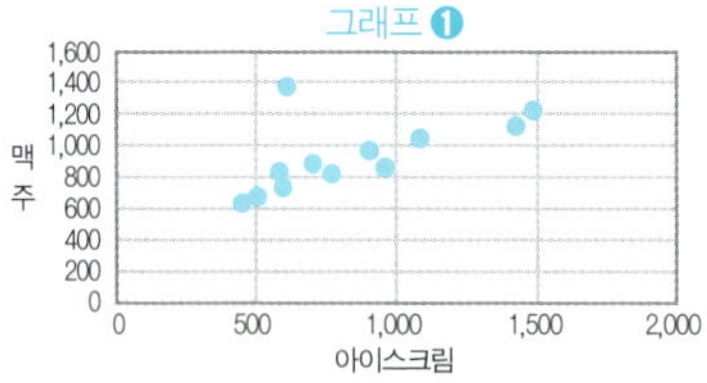

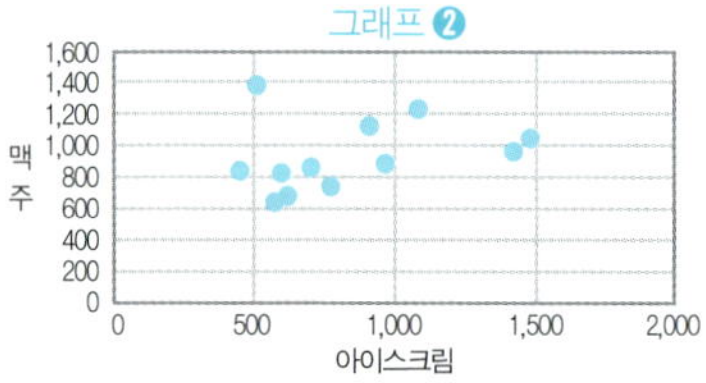

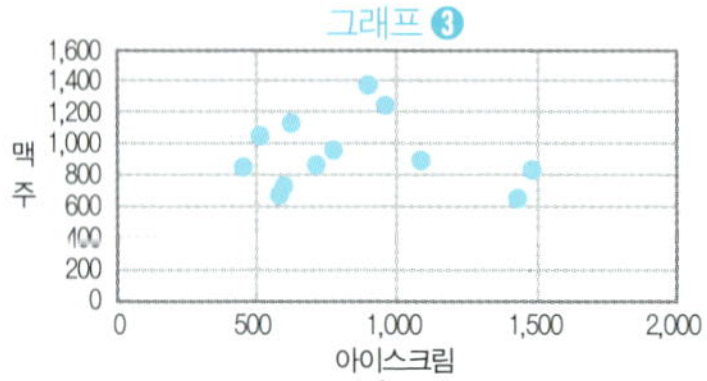

그래프 ❶

그래프 ❷

그래프 ❸

정답 _____

 [해설] 우선 데이터 전체를 살펴보면 아이스크림과 맥주 모두 여름철 지출 금액이 많고, 겨울철 지출 금액이 적다는 사실을 알 수 있습니다. 아무래도 아이스크림과 맥주의 지출 금액은 비슷한 움직임을 보이는 것 같습니다.

하지만 12월은 특수해서 맥주 지출 금액은 많지만, 아이스크림 지출 금액은 적습니다. 그래프①을 보면 아이스크림 지출 금액(가로축)이 약 600엔이고, 맥주 지출 금액(세로축)이 약 1,400엔임을 알 수 있습니다. 따라서 그래프① 이 아이스크림과 맥주의 관계성을 나타낸 표라는 사실을 알 수 있습니다.

【정답 : ❶】

■ 두 데이터의 관계성 : 상관
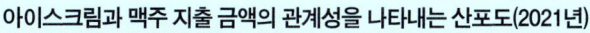

데이터 과학자는 두 데이터의 관계성을 확인할 때 **산포도**를 자주 사용합니다. 산포도에서는 세로축과 가로축에 대응하는 값을 그려서 데이터 간의 관계성을 확인합니다.

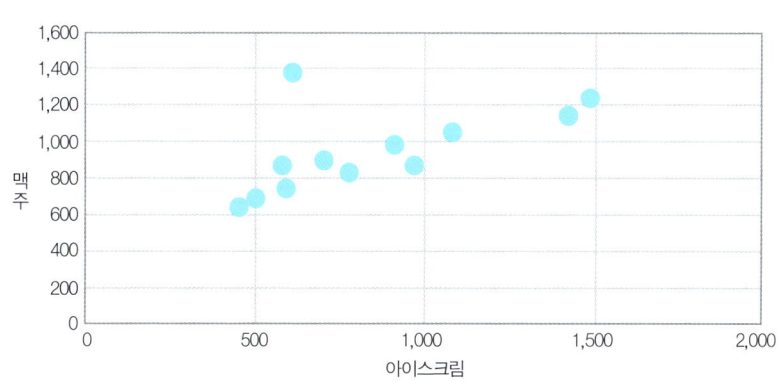

아이스크림과 맥주 지출 금액의 관계성을 살펴보면 12월 데이터를 제외하고 한쪽 데이터가 크면 다른 한쪽 데이터도 큰 관계성을 보입니다. 이와 같은 관계를 '**상관관계**'라고 합니다.

■ 상관관계와 인과관계

그렇다면 왜 이런 상관관계가 나타나는지 생각해봅시다. 아이스크림이나 맥주는 여름처럼 더운 날씨에 잘 팔리겠지요. 여기서 데이터 과학자는 '아이스크림과 맥주 지출 금액에 상관관계가 있는 이유는 기온 때문이 아닐까?'라는 가설을 세웁니다.

실제로 기온 데이터와 지출 금액의 관계성을 살펴보면 다음 표와 같습니다.

2021년 도쿄 기온과 각 지출 금액의 관계성

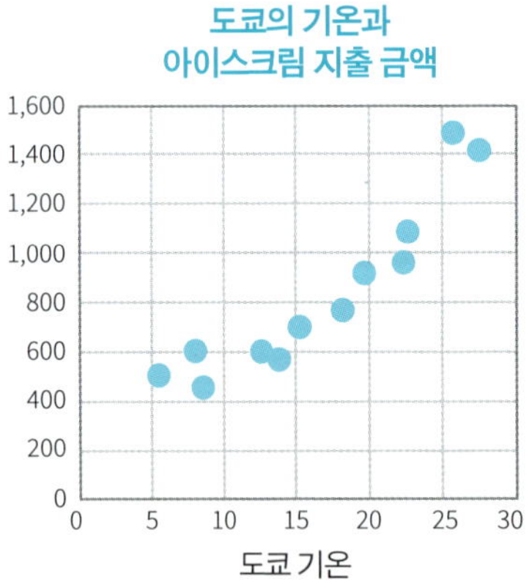

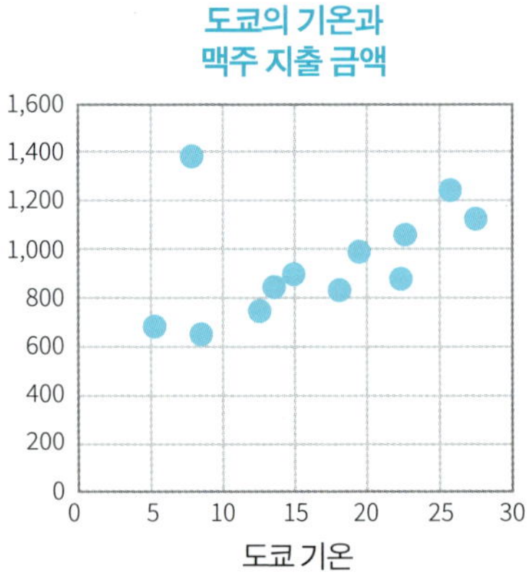

도쿄의 기온과 아이스크림 지출 금액

도쿄의 기온과 맥주 지출 금액

기온이 높아지면 아이스크림 지출 금액과 맥주 지출 금액 모두 늘어나므로, 기온과 지출 금액 사이에는 상관관계가 있다고 할 수 있습니다. 앞에서 세운 가설대로 더워지면 아이스크림이나 맥주 지출이 늘어난다는 사실을 확인할 수 있었습니다.

이처럼 '상관관계' 가운데서도 한쪽이 원인이고, 다른 한쪽이 결과인 관계를 **'인과관계'**라고 합니다. 그런데 상관관계가 있으면 모두 인과관계가 되느냐 하면 그렇지는 않습니다. 겉보기에 상관관계가 있는 듯 보이지만, 두 데이터 사이에 인과관계가 없는 것을 **'허위상관'**이라고 합니다. 허위상관에 관해서는 다음 퀴즈8에서 설명하겠습니다.

상관관계와 인과관계

상관관계 ─ 한쪽이 원인이고 다른 쪽이 결과 ─
아이스크림 지출 금액   원인   결과
                            기온이 높다   아이스크림을
                            (더워진다)   구입한다
        기온   ▶ 인과관계

이번에는 아이스크림 지출 금액과 맥주 지출 금액의 관계성을 조사하기 위해 기온 데이터를 사용했습니다. 데이터를 적절하게 파악하려면 수중에 있는 데이터만 생각하기보단 새로운 데이터를 입수해 조합하며 고찰하는 것도 중요합니다. 데이터 과학자는 **복수의 데이터를 조합하면서 상관관계와 인과관계를 살펴봅니다.**

상관과 인과의 관계성을 이해하고자 퀴즈8을 생각해봅시다.

퀴즈8 : 상관과 인과를 배운다

다음 그래프 ①~③은 상관관계가 있는 두 개의 데이터입니다. 이 중 인과관계에 있는 것은 어느 것입니까?

❶ 일본 수출금액과 환율

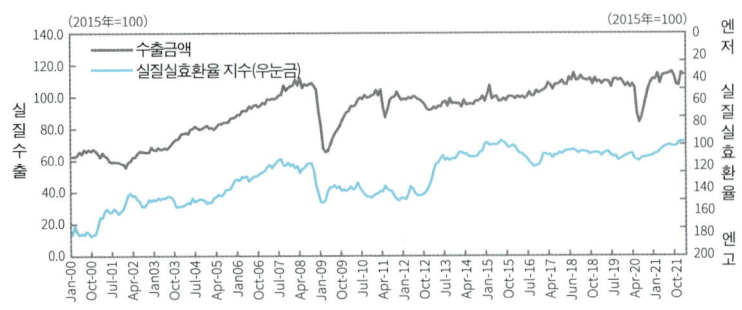

출처 : 재무성 '수출입액 추이' 일본은행 '주요시계열통계데이터표'

❷ 마가린 소비량과 메인주의 이혼률

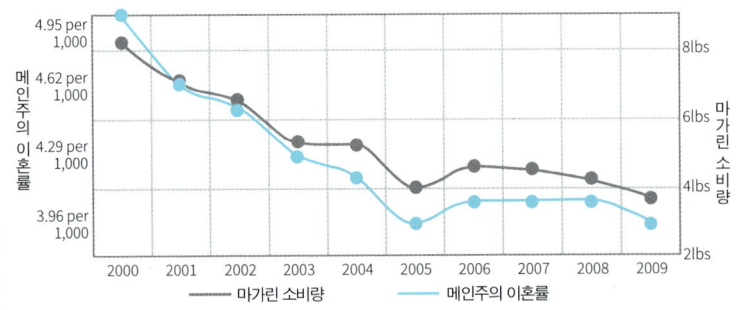

출처 : tylervigen.com HP
URL : https://www.tylervigen.com/spurious-correlations

❸ 월별 아이스크림 생산량과 수해사고 건수

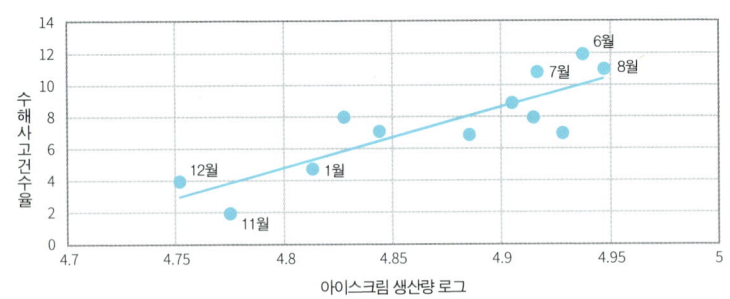

출처 : Econometrics For Dummies (John Wiley & Sons, Inc)

정답 _____

[해설] 먼저 '① 일본 수출 금액과 환율'을 살펴봅시다. 환율 변동에 맞춰서 수출 금액도 변동하는 듯 보입니다. 일반적으로 엔저가 되면 일본 기업은 해외시장에 싸게 물건을 제공할 수 있게 됩니다. 따라서 엔저가 되면 경쟁력이 높아지고, 일본 전체 수출액도 증가하는 경향을 보입니다. 환율 변동이 원인이 되어 수출 금액이 증감한다고 볼 수 있기 때문에 환율과 수출 금액 사이에는 인과관계가 있다고 할 수 있습니다.

다음으로 '② 마가린 소비량과 메인주의 이혼율'에 관해 생각해봅시다. 마가린 소비량이 적어지면 미국 메인주의 이혼율이 줄어드는 것처럼 보입니다. 그렇다면 마가린 소비량과 이혼율 사이에는 인과관계가 있을까요?

당연히 마가린 소비량이 줄었다고 해서 이혼율이 줄어든다고는 볼 수 없습니다. 또, 이혼율이 줄어들면 마가린 소비량이 준다고도 볼 수 없지요. 마가린 소비량과 이혼율 사이에서 명확한 원인과 결과의 관계성을 끌어낼 수가 없습니다. 두 데이터 사이에 상관관계는 있지만, 인과관계는 없기에 허위상관이라고 할 수 있습니다.

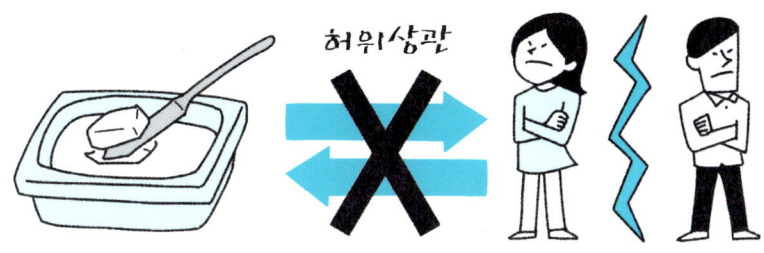

마지막으로 '③ 월별 아이스크림 생산량과 물놀이 사고 건수'를 생각해봅시다. 이것도 아이스크림 생산량이 늘면 물놀이 사고 건수가 늘어나는 것처럼 보입니다. 늘어난 아이스크림 생산량이 원인이 되어 물놀이 사고가 늘었다고 생각할 수 있을까요? 아니면 물놀이 사고가 늘어난 것이 원인이 되어 아이스크림 생산량이 늘었다고 생각할 수 있을까요?

아무래도 이 두 데이터에 직접적인 인과관계는 없어 보입니다. 하지만 각각에 '기온'이라는 요인이 관계된다고는 생각할 수 있습니다. 기온이 높아지면 아이스크림 생산량은 많아지고, 기온이 높은 여름에는 수상 레저가 많아지기 때문에 물놀이 사고 건수가 늘어난다고 생각할 수 있지요. 따라서 두 데이터 사이에 인과관계는 없지만, 각각 기온과 인과관계가 있기 때문에 상관이 있는 듯 보이는 것 같습니다.

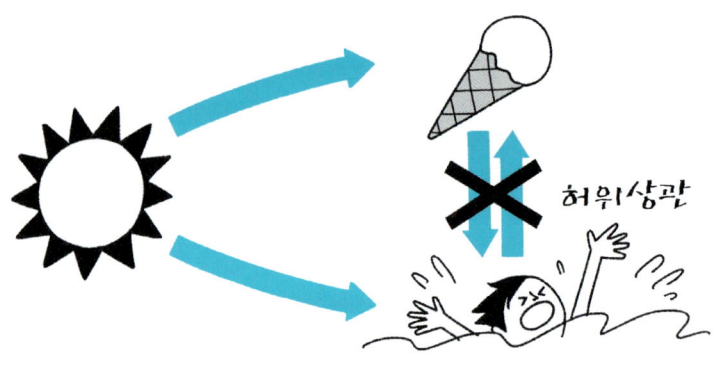

【정답 : ❶】

■상관관계를 어떻게 볼 것인가?

상관관계에는 '**양의 상관**'과 '**음의 상관**'이 있습니다. '양의 상관'이란 한쪽 값이 클 때 다른 한쪽 값도 큰 관계성을 가리킵니다. 이에 반해 '음의 상관'이란 한쪽 값이 클 때 다른 한쪽 값은 작은 관계성을 가리킵니다.

이 상관의 정도를 나타내는 지표로 '**상관계수**'가 있습니다. 상관계수는 다음 그림처럼 -1~1까지의 값을 취합니다. 일반적으로 상관계수가 0.7 이상이면 강한 양의 상관이 있다고 말합니다. 또, 상관계수가 -0.7 이하면 강한 음의 상관이 있다고 말합니다.

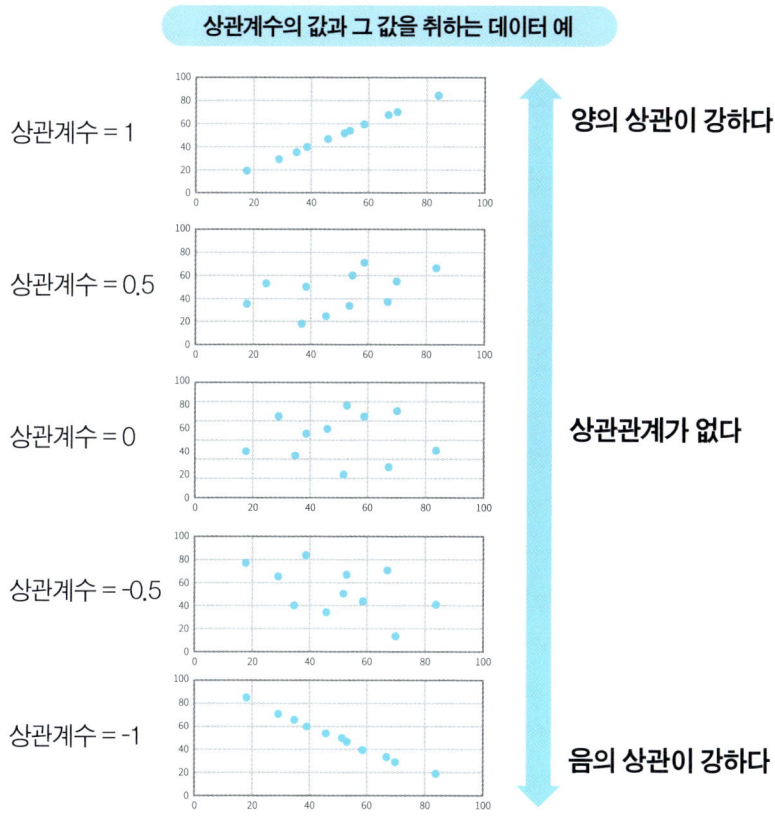

단, 상관계수는 어디까지나 **상관의 정도를 나타내는 지표**일 뿐입니다. 평균값만으로 데이터 분포를 파악할 수 없듯, 상관계수만 보고 두 데이터의 관계성을 파악할 수는 없습니다. 데이터 과학자는 **상관계수를 확인하면서도 산포도를 이용해 데이터의 치우침이나 흩어진 정도를 확인합니다.**

상관계수를 이해하기 위해 다음 데이터를 예시로 들었습니다. 여기에 비즈니스 호텔과 료칸을 대상으로 한 '숙박객 수'와 '매출'의 관계를 조사한 데이터가 있습니다. 숙박객 수와 매출의 관계성을 생각해봅시다.

숙박객 수와 매출

비즈니스 호텔의 숙박객 수와 매출				료칸의 숙박객 수와 매출			
숙박객 수	매출 (만 엔)	숙박객 수	매출 (만 엔)	숙박객 수	매출 (만 엔)	숙박객 수	매출 (만 엔)
51	27	70	43	19	40	73	70
47	35	77	50	35	45	61	73
83	36	90	52	26	50	77	80
77	38	93	63	51	52	64	82
57	41	92	44	42	64	180	180

이 숙박객 수와 매출 데이터의 상관계수를 계산하면 상관계수=0.74라는 사실을 알 수 있습니다. 0.74라는 숫자만을 보면 높은 양의 상관이라고 할 수 있습니다.

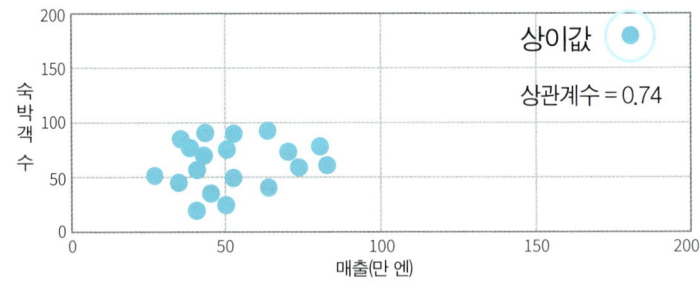

숙박객 수와 매출 산포도

하지만 산포도로 데이터를 확인해보면 딱 보기에 상관관계가 있는 것처럼은 보이지 않습니다. 데이터에 상이값(숙박객 수 180명, 매출 180만 엔인 데이터)이 있어서 상관계수가 높아졌습니다. 상관계수는 상이값이 있으면 상이값에 영향을 받아서 극단적인 값이 된다고 설명했지요.

상이값을 제외하고 상관계수를 계산하면, 상관계수=0.19로 거의 상관이 없다는 사실을 알 수 있습니다.

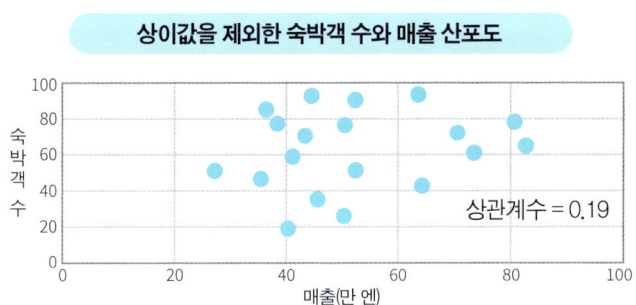

여기서 앞의 '숙박객 수와 매출' 표를 다시 확인해보면, 이 데이터에는 비즈니스호텔과 료칸 양쪽의 데이터가 포함되어 있다는 사실을 알 수 있습니다. 각각의 데이터를 색으로 구분해 산포도를 그리면 어떻게 될까요?

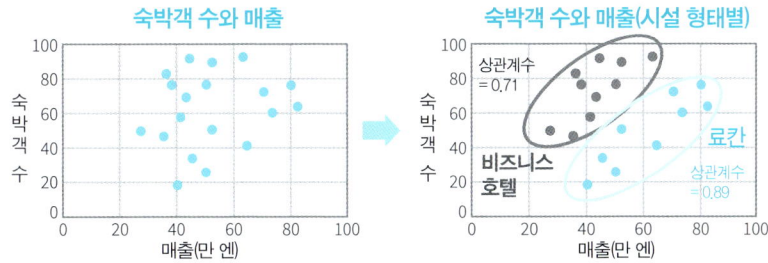

시설 형태별로 색을 나눠보면 숙박객 수가 많아질수록 매출도 많은 상관관계가 나타나는 것 같습니다. 시설 형태별로 상관계수를 계산하면 비즈니스 호텔 데이터의 상관계수는 0.71, 료칸의 상관계수는 0.89(상이값 제외)입니다.

이처럼 언뜻 보기에 상관이 없어 보이는 데이터라도 데이터 내용을 깊이 파헤치면 상관관계를 찾을 수도 있습니다. 데이터 과학자는 이처럼 **다양한 각도에서 데이터를 파악하고, 두 개의 데이터 사이에 관계성이 있는지 확인합니다.**

제2장 <정리>

이 장에서 살펴봤듯 데이터 과학자는 **목적이나 데이터에 있는 배경을 생각하면서 데이터와 마주합니다.** 데이터의 특징이나 관계성을 조사하기 위한 지표로는 평균값이나 상관계수 등이 있는데, 데이터 과학자는 **지표의 값만으로 판단하지 않고, 데이터의 분포나 내역을 확인하면서 데이터를 파악합니다.** 이 장에서 배운 내용을 살려서 적절하게 데이터를 파악합시다.

생각하면서 데이터를 읽자!
데이터 과학자는 복수의 관점이 있는 경우라도 목적에 따라 어떠한 관점에서 데이터를 관찰하면 좋은지 파악하고, 데이터를 확인한다.

- **데이터와 마주하는 방식**
  - 데이터를 읽는 목적을 구체적으로 정한다
  - 데이터에 있는 배경을 생각한다
  - 목적에 따른 적절한 관점으로 데이터를 관찰한다
  - 그래프 등을 이용해 데이터의 특징과 경향을 파악한다

전체 경향을 파악하자!
데이터 과학자는 데이터의 대푯값만으로 판단하지 않고, 실제 데이터의 분포를 관찰해 그 데이터의 특징을 파악한다.

- **데이터의 대푯값**
디지털 사회의 기초 지식(이른바 '읽기·쓰기·셈하기' 같은 소양)으로 모든 국민이 '수리·데이터 과학·AI'에 관한 힘을 갖추는 것을 목표로 내걸고 있습니다.
  - **평균값** : 데이터의 값을 더해서 데이터의 개수로 나눈 값
  - **최빈값** : 데이터 가운데 가장 출현 빈도가 많은 값
  - **중앙값** : 데이터를 큰 순서로 늘어놨을 때 한가운데 있는 값

- **히스토그램**
  - 세로축에 도수, 가로축에 계급을 나타낸 그래프
  - 히스토그램을 통해 데이터의 분포를 시각적으로 확인할 수 있다

데이터의 세부 내용을 확인하자!
데이터 과학자는 데이터가 발생한 배경이나 관측된 배경을 인식하면서 상이값, 이상값, 결측값 유무를 확인한다.

- **상이값·이상값·결측값**
  - **상이값** : 다른 데이터와 비교해서 극단적으로 큰(혹은 극단적으로 작은) 값
  - **이상값** : 입력 실수나 측정 실수 등 값이 극단적인 이유를 알고 있는 것
  - **결측값** : 어떤 이유로 인해 데이터가 기록되지 않은 것

데이터의 관계성을 파악하자!
데이터 과학자는 복수의 데이터를 조합하면서 상관관계나 인과관계를 찾는다.

- **상관관계와 인과관계**
  - **상관관계** : 한쪽 데이터가 크면 다른 한쪽 데이터도 큰(혹은 한쪽 데이터가 크면 다른 한쪽 데이터는 작은) 관계
  - **인과관계** : 한쪽이 원인이고, 다른 한쪽이 결과인 관계
  - **허위상관** : 상관관계가 있는 듯 보이지만 두 데이터 사이에 인과관계가 없는 것

- **상관계수**
  - **상관계수** : 상관의 정도를 나타내는 지표(-1~1까지의 값을 취함)

제 3 장

데이터를
설명하는 힘을 기른다

이 장에서는 데이터를 설명하는 힘을 길러봅시다. 비즈니스 현장에서는 **데이터를 읽는 힘**뿐만 아니라 **데이터를 설명하는 힘**도 필요합니다. 상사에게 보고하거나 고객에게 제안하는 등 다양한 상황에서 데이터를 이용해 논리적으로 설명해야 하기 때문이지요. 데이터를 적절하게 설명하는 힘을 기르면 설득력 있는 보고서나 제안서를 작성할 수 있습니다.

데이터를 적절하게 설명하려면 데이터를 시각화하는 트레이닝과 데이터를 비교하는 트레이닝을 거듭해야 합니다. 3-1에서는 **데이터 시각화**를 설명합니다. 3-2에서는 **데이터 비교**를, 마지막으로 3-3에서는 데이터 시각화와 데이터 비교를 이용해 **데이터에서 과제를 찾아내는 순서**를 설명하겠습니다.

〈제3장 퀴즈〉

3-1. 데이터를 시각화해보자!
- 퀴즈1 : 적절한 그래프 표현을 배운다
- 퀴즈2 : 부적절한 그래프 표현을 배운다

3-2. 데이터를 비교한다는 것은?
- 퀴즈3 : 적절한 비교 대상 설정 방법을 배운다
- 퀴즈4 : 어떤 시점과의 비교 방법을 배운다
- 퀴즈5 : 타자와의 비교 방법을 배운다

3-3. 데이터에서 과제를 찾아낸다!
- 퀴즈6~9 : 데이터에서 과제를 찾아내는 순서를 배운다

3-1. 데이터를 시각화해보자!

데이터 과학자는 **데이터를 시각화함으로써 입수한 데이터의 특징과 상이점, 관련성을 찾아내며,** 그 결과를 업무에 활용합니다. 예를 들어 마트의 매출 데이터를 시각화해서 각 점포의 매출 트렌드를 파악해 발주 및 재고 관리에 이용합니다. 또, 제조공장에서 품질 관리 데이터를 시각화해서 불량품 발생과 제조 조건의 관련성을 찾아내 품질 개선으로 이어 나가기도 합니다.

여기서는 데이터 과학자가 **어떤 식으로 데이터를 시각화하는지** 확인해봅시다. 데이터 과학자의 사고 과정을 체험하기 위해 다음 퀴즈를 풀어보시기를 바랍니다.

퀴즈1 : 적절한 그래프 표현을 배운다

2021년 8월 도쿄의 평균 기온 추이를 시각화한 그래프로 가장 적절한 것을 다음 선택지 가운데 고르시오.

2021년 8월 도쿄의 평균 기온(℃)

월일	평균 기온(℃)	월일	평균 기온(℃)	월일	평균 기온(℃)	월일	평균 기온(℃)
8월 1일	28.7	8월 9일	28.1	8월 17일	23.7	8월 25일	29.4
8월 2일	28.6	8월 10일	31.0	8월 18일	27.0	8월 26일	30.5
8월 3일	29.0	8월 11일	29.2	8월 19일	28.5	8월 27일	30.0
8월 4일	29.5	8월 12일	26.0	8월 20일	28.7	8월 28일	29.8
8월 5일	29.1	8월 13일	22.5	8월 21일	27.9	8월 29일	28.5
8월 6일	29.1	8월 14일	22.3	8월 22일	28.5	8월 30일	29.2
8월 7일	27.9	8월 15일	19.3	8월 23일	26.9	8월 31일	26.9
8월 8일	25.9	8월 16일	20.7	8월 24일	27.5		

출처 : 기상청 HP '기상관측 데이터'를 참고로 작성

그래프 ❶
2021년 8월 도쿄의 평균 기온(℃)

그래프 ❷
2021년 8월 도쿄의 평균 기온(℃)

그래프 ❸
2021년 8월 도쿄의 평균 기온(℃)

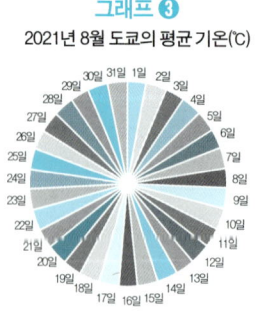

정답 _____

[해설] 도쿄의 평균 기온 추이를 시각화한 그래프를 고르는 퀴즈입니다. 각각의 그래프가 무엇을 나타내는지 살펴봅시다.

그래프①은 막대 그래프로 날짜별 평균 기온을 나타냅니다. 평균 기온이 높은 순으로 데이터가 나열되어 있으며, 2021년 8월 도쿄에서는 10일의 평균 기온이 가장 높고, 15일의 평균 기온이 가장 낮았음을 알 수 있습니다. 단, 어떻게 평균 기온이 변했는지를 직관적으로 파악할 수는 없습니다.

그래프②는 꺾은선 그래프로 날짜별 평균 기온을 나타냅니다. 가장 평균 기온이 높았던 10일을 정점으로 15일까지 단숨에 평균 기온이 내려가고, 보름이 지나자 다시 더워졌다는 사실을 알 수 있습니다.

그래프③은 원 그래프로 날짜별 평균 기온을 나타냅니다. 각 날짜의 평균 기온이 나타나 있지만, 평균 기온이 가장 높았던 날을 찾기가 어렵습니다.

따라서 2021년 8월 도쿄의 평균 기온 추이를 적절하게 시각화한 그래프는 ② 입니다.

【정답 : ❷】

■적절한 그래프 표현

퀴즈 1에서 살펴봤듯 설명하려는 내용에 따라 선택해야 할 그래프 표현 방식이 다릅니다. 데이터 과학자는 **설명하고 싶은 내용이나 데이터 종류에 따라 선택할 그래프 표현을 정합니다.** 데이터 과학자가 자주 사용하는 그래프는 다음 4가지입니다. 막대 그래프나 꺾은선 그래프는 비즈니스 현장에서도 자주 볼 수 있습니다.

▶ 막대 그래프

막대 그래프는 **수치 데이터의 항목 간 차이를 표현**할 때 활용됩니다. 데이터 과학자는 각 항목의 값을 비교하거나 각 항목의 순위를 표현하고자 할 때 막대 그래프를 선택합니다.

각 항목의 양을 막대 높이로 표현하기 때문에 원칙적으로 막대 그래프의 원점은 0부터 시작하는 것이 좋습니다. 원점을 0으로 하지 않으면 막대의 높이가 각 항목의 양과 비례하지 않게 되기에 그래프를 읽는 사람이 오해할 소지가 있습니다. 오해를 일으키는 그래프에 대해서는 다음 '부적절한 그래프 표현을 배운다(퀴즈2)'에서 다루겠습니다.

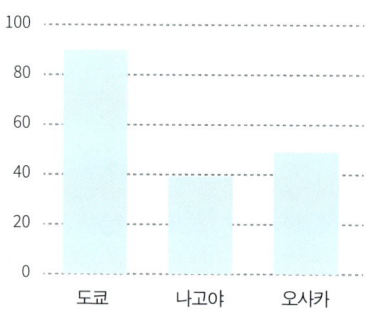

데이터의 양(값)을 표현
- 각 항목의 값을 비교한다
- 각 항목 값의 차이를 확인한다
- 각 항목의 순위를 확인한다

▶ 꺾은선 그래프

꺾은선 그래프는 **시계열 데이터의 시간적 변화를 표현**할 때 활용됩니다. 데이터 과학자는 시계열 데이터의 트렌드 혹은 주기성을 확인하거나 데이터의 경향이 변하는 변곡점을 찾아내고 싶을 때 꺾은선 그래프를 선택합니다.

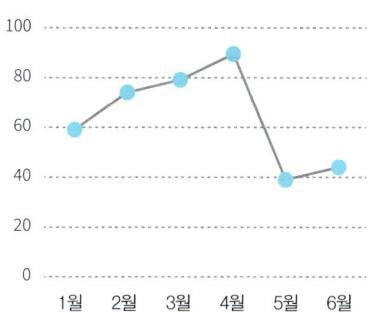

데이터의 추이(변화)를 표현
- 데이터의 시간적 변화를 확인한다
- 데이터의 트렌드, 주기성을 확인한다
- 데이터의 변곡점을 확인한다

column: 시계열 데이터를 시각화할 때는 꺾은선 그래프?

시계열 데이터를 시각화하기 위한 그래프로 꺾은선 그래프가 자주 사용되지만 시계열 데이터의 시각화에는 꺾은선 그래프뿐만 아니라 막대 그래프도 활용할 수 있습니다.

그렇다면 꺾은선 그래프와 막대 그래프는 어떻게 나눠서 사용하면 좋을까요? 꺾은선 그래프는 **시계열 데이터의 트렌드나 주기성, 변곡점을 확인하고 싶을 때**, 그리고 막대 그래프는 **시계열 데이터의 값이나 양에 주목하고 싶을 때** 사용하면 좋습니다.

코로나 바이러스의 신규 감염자 수 추이 그래프로 막대 그래프를 사용하는 경우가 많은 까닭은 신규 감염자의 실제 숫자에 주목하기 때문입니다. 신규 감염자 수의 증감 경향을 표현하는 이동평균값은 트렌드나 변곡점을 아는 것을 목적으로 하므로 꺾은선 그래프를 사용합니다.

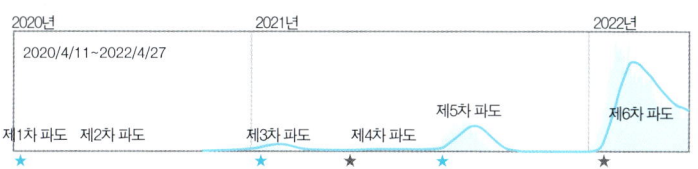

제3장 데이터를 설명하는 힘을 기른다

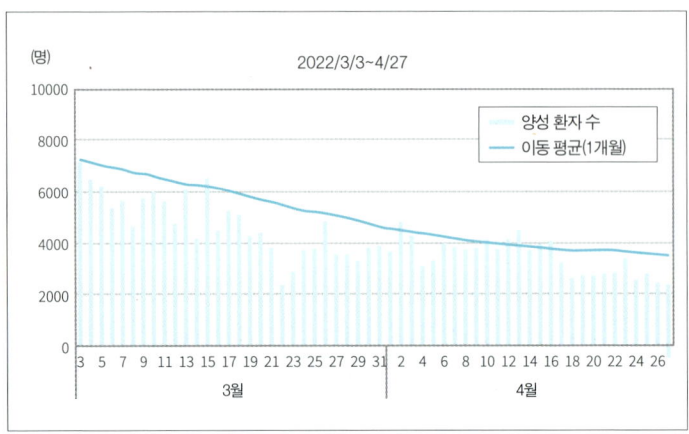

출처 : 가나가와 현 위생 연구소 HP '가나가와 현 코로나바이러스 감염증 정보'를 바탕으로 작성
URL : https://www.pref.kanagawa.jp/sys/eiken/003_center/0005_ryukou/COVID-19/220502_COVID-19_108.html

▶ 산포도

산포도는 **수치 데이터의 항목 간 관계성을 표현**할 때 활용됩니다. 데이터 과학자는 입수한 데이터의 항목 간에 상관관계가 있는지, 혹은 치우치거나 흩어진 정도를 확인하고자 할 때 산포도를 선택합니다.

수치 데이터 가운데 극단적으로 큰 값(상이값)이 있으면 산포도가 상이값에 이끌려서 해당 값 외의 점이 한곳에 찌그러져 나타납니다. 극단적으로 큰 값이 있다면 상이값을 제외하고 산포도를 작성합니다. 이때 상이값을 제외한 이유를 주석으로 기재합니다.

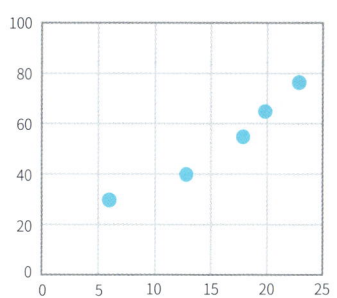

데이터의 관계성(상관)을 표현
- 2개의 항목에 상관관계가 있는지 확인한다
- 데이터의 치우침이나 흩어진 경향을 확인한다

▶원 그래프

원 그래프는 **수치 데이터의 구성을 표현**할 때 활용됩니다. 데이터 과학자는 대상이 되는 항목이 전체를 점유하는 비율을 표현하거나 입수한 데이터의 내역을 확인하고자 할 때 원 그래프를 사용합니다.

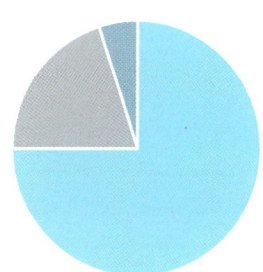

데이터의 구성(내역)을 표현
- 각 항목이 전체에서 차지하는 비율을 확인한다
- 전체 내역을 확인한다

---

column: 데이터 과학자는 원 그래프를 쓰지 않는다?

비즈니스 현장에서는 원 그래프를 자주 사용하지만 과학기술 분야에서는 원 그래프 사용을 그리 권장하지 않습니다. 원 그래프는 각도를 나눠서 각 항목의 비율을 표현합니다. 원 그래프로 표현하는 항목 수가 많아지면 직감적으로 각도의 크기를 인식하기 어려워지기 때문에 비율을 올바르게 파악하지 못하게 됩니다. 또, 3D 원 그래프라면 비율을 파악하기가 더욱 어려워지기 때문에 데이터를 읽는 사람이 오해할 수 있습니다.

이와 같은 이유로 원 그래프를 원칙적으로 사용하지 않는 데이터 과학자도 있습니다. 하지만 원 그래프가 전혀 사용되지 않는 건 아닙니다. 표시하는 항목 수가 2~3개 정도면 원 그래프를 사용해도 좋습니다. 남녀 비율이나 상품 구입 비율 등은 표시할 항목 수가 적기에 직감적으로 비율을 파악하기 쉬운 원 그래프를 자주 사용합니다.

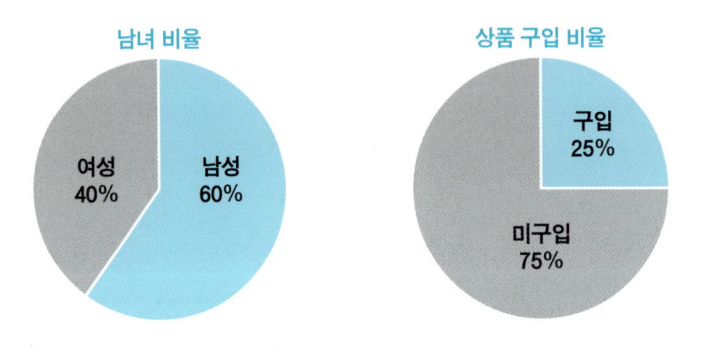

다음으로 읽는 사람에게 오해를 불러일으키는 그래프에 관해 생각해봅시다. 퀴즈2를 풀어보시기를 바랍니다.

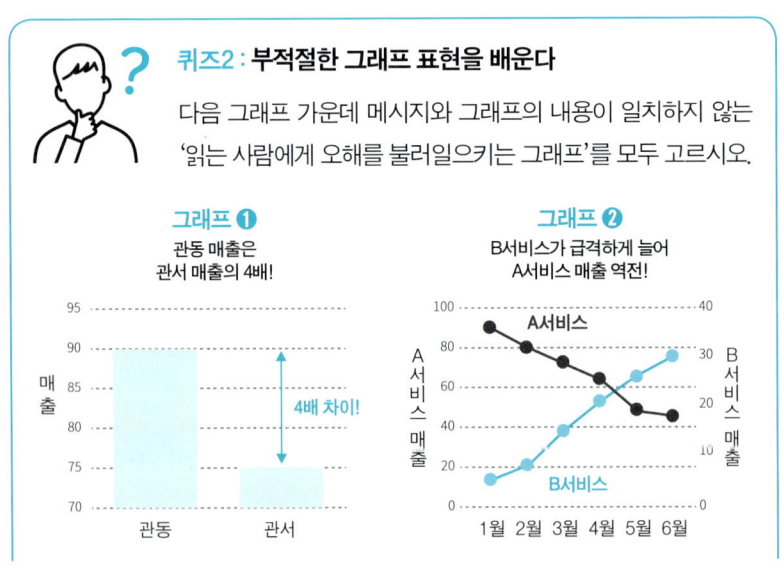

정답 _____

 [해설] 읽는 사람에게 오해를 불러일으키는 그래프를 고르는 퀴즈입니다. 각 그래프의 메시지와 내용을 살펴봅시다.

▶ 그래프①

그래프①은 원점이 0부터 시작하지 않는 **항목 간의 차이를 과장한 그래프**입니다. 매출 숫자를 보면 관동과 관서에서 4배 차이가 나진 않지만, 세로축 원점을 0으로 하지 않음으로써 항목 간 차이가 과장되어 있습니다. 이와 같은 그래프는 읽는 사람에게 오해를 주기 때문에 이렇게 작성해서는 안 됩니다.

▶그래프 ②

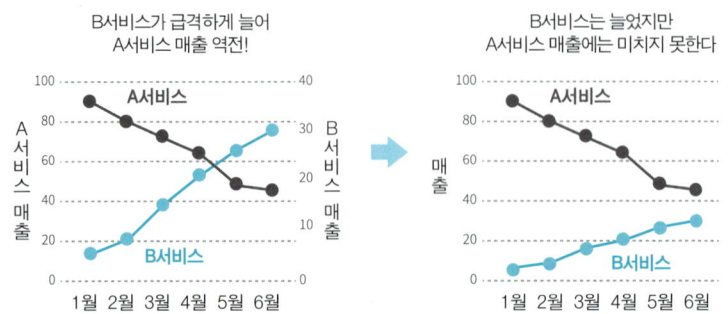

그래프②는 본래는 같은 축으로 표현할 수 있지만 **그래프를 읽는 사람이 착각하게끔 축을 나눈 2축 그래프**입니다. A서비스와 B서비스의 매출을 같은 축상으로 표현하면 B서비스의 매출은 매월 늘고 있지만 6월 시점에서도 A서비스의 매출에 도달하지 못했다는 사실을 알 수 있습니다. 이런 그래프도 읽는 사람에게 오해를 불러일으키기 때문에 작성해서는 안 됩니다.

▶그래프 ③

그래프③은 **값을 크게 보이게 해 읽는 사람을 혼란스럽게 하는 3D 그래프**입니다. 언뜻 보면 B서비스의 점유율이 가장 큰 것처럼 느껴지지만, B서비스의 점유율은 30%입니다. A서비스의 점유율은 35%이므로 B서비스가 '점유율 No.1!'이라고 할 수는 없지요. 이런 그래프도 읽는 사람에게 오해를 불러일으키기 때문에 작성해서는 안 됩니다.

따라서 그래프 ①~③ 모두 메시지와 그래프 내용이 일치하지 않는 '읽는 사람에게 오해를 불러일으키는 그래프'입니다.

【정답 : ❶·❷·❸】

3-2. 데이터를 비교한다는 것은?

데이터 과학자는 **데이터를 비교함으로써 대상이 되는 사실이나 현상의 우열이나 간격, 계획값에 대한 달성 상황을 확인합니다.** 예를 들어 편의점의 각 점포 매출 데이터를 비교함으로써 매출이 호조인 점포와 부진한 점포를 찾아내 매출을 증가시키기 위한 방법을 검토합니다. 또, 매출 실적과 예산 목표를 비교함으로써 계획값에 대한 달성 정도를 확인해 계획을 수정하거나 재검토를 실시합니다.

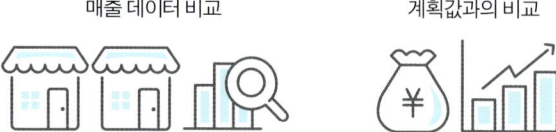

매출 데이터 비교 　　　　　 계획값과의 비교

이 절에서 데이터 과학자가 **어떻게 데이터를 비교하는지** 확인해봅시다. 데이터 과학자의 사고 과정을 체험하기 위해 다음 퀴즈를 풀어보시기 바랍니다.

퀴즈3 : 적절한 비교 대상 설정 방법을 배운다

여기에 개인 통산 150승의 야구 투수가 있습니다. 이 야구 투수의 성적을 비교할 대상으로 가장 적절한 사람을 선택지에서 고르세요.

비교 대상 ❶ 　　 비교 대상 ❷ 　　 비교 대상 ❸

개인 통산　　　　개인 통산　　　　지도 경력
2,000안타의 타자　 200승의 투수　　 20년의 코치

정답 _____

 [해설] 개인 통산 150승의 야구 투수의 비교 대상을 고르는 퀴즈입니다. 누구와 비교하는 것이 적절할지 생각해봅시다.

비교 대상①은 개인 통산 2,000안타의 타자입니다. 야구에서 타자와 투수는 역할이 다르기 때문에 단순히 숫자만을 보고 비교할 수는 없습니다. 비교 대상②는 통산 200승의 투수입니다. 이쪽은 같은 투수이기에 어느 쪽 성적이 좋은지 비교할 수 있습니다. 비교 대상③은 지도 경력 20년의 코치입니다. 투수와 코치의 역할은 다르기 때문에 타자와 마찬가지로 단순하게 숫자만으로 비교할 수는 없습니다.

따라서 개인 통산 150승의 야구 투수의 적절한 비교 대상은 ②가 됩니다.

【정답 : ❷】

■적절한 비교 대상 설정

퀴즈3에서 살펴봤듯 데이터를 비교할 때는 **같은 성질을 가진 것끼리 비교**하도록 비교 대상을 설정해야 합니다. 야구 투수의 성적을 비교한다면 비교 대상은 같은 투수로 정해야 합니다. 이를 '**Apple to Apple 비교**'라 합니다. 같은 성질을 가지는 사과끼리 비교하는 상황에서 유래했으며, 동일한 조건 간 비교를 의미합니다.

한편 투수와 타자, 투수와 코치처럼 서로 다른 성질을 비교하는 것을 '**Apple to Orange 비교**'라 합니다. 사과와 오렌지처럼 성질이 다른 것을 비교해봤자 의미가 없다는 뜻입니다.

데이터 과학자가 데이터를 비교할 때는 Apple to Apple 비교가 되도록 비교 대상을 설정합니다. 비교 대상을 올바로 설정하지 않으면 적절한 판단을 내릴 수 없습니다.

예를 들어 다음 표는 A입시학원과 B입시학원의 상위권 학교 합격률을 나타냅니다. 아이를 입시학원에 1년 동안 보내려 할 경우, 어느 입시학원을 고르면 좋을까요? A입시학원 전단에는 상위권 학교 합격률이 70%라고 쓰여 있습니다. 한편, B입시학원은 상위권 학교 합격률이 75%입니다. 단순하게 합격률만 보면 B입시학원에 보내는 게 좋을 듯 보입니다.

각 입시학원의 상위권 학교 합격률

입시학원	학생 수		상위권 학교 합격자 수		상위권 학교 합격률
	연간 코스 (1년간)	특별 강습회 (5일간)	연간 코스 (1년간)	특별 강습회 (5일간)	
A학원	100명	-	70명	-	70%
B학원	30명	70명	15명	60명	75%

하지만 자세히 조사해보면 A입시학원은 연간 코스(1년간) 학생 수를 바탕으로 합격률을 계산하고 있다는 사실을 알 수 있습니다. 이에 반해 B입시학원은 연간 코스(1년간)를 수강한 학생과 특별 강습회(5일간)를 수강한 학생을 섞어서 합격률을 계산하고 있습니다. 평소에는 다른 입시학원에 다니지만, 특별 강습회만 수강한 학생의 합격률이 매우 높았기 때문에 B입시학원 전체

의 합격률이 높아 보입니다. B입시학원 연간 코스(1년간)에 다니는 학생들의 상위권 학교 합격률은 학생 30명 가운데 15명이기 때문에 50%밖에 안 됩니다.

예시에선 아이를 1년 동안 입시학원에 보내고자 하므로 '연간 코스(1년간)' 합격률을 보고 판단해야 합니다. 이처럼 같은 '합격률'이라는 단어를 사용해도 Apple to Apple 비교가 되지 않는 경우도 있기 때문에 주의해야 합니다. **단어의 정의를 확인하면서 신중하게 비교 대상을 설정**할 필요가 있습니다.

■ 데이터를 비교하는 4가지 시점

데이터 과학자는 데이터를 비교함으로써 의사결정이나 판단 근거로 삼습니다. 데이터 과학자가 자주 사용하는 데이터를 비교하기 위한 4가지 시점을 확인해봅시다.

▶ 시점1 : 어떤 시점과의 비교
기준이 되는 시점으로부터의 변화(변화율, 성장률)를 확인하기 위한 것입니다. 예를 들어 2021년의 매출이 2020년과 비교해 늘었는지, 줄었는지를 확인하기 위해 전년도와 비교합니다. 전년 대비를 기준으로 계산함으로써 2020년과 비교해 매출이 133% 늘었다는 사실을 확인할 수 있습니다.

2020년과 2021년의 매출 비교

년	매출	전년 대비
2020년	90	-
2021년	120	133%

▶ 시점2 : 계획값과의 비교

계획값에 대한 실적 달성 정도(달성률)를 확인하기 위한 것입니다. 예를 들어 각 사업에서 설정한 예산 목표를 달성했는지 확인하기 위해 계획값과 비교합니다. 예실차(매출실적-매출예산)를 계산함으로써 A사업은 예산을 달성했지만, B사업은 예산을 달성하지 못했다는 사실을 알 수 있습니다.

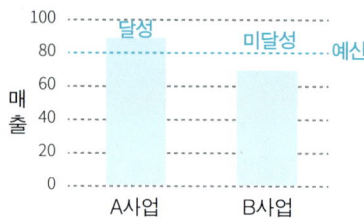

A사업 및 B사업의 예실 비교

사업	예산	실적	예실차
A사업	80	90	+10
B사업	80	70	-10

▶ 시점3 : 타자와의 비교

성질이 같은 것끼리의 차이(우열, 간격)를 확인하기 위한 것입니다. 예를 들어 각 점포의 매출에 순위(랭킹)를 매겨서 어느 점포의 매출이 많은지 확인합니다. 매출 베스트 10이나 워스트 5 등 잘나가는 점포와 실적이 부진한 점포를 분명히 밝혀서 매출 증가 방법을 검토합니다. 또, 잘나가는 점포(A점포)와 각 점포의 매출 차이를 계산함으로써 잘나가는 점포 매출에 비해 다른 점포 매출이 어느 정도 부족한지 확인할 수 있습니다.

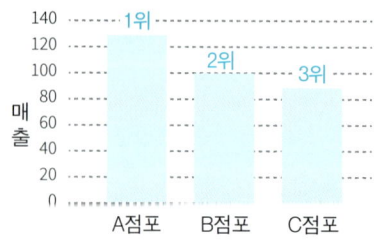

A~C 점포의 매출 비교

점포	매출	순위	A점포와의 차이
A점포	130	1위	
B점포	100	2위	-30
C점포	90	3위	-40

▶시점4 : 전체와의 비교

전체 대비 구성비(공헌도, 영향도, 점유율)를 확인하기 위한 것입니다. 예를 들어 이용자 전체의 각 플랜 비율을 계산함으로써 각 플랜의 점유율을 확인할 수 있습니다. 여기서는 A플랜의 점유율이 대부분(70%)을 차지한다는 사실을 알 수 있습니다.

A~C플랜의 점유율 비교

플랜	매출	전년 대비
A플랜	3,500	70%
B플랜	1,000	20%
C플랜	500	10%

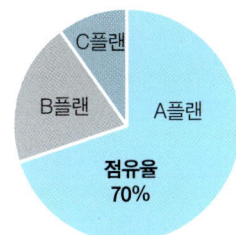

데이터 과학자가 데이터를 비교하는 3가지 시점을 소개했는데, 여기서 또 하나, '시점1 : 어떤 시점과의 비교'에 관한 퀴즈를 풀어보시기를 바랍니다.

퀴즈4 : 어떤 시점과의 비교 방법을 배운다

어느 편의점의 매출 데이터를 분석하고 있습니다. 상사에게 "2021년 11월 1일 매출이 전년(2020년)과 비교해 어떤지 보고해달라"는 요청을 받았습니다. 이 2021년 11월 1일 매출을 비교할 대상으로 가장 적절한 것을 선택지에서 고르세요.

2021년 11월 어느 편의점의 매출 데이터

	월요일	화요일	수요일	목요일	금요일	토요일	일요일
월일	11월 1일	11월 2일	11월 3일	11월 4일	11월 5일	11월 6일	11월 7일
매출	100	110	120	110	130	40	50

비교 대상 ❶ : 2020년 11월 1일(일요일)
비교 대상 ❷ : 2020년 11월 2일(월요일)
비교 대상 ❸ : 2020년 11월 3일(화요일)

정답

 [해설] 편의점 매출 데이터의 비교 대상을 고르는 문제입니다. 대상이 2021년 11월 1일이니까 전년도 2020년 11월 1일과 비교하면 되느냐 하면 그리 단순하지는 않습니다. 2021년 11월 첫째 주의 매출 데이터를 보면 이 편의점의 평일 매출은 괜찮지만, 주말 매출은 그리 좋지 못하다는 사실을 알 수 있습니다. 편의점이나 마트 등의 소매업에서는 평일과 휴일의 매출이 크게 달라집니다. 편의점이나 마트의 입지에 따라서 평일 매출이 많은지 휴일 매출이 많은지 여부가 다르다 보니 요일에 따라 매출 차이가 나는 경우가 대부분입니다.

그래서 소매업에서는 매출 데이터를 전년도와 비교할 때 **같은 주의 같은 요일로 비교**하는 것이 일반적입니다. 전년도의 같은 주 같은 요일과 비교해야 합니다.

같은 주 같은 요일의 매출 비교

2020년

월요일	화요일	수요일	목요일	금요일	토요일	일요일
10월 26일	10월 27일	10월 28일	10월 29일	10월 30일	10월 31일	11월 1일
11월 2일	11월 3일	11월 4일	11월 5일	11월 6일	11월 7일	11월 8일

전년 대비(같은 주 같은 요일)

2021년

월요일	화요일	수요일	목요일	금요일	토요일	일요일
10월 25일	10월 26일	10월 27일	10월 28일	10월 29일	10월 30일	10월 31일
11월 1일	11월 2일	11월 3일	11월 4일	11월 5일	11월 6일	11월 7일

따라서 2021년 11월 1일(월요일)의 비교 대상으로는 ② 2020년 11월 2일(월요일)이 정답이 됩니다.

【정답 : ❷】

다음으로 하나 더, '시점3 : 타자와의 비교'에 관한 퀴즈를 풀어보시기 바랍니다.

퀴즈5 : 타자와의 비교 방법을 배운다

2021년 10월의 A점포와 B점포의 매출은 각각 100만 엔이었습니다. A점포와 B점포를 비교한 고찰 결과로 가장 적절한 것을 선택지에서 고르세요.

2021년 10월의 각 점포 매출		A점포 100만 엔	B점포 100만 엔
매출	고객 수	1,000명	4,000명
	신규 고객 수	50명	3,500명
	기존 고객 수	950명	500명

고찰 ❶ : A점포, B점포는 매출이 같기 때문에 고객 단가도 같다

고찰 ❷ : 두 점포의 고객 대부분은 기존 고객이다

고찰 ❸ : 두 점포의 매출은 같지만, A점포는 고객 단가가 높은 기존 고객이 중심인 데 반해, B점포는 고객 단가가 낮은 신규 고객이 중심이다

정답 _____

[해설] A점포와 B점포를 비교한 고찰로 가장 적절한 것을 고르는 문제입니다. 두 점포의 2021년 10월 매출은 100만 엔으로 같습니다. 매출만을 비교하면 A점포와 B점포에 차이가 없는 것처럼 느껴지지만, 매출을 따져 생각해보면 고객 구성이나 구입 경향이 다르다는 사실을 알 수 있습니다.

매출=고객 수×고객 단위라는 수식에 대입해보면, A점포는 매출 100만 엔=고객 수 1,000명×고객 단가 1,000엔, B점포는 매출 100만 엔=고객 수 4,000명×고객 단가 250엔이라는 사실을 알 수 있습니다.

선택지를 확인해봅시다. A점포와 B점포의 고객 단가가 다르기 때문에 고찰

①은 부적절합니다. 또, B점포는 신규 고객의 비율이 높으므로 고찰②도 부적절합니다. A점포와 B점포의 고객 구성이나 구입 경향을 적절하게 표현한 고찰③이 정답입니다.

【정답 : ❸】

소매업에서는 매출 데이터를 분석할 때 **매출을 고객 수와 고객 단가로 분해**해서 생각합니다. 나눠서 생각함으로써 매출을 늘리기 위한 방법을 구체적으로 검토할 수 있습니다. 고객 수가 적으면 전단 배부나 포인트 제도 도입 등 방문을 촉진하는 방법을 검토합니다. 고객 단가가 낮다면 업셀링(Upselling)[1]이나 크로스셀링(Cross-Selling)[2] 등 1회당 구입 금액을 늘리는 방법을 검토합니다.

이처럼 숫자를 분해해서 비교함으로써 적절한 전략을 생각할 수 있습니다. 데이터 과학자는 항상 '**이 숫자는 분해할 수 없을까?**'를 생각하며 데이터를 대합니다. 데이터 과학자가 자주 사용하는 숫자 분해 패턴을 알아봅시다.

■ 곱셈에 의한 분해

숫자를 곱셈으로 분해하는 패턴입니다. 예를 들어 매출은 **고객 수×고객 단가**로 분해할 수 있습니다. 또, 고객 단가는 **상품 단가×구입 개수**로 분해할 수 있습니다. 이처럼 숫자를 곱셈으로 분해해서 각 숫자를 늘리기 위한 방법을 검토합니다.

---

1 고객이 구매하는 상품이나 서비스를 업그레이드하거나 추가 서비스를 포함하도록 유도하는 것을 말합니다.
2 고객이 이미 구매했거나 구매 의사가 있는 상품 및 서비스와 다른 상품을 제안하여 관련 상품 구매를 유도하는 것을 말합니다.

곱셈에 의한 분해(예)

매출 = 고객 수 × 고객 단가

고객 단가 = 상품 단가 × 구입 개수

■ 덧셈에 의한 분해

숫자를 덧셈으로 분해하는 패턴입니다. 예를 들어 고객 수는 **신규 고객 수+기존 고객 수**로 분해할 수 있습니다. 또, 기존 고객 수는 **활동 고객 수+휴면 고객 수**로 분해할 수 있습니다. 활동 고객이란 직전 활동 실적(구입이나 이용 등)이 있는 고객을 가리키며, 액티브한 고객이라고도 합니다. 한편 휴면 고객이란 직전의 활동 실적이 없는 고객을 가리킵니다.

덧셈에 의한 분해(예)

고객 수 = 신규 고객 수 + 기존 고객 수

기존 고객 수 = 활동 고객 수 + 휴면 고객 수

퀴즈3, 퀴즈4에서 살펴봤듯 비교 대상을 적절하게 설정하기 위해서는 대상으로 삼는 데이터의 정의와 특성을 제대로 파악해둘 필요가 있습니다. 또, 대상으로 하는 업계의 도메인 지식(소매업에서는 요일에 따라 매출이 다르다거나 매출은 고객 수×고객 단가로 분해할 수 있다는 사실 등)도 알아두어야 합니다.

3-3. 데이터에서 과제를 찾아낸다!

데이터 과학자는 **데이터를 시각화해서 비교함으로써 과제를 찾아내어 해결책을 검토합니다.** 여기서는 데이터 과학자가 어떤 식으로 데이터에서 과제를 찾아내고 해결책을 검토하는지 알아보고자 다음 퀴즈를 풀면서 데이터 과학자의 사고 과정을 체험해봅시다.

■**데이터에서 과제를 찾아내는 순서를 배운다 (퀴즈6~9)**

학교 근처에 있는 편의점 세 점포의 2021년 9월 1일~9월 21일(3주간)의 매출 데이터와 이벤트 달력을 입수했습니다. 매출 데이터에는 일별 매출 및 고객 수가 기재되어 있습니다.

이번에 대상이 되는 세 점포는 학교 근처에 있으므로 점포 규모나 점포 설비(주차장이나 매장 내 테이블 유무)는 같습니다. 세 점포 모두 물건을 구입하면 포인트가 부여되는 포인트 제도를 도입하고 있고, 날짜에 3이 들어가는 날은 포인트 3배 DAY(9월 3일과 9월 13일이 해당됨)를 실시하고 있습니다.

학교 근처에 있는 편의점 3점포의 매출 데이터

매출 데이터

월일(요일)	A점포 매출(엔)	A점포 고객수(명)	B점포 매출(엔)	B점포 고객수(명)	C점포 매출(엔)	C점포 고객수(명)
9월 01일(수)	525,000	750	396,000	600	448,000	800
9월 02일(목)	576,000	800	442,000	650	448,000	800
9월 03일(금)	820,000	1,000	720,000	900	432,000	800
9월 04일(토)	189,000	450	126,000	300	135,000	450
9월 05일(일)	200,000	500	140,000	350	160,000	500
9월 06일(월)	560,000	800	408,000	600	432,000	800
9월 07일(화)	495,000	750	429,000	650	476,000	850
9월 08일(수)	544,000	800	384,000	600	432,000	800
9월 09일(목)	612,000	850	396,000	600	448,000	800
9월 10일(금)	560,000	800	429,000	650	459,000	850
9월 11일(토)	210,000	500	140,000	350	144,000	450
9월 12일(일)	180,000	450	720,000	900	666,000	900
9월 13일(월)	820,000	1,000	640,000	800	432,000	800
9월 14일(화)	560,000	800	429,000	650	420,000	750
9월 15일(수)	578,000	850	408,000	600	432,000	800
9월 16일(목)	560,000	800	396,000	600	476,000	850
9월 17일(금)	612,000	850	416,000	650	464,000	800
9월 18일(토)	200,000	500	126,000	300	144,000	450
9월 19일(일)	189,000	450	133,000	350	160,000	500
9월 20일(월)	200,000	500	126,000	300	144,000	450
9월 21일(화)	560,000	800	396,000	600	448,000	800
3주 합계	9,750,000	15,000	7,800,000	12,000	7,800,000	15,000

이벤트 달력

월일(요일)	각종 이벤트
9월 01일(수)	
9월 02일(목)	
9월 03일(금)	포인트 3배 DAY
9월 04일(토)	
9월 05일(일)	
9월 06일(월)	
9월 07일(화)	
9월 08일(수)	
9월 09일(목)	
9월 10일(금)	
9월 11일(토)	
9월 12일(일)	주변 시설:운동회
9월 13일(월)	포인트 3배 DAY
9월 14일(화)	
9월 15일(수)	
9월 16일(목)	
9월 17일(금)	
9월 18일(토)	
9월 19일(일)	
9월 20일(월)	휴일:경로의 날
9월 21일(화)	

제3장 데이터를 설명하는 힘을 기른다

퀴즈6 : 신규 고객 확보나 방문 빈도 향상 등 고객 수를 늘리기 위한 방법을 검토해야 할 점포는 어디일까요?

❶ A점포 ❷ B점포 ❸ C점포   정답 _____

퀴즈7 : 업셀링(고객이 구입한 상품과 종류가 같은 것 중에서 더 상위 제품을 구입하게 하는 것)이나 크로스셀링(고객이 구입하려는 상품과 다른 상품을 제안해서 구입하게 하는 것) 등 고객 단가를 늘리기 위한 방법을 검토해야 할 점포는 어디일까요?

❶ A점포 ❷ B점포 ❸ C점포   정답 _____

퀴즈8: 포인트 3배 DAY 알리기나 고객 모으기 등 <u>포인트 프로그램 이용</u>을 강화해야 할 점포는 어디일까요?

❶ A점포 ❷ B점포 ❸ C점포   정답

퀴즈9: 근처 학교에서 개최하는 운동회 등 주변 시설 이벤트에 대한 대응을 강화해야 할 점포는 어디일까요?

❶ A점포 ❷ B점포 ❸ C점포   정답

[해설]
■매출 데이터에서 과제를 찾아내는 순서

그러면 학교 근처에 있는 편의점 세 점포의 과제를 찾아내서 퀴즈 6~9의 답을 생각해봅시다. 여기서는 순서 1~4의 흐름에 따라 각 점포의 과제를 정리하겠습니다.

    순서1 : 데이터 집계값을 확인하자
    순서2 : 데이터를 시각화하고, 특이점이나 경향성, 상이성을 찾자
    순서3 : 복수의 데이터를 조합해 관련성을 찾자
    순서4 : 데이터에서 얻은 내용을 정리해 해결 방안을 검토하자

순서1 : 데이터 집계값을 확인하자

데이터 과학자는 데이터를 입수하면 먼저 전체 숫자를 살펴보고 결측값과 이상값이 없는지 확인합니다. 이번 매출 데이터에는 데이터가 공란으로 되어 있는 부분이 없기 때문에 결측값은 없는 것 같습니다. 또, 매출이나 고객 수가 0 혹은 마이너스 값이 된 이상값도 없이 보이니 먼저 집계값을 확인합니다.

각 점포의 3주 동안의 매출 집계값은 다음 그림과 같습니다. A점포는 매출이 가장 큰 975만 엔입니다. B점포와 C점포는 780만 엔으로 매출이 같습니다. 매출 집계값만 보면 A점포가 호조며, B점포와 C점포는 차이가 없는 것처럼 보입니다.

각 점포의 매출(2021년 9월 1일~9월 21일)

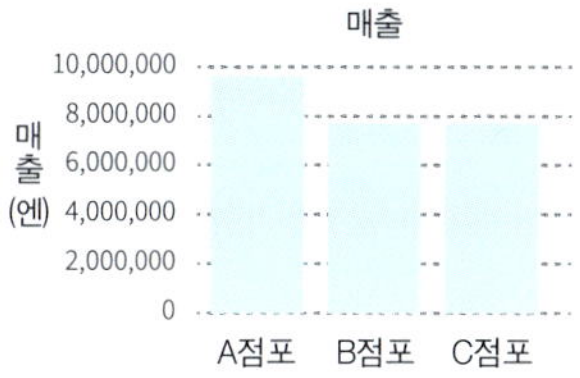

	A점포	B점포	C점포
매출	9,750,000엔	7,800,000엔	7,800,000엔

다음으로 고객 수 집계값도 확인해봅시다. 퀴즈5에서 확인한 것처럼 매출은 고객 수×고객 단가로 분해할 수 있습니다. **매출=고객 수×고객 단가**라는 수식을 이용해 고객 단가는 **매출÷고객 수**로 집계할 수 있습니다.

- A점포의 고객 단가 : 975만 엔÷15,000명=650엔
- B점포의 고객 단가 : 780만 엔÷12,000명=650엔
- C점포의 고객 단가 : 780만 엔÷15,000명=520엔

각 점포의 고객 수와 고객 단가 집계값을 정리하면 다음 그림과 같습니다. A점포와 C점포의 고객 수는 같지만 B점포는 다른 점포에 비해 고객 수가 적습니다. 또, A점포와 B점포는 고객 단가가 같지만 C점포는 다른 점포에 비해 적습니다.

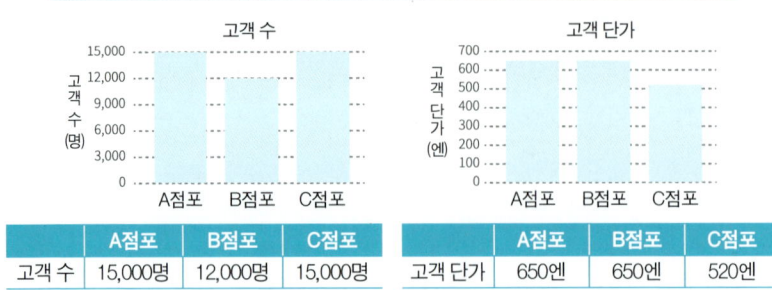

2021년 9월 1일~9월 21일 3주 동안의 매출, 고객 수, 고객 단가의 집계값을 확인해서 다음 사실을 알게 되었습니다.

- **A점포** : 세 점포 가운데 가장 매출이 큰 점포다
- **B점포** : 고객 단가는 A점포와 같지만, 고객 수 문제를 해결해야 한다
- **C점포** : 고객 수는 A점포와 같지만, 고객 단가 문제를 해결해야 한다

순서2 : 데이터를 시각화하고, 특이점이나 경향성, 상이성을 찾자

다음으로 매출 데이터를 시각화하고, 일일 매출 경향이나 특징을 확인해봅시다. 매출 데이터는 시계열 데이터이기 때문에 3-1에서 확인한 '적절한 그래프 표현'을 떠올리고, 꺾은선 그래프나 막대 그래프를 이용해야 합니다. 여기서는 날짜마다 어느 정도의 매출이 있었는지를 확인하고자 하므로 **데이터의 양을 표현하는 막대 그래프**를 이용하겠습니다.

먼저 A점포의 매출부터 확인해봅시다. A점포의 날짜별 매출을 막대 그래프로 표현하면 다음 그림과 같습니다. 이 그래프에서 무엇을 알 수 있을까요? 잠시 생각해보시기 바랍니다.

힌눈에 알 수 있는 점은 평일과 휴일 매출에 큰 차이가 있다는 사실입니다. 2021년 9월 20일은 '경로의 날(공휴일)'이기 때문에 다른 휴일처럼 매출이 적었습니다.

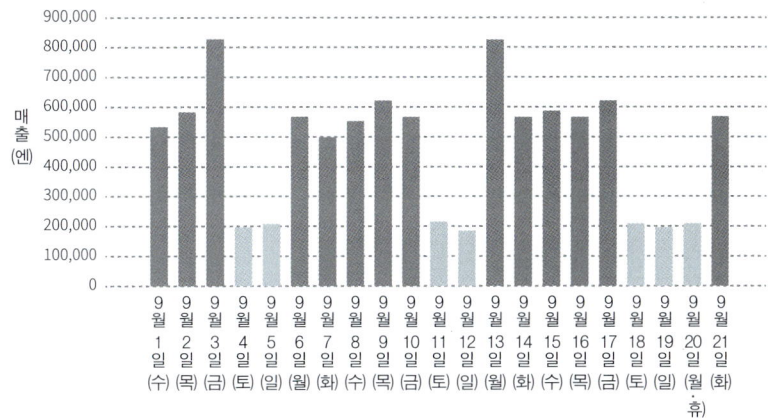

또 한 가지 알 수 있는 사실은 9월 3일과 9월 13일 매출이 다른 평일에 비해 많다는 것입니다. 이에 관해서는 순서3에서 자세히 확인하겠지만 '포인트 3배 DAY'의 영향이 있어 보입니다.

〈A점포의 날짜별 매출 그래프에서 알 수 있는 것〉
- 평일 매출이 많고, 쉬는 날(토·일·공휴일) 매출이 적다
- 9월 3일 및 9월 13일 매출이 많다

다음으로 B점포의 날짜별 매출 그래프를 확인해봅시다. 이 그래프에서는 무엇을 읽어낼 수 있을까요? 한번 생각해보시기 바랍니다.

A점포와 마찬가지로 평일과 휴일 매출에 큰 차이가 있습니다. 하지만 9월 12일(일)은 다른 공휴일과 달리 두드러지게 매출이 큽니다. 근처 학교에서 개최된 '운동회'의 영향이 있는 듯합니다. 또, 9월 3일과 9월 13일은 A점포와 마찬가지로 매출이 올라갔습니다. 이는 '포인트 3배 DAY'의 영향인 것 같습니다.

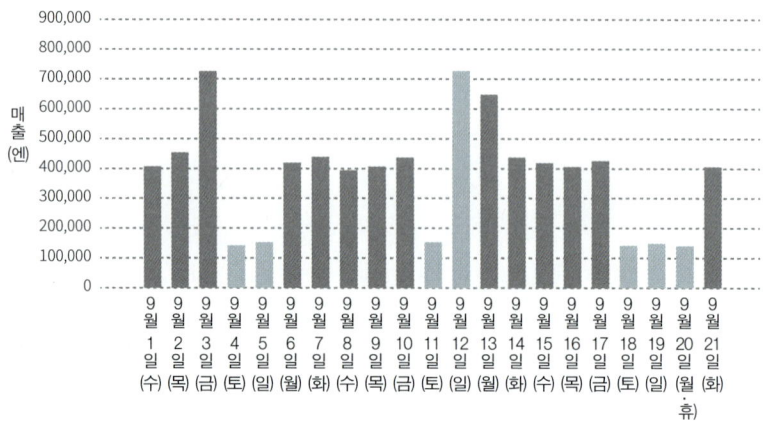

⟨B점포의 날짜별 매출 그래프에서 알 수 있는 것⟩
- 평일 매출이 많고, 쉬는 날(토·일·공휴일) 매출이 적다
- 휴일이기는 하지만 9월 12일(일요일) 매출이 많다
- 9월 3일 및 9월 13일 매출이 많다

마지막으로 C점포의 날짜별 매출 그래프를 확인해봅시다. 이 그래프에서는 무엇을 읽어낼 수 있을까요?

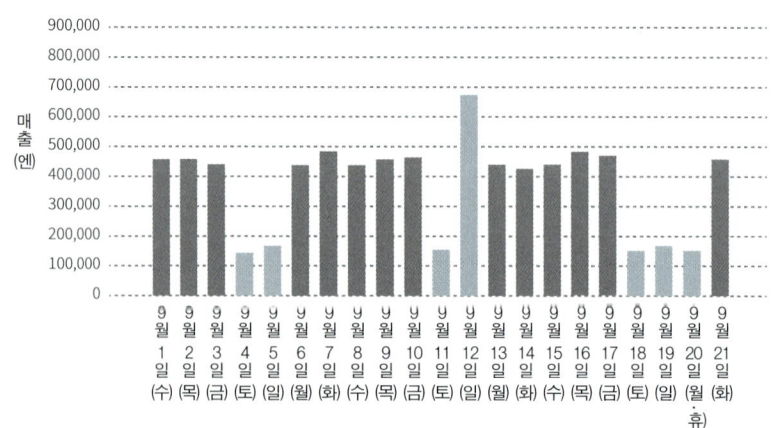

앞의 A점포, B점포와 마찬가지로 평일과 휴일 매출에 큰 차이가 있습니다. 9월 12일(일)은 B점포와 마찬가지로 두드러지게 매출이 큽니다. 이 역시 근처 학교에서 개최된 '운동회'의 영향이 있는 것 같습니다.

한편 A점포, B점포에서 보이는 9월 3일과 9월 13일에 매출 증가가 확인되지 않았습니다. C점포에서는 '포인트 3배 DAY'가 제대로 이루어지지 않는 것 같습니다.

〈C점포의 날짜별 매출 그래프에서 알 수 있는 것〉
- 평일 매출이 많고, 쉬는 날(토·일·공휴일) 매출이 적다
- 휴일이기는 하지만 9월 12일(일요일) 매출이 많다

A~C점포의 날짜별 매출 그래프를 확인함으로써 각 점포의 매출 경향과 특징을 확인할 수 있었습니다. 각각의 점포에서 매출이 커지는 날이 다르기 때문에 세 점포를 모두 비교해봅시다. 시계열 데이터를 모두 비교할 때는 꺾은선 그래프를 이용해 차이를 확인합니다. 9월 3일, 9월 12일, 9월 13일에 매출 차이가 큰 것 같습니다.

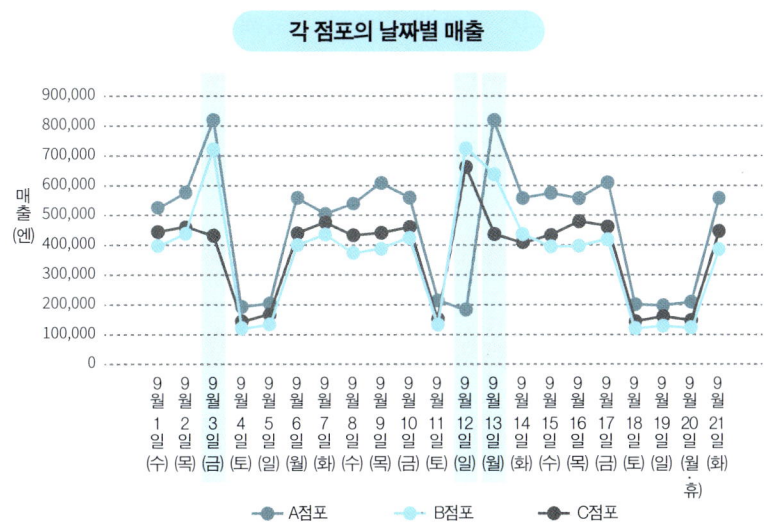

데이터 과학자는 그래프를 파악할 때 **값이 특이한 데이터는 없는지(특이점), 반복해서 보이는 경향은 없는지(경향성), 다른 값과 비교했을 때 다른 부분이 있는지(상이성)**를 확인합니다. 각 점포의 날짜별 매출 그래프를 확인한 결과를 정리하면 다음과 같습니다.

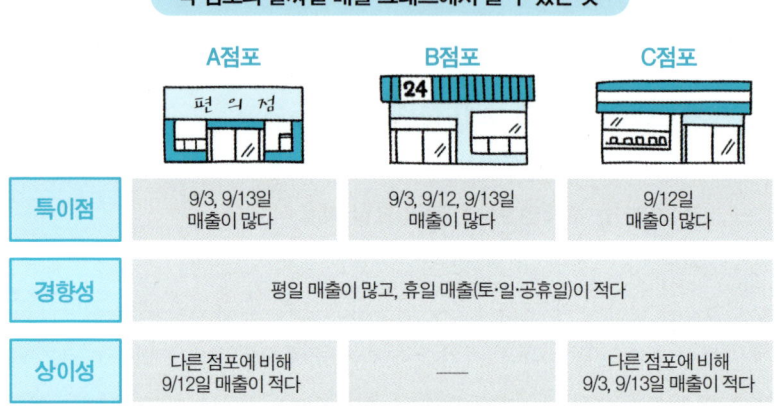

순서3 : 복수의 데이터를 조합해 관련성을 찾자

각 점포의 매출 경향과 특징을 파악했으니 이제 매출이 증감하는 원인을 찾아봅시다. 데이터 과학자는 **복수의 데이터를 조합해서 데이터 사이의 관계성을 찾아내고, 데이터가 변화하는 요인을 고찰**합니다. 복수의 데이터를 조합해서 분석함으로써 단독 데이터만으로는 보이지 않았던 통찰을 얻을 수 있습니다.

여기서는 **매출 데이터**와 **이벤트 달력**을 조합해서 매출이 증감하는 요인을 찾아보겠습니다. 이벤트 달력에는 '포인트 3배 DAY', '주변 시설 : 운동회', '공휴일 : 경로의 날' 3개의 이벤트가 기재되어 있습니다.

날짜별 매출 그래프 확인 결과에 따르면 2021년 9월 1일~9월 21일 3주 동안 (21일)은 다음 4개의 날짜 구분으로 분류할 수 있을 것 같습니다. 각 날짜를

독립적으로 볼 뿐 아니라 비슷한 날을 모아서 살펴봄으로써 특정 날짜에 매출이 증감하는 요인을 찾기 쉬워집니다.

2021년 9월 1일~9월 21일(21일 동안)의 분류 결과

날짜 구분	대상일
평일 [9/3, 9/13일을 제외한 평일]	9/1, 9/2, 9/6, 9/7, 9/8, 9/9, 9/10, 9/14, 9/15, 9/16, 9/17, 9/21
휴일 [9/12일을 제외한 주말·공휴일]	9/4, 9/5, 9/11, 9/18, 9/19, 9/20
포인트 3배 DAY	9/3, 9/13
운동회 [9/12일]	9/12

이 네 가지 날짜의 하루당 평균 매출, 평균 고객 수를 계산하면 다음 표와 같습니다. 하루당 평균값으로 계산하는 이유는 날짜마다 대상이 되는 날의 수가 다르기 때문입니다. 대상이 되는 날의 수가 다르기 때문에 합계값이 아닌 하루당 평균값을 계산합니다.

날짜별 하루당 평균 매출 및 평균 고객 수

날짜 구분	A점포	B점포	C점포
평일 평균 [9/3, 9/13일을 제외한 평일]	561,833엔/일 (고객 수: 804명/일)	410,750엔/일 (고객 수: 621명/일)	448,583엔/일 (고객 수: 808명/일)
휴일 평균 [9/12일을 제외한 토·일·공휴일]	198,000엔/일 (고객 수: 483명/일)	131,833엔/일 (고객 수: 325명/일)	147,833엔/일 (고객 수: 467명/일)
포인트 3배 DAY [9/3, 9/13일]	820,000엔/일 (고객 수: 1,000명/일)	680,000엔/일 (고객 수: 850명/일)	432,000엔/일 (고객 수: 800명/일)
운동회 [9/12일]	180,000엔/일 (고객 수: 450명/일)	720,000엔/일 (고객 수: 900명/일)	666,000엔/일 (고객 수: 900명/일)

■ 포인트 3배 DAY의 매출 증가 효과

날짜별 하루당 평균 매출로 포인트 **3배 DAY의 매출 증가 효과**를 확인해봅시다. A점포 및 B점포의 날짜별 매출 그래프에서 포인트 3배 DAY에는 매출이 증가한다는 사실을 알았습니다. 포인트 3배 DAY는 매출을 증가시키는 효과가 얼마나 있을까요?

포인트 3배 DAY의 매출 증가 효과를 계산하기 위해 다른 날의 평균 매출과 비교하려 합니다. 비교 대상으로 적절한 것은 '평일 평균', '휴일 평균', '운동회' 가운데 어느 것일까요? 잠시 생각해보시기 바랍니다.

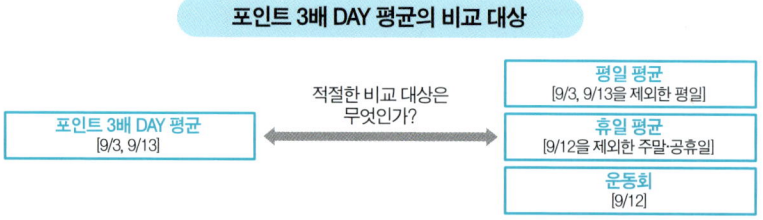

이번에 대상으로 한 매출 데이터에서는 포인트 3배 DAY가 모두 평일이었기 때문에 비교 대상으로 '평일 평균'을 설정하는 것이 적절합니다. 만약 포인트 3배 DAY가 평일과 휴일에 실시되었을 경우 각각 평일 평균, 휴일 평균과 비교하게 됩니다.

각 점포의 '평일 평균'과 '포인트 3배 DAY 평균'의 평균 매출을 비교하면 다음 표와 같습니다.

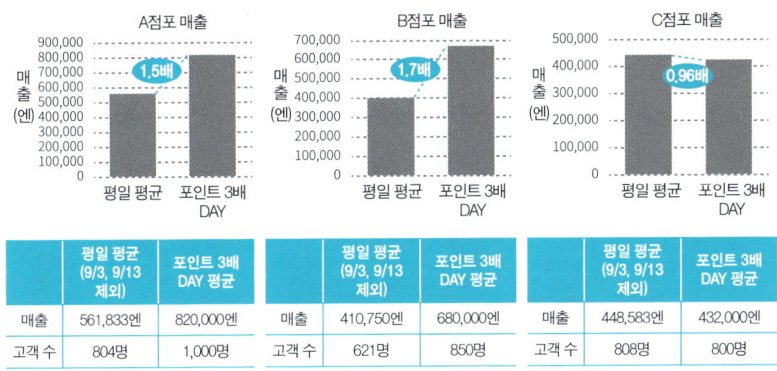

포인트 3배 DAY는 매출을 증가시키는 효과가 있고, A점포에서는 평일 평균의 1.5배, B점포에서는 평일 평균의 1.7배의 매출을 올렸습니다. 한편 C점포에서는 평일 평균보다 매출이 떨어져서 포인트 3배 DAY 방법을 제대로 활용하지 못하고 있다는 사실을 알 수 있습니다. C점포는 포인트 프로그램 공지와 고객 모으는 방법을 재검토해야 할 것 같습니다.

■운동회의 매출 증가 효과

다음으로 근처 학교에서 개최한 운동회의 매출 증가 효과를 계산해봅시다. 비교 대상으로 적절한 것은 '평일 평균', '휴일 평균', '포인트 3배 DAY' 가운데 어느 것일까요?

운동회는 9월 12일 일요일에 개최되었기 때문에 비교 대상으로 '휴일 평균'을 설정하는 것이 적절합니다. 각 점포의 '휴일 평균'과 '운동회'의 평균 매출을 비교하면 다음 표와 같습니다.

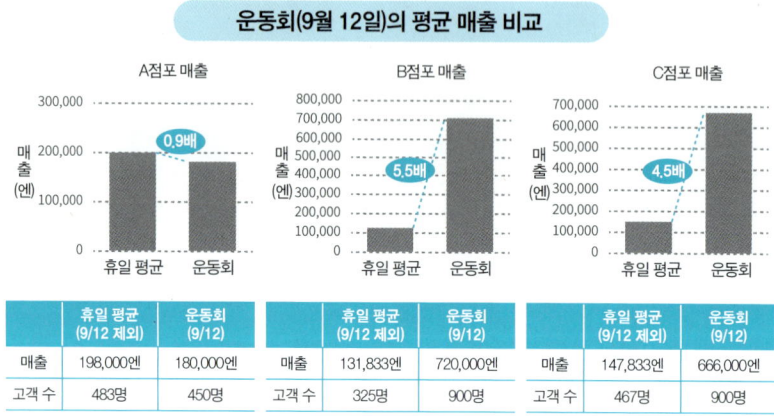

운동회(9월 12일)의 평균 매출 비교

	휴일 평균 (9/12 제외)	운동회 (9/12)
매출	198,000엔	180,000엔
고객 수	483명	450명

	휴일 평균 (9/12 제외)	운동회 (9/12)
매출	131,833엔	720,000엔
고객 수	325명	900명

	휴일 평균 (9/12 제외)	운동회 (9/12)
매출	147,833엔	666,000엔
고객 수	467명	900명

운동회는 매출을 증가시키는 효과가 있고, B점포에서는 휴일 평균의 5.5배, C점포에서는 휴일 평균의 4.5배의 매출을 거뒀습니다. 한편 A점포에서는 휴일 평균보다 매출이 떨어져 운동회로 모인 학생과 보호자를 제대로 손님으로 모으지 못했다는 사실을 알 수 있습니다. A점포는 주변 시설에서 개최되는 이벤트에 대한 대응 방법을 재검토할 필요가 있어 보입니다.

매출 데이터와 이벤트 달력을 조합함으로써 '포인트 3배 DAY'와 '운동회'의 매출 증가 효과를 확인할 수 있었습니다. 각 점포의 매출이 증가한 요인을 정리하면 다음 표와 같습니다.

순서4 : 데이터에서 얻은 내용을 정리해 해결 방법을 검토하자

마지막으로 매출 데이터에서 알게 된 각 점포의 과제를 정리해서 해결책을 검토합시다. 각 점포의 매출 데이터 집계값 및 각종 이벤트 매출 증가 효과는 다음 표와 같이 정리할 수 있습니다.

각 점포의 매출 데이터 집계값 및 이벤트 매출 증가 효과

	매출 데이터 집계값			이벤트 매출 증가 효과	
	매출	고객 수	고객 단가	포인트 3배 DAY 매출	운동회 매출
A점포	975만 엔	15,000명	650엔		휴일 평균의 0.9배
B점포	780만 엔	12,000명	650엔	평일 평균의 1.7배	휴일 평균의 5.5배
C점포	780만 엔	15,000명	520엔	평일 평균의 0.96배	휴일 평균의 4.5배

A점포는 세 점포 가운데 매출이 가장 크므로 우량 점포라고 할 수 있습니다. 하지만 근처 학교에서 개최된 '운동회'를 매출 증가로 연결시키지 못했습니다. 편의점에서 운동회나 콘서트 등 많은 사람이 모이는 이벤트를 활용하면

매출을 증가시킬 좋은 기회가 됩니다. 주변 시설에서 개최되는 이벤트에 대응하기 위해 이벤트 때 손님을 모으는 방법을 재검토하고, 이벤트로 모이는 고객층에 맞는 상품을 어떻게 갖출지를 검토해야 합니다.

B점포는 다른 점포에 비해 적은 고객 수 문제를 해결해야 합니다. 고객 단가는 A점포와 동등하지만, 고객 수가 적어서 매출이 적습니다. 고객 수를 늘리려면 **신규 고객을 확보하거나 기존 고객의 방문 빈도를 높일** 필요가 있습니다. 신규 고객을 확보하려면 전단 배포나 SNS를 이용한 홍보 등 지금까지 방문하지 않았던 고객층에 어필할 방법을 찾아야 합니다. 또, 방문 빈도를 높이려면 포인트 프로그램 가입을 권하거나 여러 번 방문하고 싶어지는 매장을 조성하는 등 점포에 애착을 가지게 할 만한 방안을 검토해야 합니다.

C점포는 다른 점포에 비해 고객 단가가 낮은 것이 과제입니다. 고객 수는 A점포와 같지만 고객 단가가 낮아서 매출이 적습니다. 고객 단가를 높이려면 **쇼핑 한 번에 구입하는 물건 개수를 증가시키거나 품목 하나당 상품 단가를 높일 필요**가 있습니다. 구매 개수를 증가시키려면 상품 설명을 달아서 덤으로 구입하게 만들거나 관련 상품을 옆에 진열하는 등 크로스셀링을 촉진하는 방법을 검토해야 합니다. 또, 한 가지 품목당 상품 단가를 높이려면 높은 가격대 상품을 갖춰놓고, 부가가치를 어필하는 문구를 작성하는 등 업셀링을 촉진하는 방법을 검토해야 합니다.

C점포에서는 '포인트 3배 DAY'를 매출 증가로 연결하지 못하고 있기 때문에 포인트 프로그램 이용 방식을 강화해야 합니다. 포인트 3배 DAY 안내 포스터 게시나 사전 안내방송 등 포인트 3배 DAY를 고객에게 인지시키기 위한 방법을 검토합니다.

순서 1~4의 흐름에 따라 매출 데이터에서 과제를 찾아내 각 점포의 매출 개선 방안을 검토했습니다. 이번에는 편의점 매출 데이터를 대상으로 했지만, 이와 같은 순서로 제조 라인의 품질 데이터를 분석하거나 금융 거래 데이터를 분석할 수도 있습니다. 마지막으로 퀴즈 6~9의 정답을 확인해봅시다.

▶데이터에서 과제를 찾아내는 순서를 배운다(정답)

퀴즈6 : 신규 고객을 확보하거나 방문 빈도 향상 등 고객 수를 늘리기 위한 방법을 검토해야 할 점포는 어디일까요? 정답 : ❷

퀴즈7 : 업셀링이나 크로스셀링 등 고객 단가를 늘리기 위한 방법을 검토해야 할 점포는 어디일까요? 정답 : ❸

퀴즈8 : 포인트 3배 DAY 알리기나 고객 모으기 등 포인트 프로그램 이용 방법을 강화해야 할 점포는 어디일까요? 정답 : ❸

퀴즈9 : 근처 학교에서 개최되는 운동회 등 주변 시설에서 실시하는 이벤트에 대한 대응을 강화해야 하는 점포는 어디일까요? 정답 : ❶

제3장 <정리>

이 장에서 살펴봤듯 데이터 과학자는 **데이터의 시각화**와 **데이터 비교**를 조합해 데이터에서 과제를 찾아냅니다. 비즈니스 현장에서는 데이터를 설명해야 할 때가 많습니다. 이 장에서 배운 내용을 살려서 적절하게 데이터를 설명하도록 합시다.

데이터를 시각화해보자!
데이터 과학자는 데이터를 시각화함으로써 입수한 데이터의 특징이나 상이점, 관련성을 찾아낸다.

- ●적절한 그래프 표현
  - 막대 그래프 : 데이터의 양(값)을 표현
  - 꺾은선 그래프 : 데이터의 추이(변화)를 표현
  - 산포도 : 데이터의 관련성(상관)을 표현
  - 원 그래프 : 데이터의 구성(내역)을 표현

- ●읽는 사람에게 오해를 불러일으키는 그래프
  - 원점이 0부터 시작하지 않는, 항목 간 차이를 과장한 그래프
  - 원래는 같은 축으로 표현할 수 있으나 축을 나눈 2축 그래프
  - 3D로 만들어서 값을 크게 보이게 한 3D 그래프

데이터를 비교한다는 것은?
데이터 과학자는 데이터를 비교함으로써 대상이 되는 사실이나 현상의 우열이나 간격, 계획값에 대한 달성 상황을 확인한다.

- ●적절한 비교 대상 설정
  - Apple to Apple 비교 : 성질이 같은 것끼리 비교하는 것

- Apple to Orange 비교 : 성질이 다른 것을 비교하는 것

● 데이터를 비교하는 4개의 시점
- 어느 시점과의 비교 : 기준이 되는 시점으로부터의 변화를 확인
- 계획값과의 비교 : 계획값에 대한 실적 달성 정도를 확인
- 타자와의 비교 : 성질이 같은 것끼리 차이를 확인
- 전체와의 비교 : 전체 대비 구성비를 확인

● 데이터 분해
- 곱셈식에 의한 분해 : 매출=고객 수×고객 단가 등
- 덧셈식에 의한 분해 : 고객 수=신규 고객 수+기존 고객 수 등

데이터에서 과제를 찾자!
데이터 과학자는 데이터를 시각화해서 비교함으로써 과제를 찾아 해결책을 검토한다.

● 데이터에서 과제를 찾아내는 순서
- 순서1 : 데이터 집계값을 확인하자
- 순서2 : 데이터를 시각화하고, 특이점이나 경향성, 상이성을 찾자
- 순서3 : 복수의 데이터를 조합해 관련성을 찾자
- 순서4 : 데이터에서 얻은 내용을 정리해 해결 방안을 검토하자

● 그래프를 파악할 때의 확인 포인트
- 특이점 : 값이 특이한 데이터는 없는가?
- 경향성 : 데이터에 반복해서 보이는 경향은 없는가?
- 상이성 : 다른 것과 비교했을 때 차이점은 없는가?
- 관련성 : 데이터와 데이터 사이에 관련은 없는가?

제 4 장

데이터를 분류하는 힘을 기른다

이 장에서는 데이터를 분류하는 힘을 길러봅시다. 비즈니스 현장에서 일하려면 **대량의 데이터를 몇 가지 그룹으로 분류하는 힘**이 필요합니다. 예를 들어 고객을 몇 가지 그룹으로 분류(고객 세그먼테이션 customer segmentation)해서 고객의 구매 경향이나 기호를 바탕으로 상품을 추천할 수 있겠지요. 또, 점포를 몇 가지 그룹으로 분류(점포 뭉치기)해서 점포 그룹별로 구성 상품을 맞추거나 가게 레이아웃을 재검토할 수도 있습니다.

데이터를 몇 개의 그룹으로 나누려면 데이터를 분류하는 훈련이 필요하므로 4-1에서는 **특징이 비슷한 데이터로 그룹을 만드는 방법**을 설명합니다. 이어서 4-2에서는 **목적에 따라 데이터를 분류하는 일의 중요성**을, 4-3에서는 **데이터를 기계적으로 분류하는 방법**을 설명하겠습니다. 마지막으로 4-4에서는 **데이터를 분류하는 순서**를 살펴보겠습니다.

〈제4장 퀴즈〉

4-1. 특징이 비슷한 데이터를 그룹으로 만들자!

퀴즈1: 데이터를 그룹으로 나누는 일의 의미를 배운다

퀴즈2: 데이터 사이의 거리를 배운다

퀴즈3: 거리를 계산할 때의 주의사항을 배운다

4-2. 목적에 맞게 데이터를 분류하자!

퀴즈4: 데이터를 분류하기 위한 관점을 배운다

4-3. 데이터를 기계적으로 분류하자!

퀴즈5: 그룹의 중심을 배운다

4-4. 데이터 분류를 체험하자!

퀴즈6~8: 데이터를 분류하는 순서를 배운다

4-1. 특징이 비슷한 데이터를 그룹으로 만들자!

데이터 과학자는 대량의 **데이터를 몇 개의 그룹으로 나눠서 그룹별 특징과 해결 방안을 고찰합니다.** 예를 들어 인터넷 쇼핑몰의 구매 이력을 바탕으로 비슷한 상품을 사는 소비자 그룹을 만들어, 그룹별로 어떤 상품을 추천하면 좋을지를 생각합니다.

여기에서는 데이터 과학자가 어떤 식으로 데이터를 그룹으로 나누는지 확인해봅시다. 데이터 과학자의 사고 과정을 체험해보고자 다음 퀴즈를 풀어보시기 바랍니다.

 **퀴즈1 : 데이터를 그룹으로 나누는 의미를 배운다**

어느 커피숍을 이용하는 9명의 주문 이력 데이터가 있습니다. 이 커피숍에서는 커피와 디저트를 판매하며, 손님에 따라 주문 경향이 다릅니다. 다음은 손님 9명이 한 달 동안 커피와 디저트를 몇 번 주문했는지 나타낸 표와 그래프입니다. 이를 바탕으로 9명의 손님을 그룹으로 나눈다고 했을 때 적절하게 나눴다고 생각하는 선택지를 고르십시오.

손님	커피	디저트
A씨	1회	1회
B씨	18회	15회
C씨	17회	2회
D씨	1회	2회
E씨	15회	1회
F씨	2회	1회
G씨	17회	16회
H씨	20회	20회
I씨	18회	1회

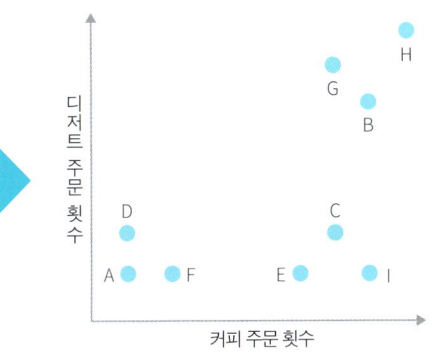

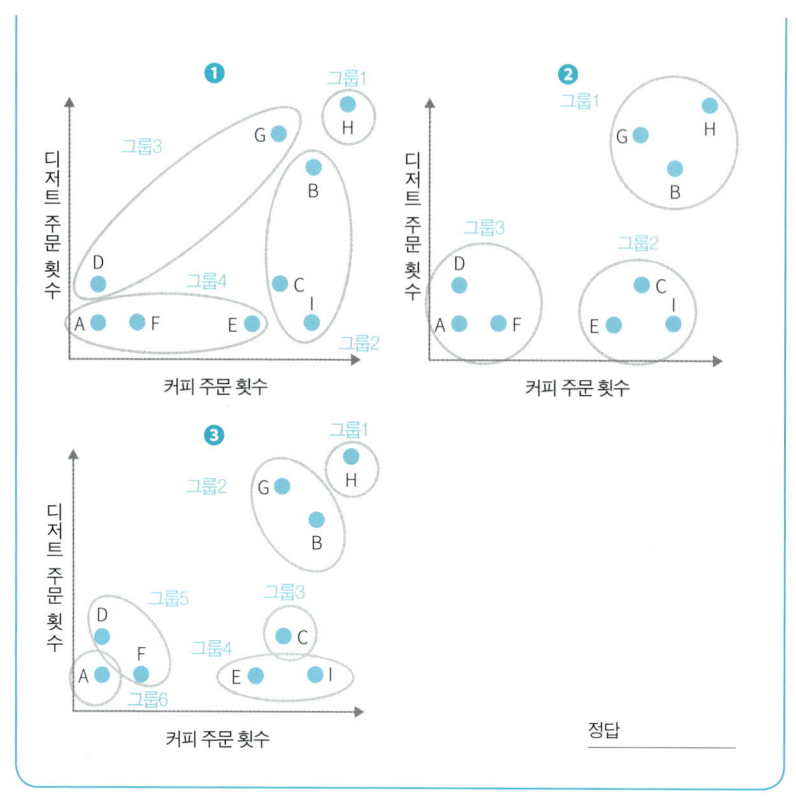

정답 _____

[해설] 커피숍을 이용하는 9명의 주문 이력 데이터를 바탕으로 몇 개의 그룹으로 나누는 문제입니다. 여러분은 직감적으로 어떻게 나누는 방법이 적절하다고 생각하시나요? 아마도 ②가 정답이라고 생각하는 분이 많을 것 같습니다. 그렇다면 왜 ②가 적절한 그룹 나누기 방법이라고 생각했나요? 반대로 ①이나 ③은 어디가 잘못되었을까요? 각각의 선택지를 하나씩 확인해봅시다.

먼저 ②를 살펴봅시다. ②는 주문 횟수에 따라 3개의 그룹으로 나눴습니다. 그룹1은 '커피와 디저트 모두 자주 주문한 사람(B씨, G씨, H씨)'입니다. 한편 그룹2는 '커피는 자주 주문했지만, 디저트는 별로 주문하지 않은 사람(C씨, E씨, I씨)'입니다. 마지막으로 그룹3은 '커피와 디저트 모두 그다지 주문하지 않은 사람(A씨, D씨, F씨)'입니다.

이처럼 ②는 특징이 비슷한 손님끼리 정리되어 있고, 그룹 수도 3개로 적절하게 나뉘어 있습니다.

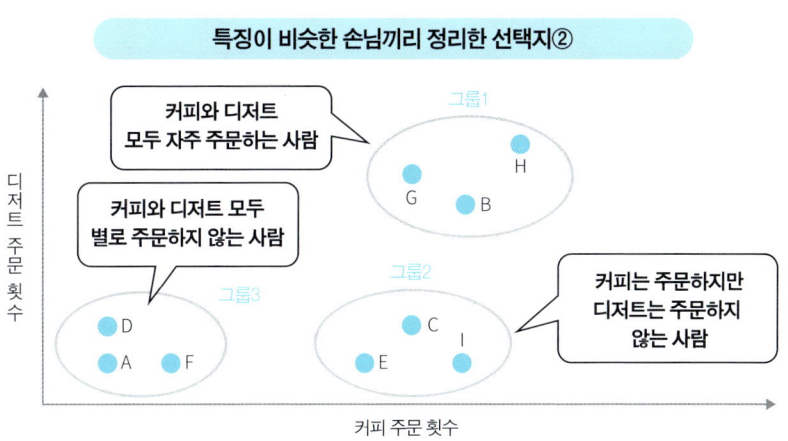

다음으로 ①을 살펴봅시다. ①은 4개의 그룹으로 나눴습니다. 그룹1은 '커피와 디저트를 가장 많이 주문하는 최우량 고객(H씨)'입니다. 다음으로 그룹2는 '커피 주문 횟수가 많은 사람(B씨, C씨, I씨)'입니다.

그룹3에는 D씨와 G씨가 있는데, D씨는 커피와 디저트 모두 그다지 주문하지 않는 사람입니다. 한편 G씨는 커피와 디저트 모두 자주 주문하는 사람이기 때문에 이 두 사람을 하나의 그룹으로 정리하기에는 무리가 있습니다.

또, 그룹4는 '디저트를 그다지 주문하지 않는 사람(A씨, E씨, F씨)'이 모여 있는데, 디저트 주문이 적다는 관점이면 I씨도 마찬가지로 디저트 주문이 적기 때문에 같은 그룹에 들어가지 않는 것은 이상합니다.

이처럼 ①은 특징이 비슷하지 않은 손님을 같은 그룹으로 묶어놓은 데다가, 각 그룹으로 분류하는 기준도 모호하기 때문에 적절한 그룹 나누기라고 할 수 없습니다.

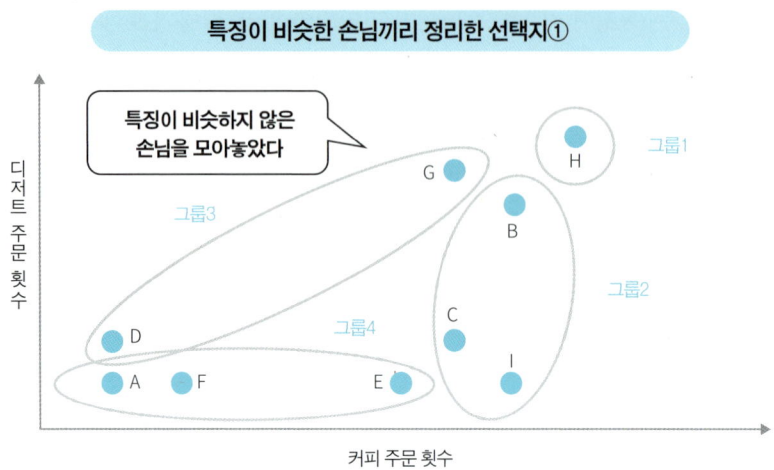

마지막으로 ③을 살펴봅시다. ③은 6개의 그룹으로 나눴습니다. 그룹1은 '커피와 디저트를 가장 많이 주문한 최우량 고객(H씨)'입니다. 다음으로 그룹2는 '커피 주문 횟수가 많은 사람(B씨, G씨)'입니다.

그룹3과 그룹4에는 '커피는 자주 주문하지만, 디저트는 별로 주문하지 않는 사람'으로 그룹3에 C씨, 그룹4에 E씨와 I씨가 있는데, 두 그룹 사이에는 특징 차이가 거의 없습니다. 따라서 이 두 그룹은 하나의 그룹으로 모으는 편이 나을 것 같습니다.

또, 그룹5와 그룹6에는 '커피와 디저트 모두 별로 주문하지 않는 사람'으로 그룹5에 D씨와 F씨, 그룹6에 A씨가 있는데, 역시 양쪽 그룹 사이에 특징 차이가 거의 없습니다. 이 두 그룹도 하나로 모으는 편이 좋을 것 같습니다.

9명의 손님을 그룹으로 나누는 문제였는데 그룹을 6개나 만들면 한 사람밖에 속하지 않는 그룹이 많이 생겨서 그룹으로 나누는 의미가 없어지고 맙니다. 따라서 ③도 적절한 그룹 나누기라고 할 수 없습니다.

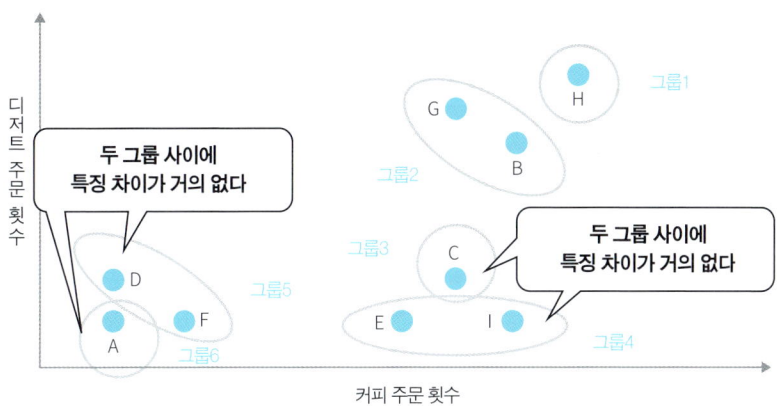

따라서 커피숍을 이용하는 9명의 주문 이력 데이터를 바탕으로 적절한 그룹을 나누는 퀴즈1의 정답은 선택지②입니다.

【정답 : ❷】

■ 데이터를 그룹으로 나누는 의미

그러면 퀴즈1을 바탕으로 데이터를 그룹으로 나누는 일의 의미를 생각해봅시다. 애초에 왜 데이터를 그룹으로 나눠야 할까요? 그것은 **대량의 데이터를 몇 개의 그룹으로 나눠** 생각하면 **데이터를 파악·비교하기 쉬워지기 때문**입니다.

앞의 퀴즈1은 그룹으로 나눌 대상이 되는 손님이 9명밖에 없었지만, 가령 10만 명의 손님 데이터라면 어떨까요? 각각 어떤 주문 경향을 보이는지, 한 사람씩 파악하기가 몹시 어려울 것입니다. 이럴 때 주문 횟수에 따라 '커피와 디저트 모두 자주 주문하는 사람(그룹1)', '커피는 자주 주문하지만, 디저트는 별로 주문하지 않는 사람(그룹2)', '커피와 디저트 모두 그리 주문하지 않는 사람(그룹3)'이라는 3개의 그룹으로 나누면 그룹에 어떤 손님이 어느 정도 있는지 쉽게 파악할 수 있습니다.

커피숍의 주문 경향을 파악하는 것 외에도 다양한 상황에서 데이터의 그룹을 나누면 도움이 됩니다. 예를 들어 생물의 특징을 비교할 때 존재하는 수많은 생물을 한 개체씩 비교하는 것보다 '포유류'나 '파충류'처럼 특징이 비슷한 그룹으로 나눠서 비교하는 편이 차이를 찾아내기 쉽습니다.

이처럼 대량의 데이터의 특징을 파악할 때는 **특징이 비슷한 데이터끼리 모아서 그룹을 만드는 것**이 매우 중요합니다. 데이터 과학자는 특징이 비슷한 데이터를 그룹으로 모음으로써 대량의 데이터 안에서 필요한 것을 찾아내기 쉽게 만듭니다.

그룹을 만들 때는 특징이 비슷한 데이터끼리 모으는 것이 중요합니다. 적절하게 그룹을 나눈다는 말은 **특징이 비슷한 데이터는 같은 그룹으로 분류하고, 반대로 특징이 비슷하지 않은 데이터는 다른 그룹으로 분류한다는 뜻**이기도 합니다. 퀴즈1의 경우 선택지②는 특징이 비슷한 데이터끼리 제대로 모아놓았는데, 선택지①은 특징이 다른 데이터를 같은 그룹으로 묶었으니 적절하게 그룹을 나눴다고 볼 수 없었지요.

■ 그룹별 해결 방안을 생각한다

데이터를 그룹으로 나누면 데이터에 바탕을 둔 해결 방안을 생각하기 쉬워집니다. 예를 들어 퀴즈1에서 그룹을 나눈 결과를 바탕으로 커피숍의 매출 증가 방법을 생각해봅시다. 이 커피숍을 이용하는 손님은 선택지②에서 살펴봤듯 크게 3가지 타입으로 나눌 수 있습니다. 이 3가지 타입의 손님을 각각 늘려서 매출을 증가시키기 위한 방법을 검토해봅시다.

이 커피숍의 매출을 증가시키려면 그룹1처럼 커피와 디저트 모두 자주 주문하는 손님을 늘리면 좋겠지요. 그런데 단번에 그룹1을 늘리기는 어렵기 때문에 우선은 시험 삼아 커피를 주문해보는 그룹3의 손님을 늘리는 것이 중요합니다. 그리고 그룹3 손님이 늘어나면 그 손님이 여러 차례 커피를 주문하게 함으로써 그룹2로 유도합니다. 그리고 그룹2 손님이 늘어나면 이번에는 손님에게 디저트를 함께 주문하게 함으로써 그룹1로 유도합니다. 이처럼 그룹으로 나눔으로써 단계를 밟는 매출 증가 방법을 생각할 수 있습니다.

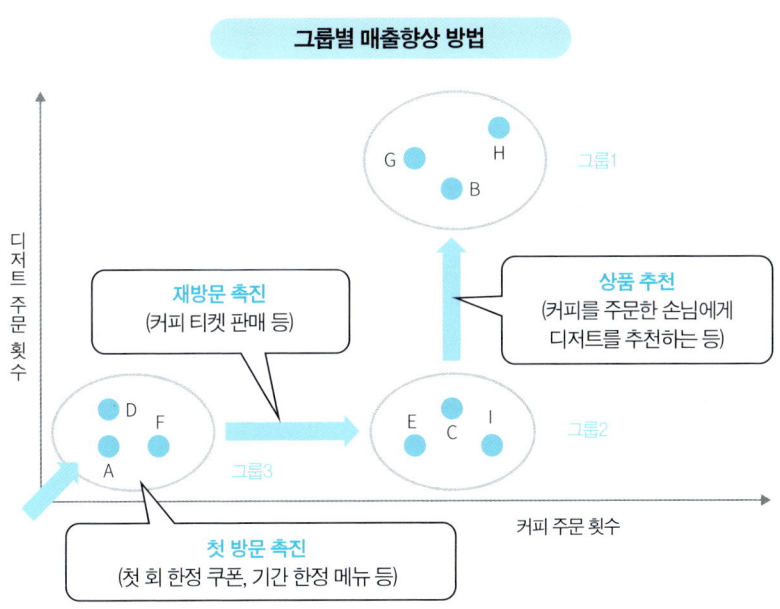

그러면 구체적으로 매출 증가 방안을 어떻게 검토할 수 있을지 생각해봅시다. 먼저 그룹3의 손님을 늘리는 방법을 생각해보겠습니다. 이 커피숍에서 주문한 적이 없는 손님에게는 먼저 커피숍에 관심을 가지게 해서 방문을 유도해야 합니다. 여기서 처음으로 방문하는 손님이 사용할 수 있는 첫 방문 한정 쿠폰이나 이 커피숍에 관심을 가지게 하기 위한 기간 한정 메뉴 등 최초 방문을 유도하기 위한 방법을 검토합니다.

다음으로 그룹3의 손님을 그룹2로 유도하기 위한 방법을 생각해봅시다. 한 번 방문한 손님을 재방문하는 단골로 만드는 것은 음식점 입장에서는 무척 중요한 일입니다. 이 커피숍에서는 커피를 여러 번 주문하는 손님이 많기 때문에 커피 티켓 판매나 커피를 주문할 때마다 스탬프를 찍어주는 커피 쿠폰 등 재방문을 유도하기 위한 방법을 검토합니다.

마지막으로 그룹2의 손님을 그룹1로 유도하기 위한 방법을 생각해봅시다. 그룹2의 손님은 커피를 자주 주문하기 때문에 이 손님이 디저트를 함께 주문하게 만드는 방법을 생각합니다. 커피를 주문한 손님에게 다음번에 사용할 수 있는 디저트 시식권을 제공하거나 테이블 위에 추천 디저트 사진을 찍은 탁상용 알림판을 설치하는 등 디저트를 크로스셀링하기 위한 상품 추천 방안을 검토합니다.

이처럼 손님을 몇 가지 그룹으로 나눔으로써 각 그룹에 대한 판매 방법을 검토할 수 있습니다. 각 손님에 대한 판매 방법을 생각하기보단 그룹 단위로 판매 방법을 검토하는 편이 간단하며 생각하기 쉽습니다.

---

column: 고객의 잠재적인 니즈를 파악한다

데이터를 그룹으로 나눔으로써 새로운 방법을 검토하는 예를 또 하나 소개하겠습니다. 인터넷 쇼핑몰의 추천에 관한 사례입니다. 인터넷 쇼핑몰에서는 '이 상품을 구입한 사람은 다음과 같은 상품을 구입했습니다'나 '당신에게는 이 상품을 추천합니다'와 같은 상품 추천을 할 때가 많습니다.

이는 구매 경향이 비슷한 고객을 그룹으로 나누고 해당 그룹에서 자주 구입하는 상품을 추천하는 것입니다. 같은 그룹에 속하는 고객은 비슷한 행동을 할 가능성이 높다고 판단하기 때문입니다. 구매 경향이 비슷한 고객 그룹을 활용함으로써 고객의 잠재적인 니즈를 파악해 적절한 상품을 추천할 수 있습니다.

예를 들어 아기 옷을 자주 구입하는 A씨가 있다고 해봅시다. 이 인터넷 쇼핑몰 고객을 그룹으로 나누면, A씨는 '육아 맘'이라는 그룹으로 분류됩니다. 이 '육아 맘'에 속하는 다른 고객의 구매 이력을 분석했더니, 이들이 아기 옷뿐만 아니라 아기용품이나 그림책을 자주 구입한다는 사실을 알게 되었습니다. 또, 2L짜리 물 6개 묶음이나 시간을 절약해주는 가전제품도 자주 구입한다는 사실도 알게 되었습니다.

그래서 A씨에게 2L짜리 물 6개 묶음을 추천했더니 새로운 주문으로 연결되었습니다. 언뜻 보기에 육아 맘과 대용량 물은 관계가 없는 듯 보이지만, 다른 육아 맘의 구매 이력에서 '아이를 데리고 다니면서 무거운 페트병을 나르는 것은 예삿일이 아니기에 집까지 배달해줬으면 좋겠다'는 니즈를 찾아내서 상품 추천으로 연결한 사례입니다. 데이터를 그룹으로 나누면 이러한 방안을 생각할 수 있다는 장점도 있습니다.

■ 데이터의 특징이 비슷하다는 판단

데이터를 그룹으로 나누는 일의 의미를 확인했으니 다음은 데이터의 특징이 비슷하다는 판단을 어떻게 내리면 좋을지 생각해봅시다.

퀴즈2 : 데이터 사이의 거리를 배운다

어느 학급의 신체 측정 데이터가 있습니다. 신체 측정 데이터에는 키와 체중이 기록되어 있습니다. H와 키, 체중이 비슷한 학생을 고르십시오.

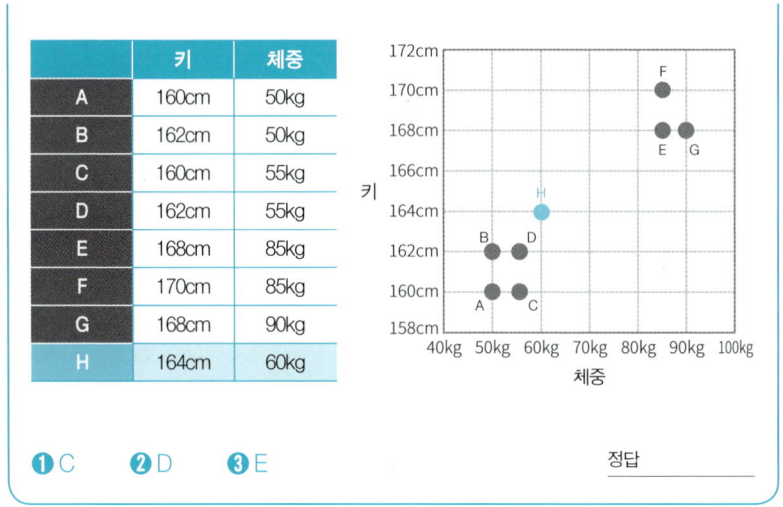

❶ C　　❷ D　　❸ E　　　　　　　　　　정답 _____

[해설] H(키:164cm, 체중:60kg)와 키와 체중이 비슷한 학생을 고르는 문제입니다. C(키:160cm, 체중:55kg), D(키:162cm, 체중:55kg), E(키:168cm, 체중:85kg) 세 사람 중 어느 학생이 H와 비슷할까요? 산포도를 보면 H는 D와 가까이 자리 잡고 있기 때문에 세 명 중에선 D가 가장 비슷한 것 같습니다.

여기서 H와 D가 비슷하다는 것은 무슨 의미인지 생각해봅시다. 여러분은 이 문제를 풀 때 H에서 C의 거리, H에서 D의 거리, H에서 E의 거리를 대충 어림잡아서 H와 D가 가장 가까워 보인다고 판단하지 않았나요? 데이터 과학자 역시 **데이터의 거리가 가까우면 '비슷하다', 멀면 '비슷하지 않다'고 판단을 내립니다.**

정말로 H와 D의 거리가 가깝다는 확신을 얻기 위해 학교에서 배웠던 '**거리 공식(피타고라스의 정리)**'에 대입해 계산해봅시다. 가로 길이와 세로 길이를 알면 거리 공식을 이용해 거리를 계산할 수 있습니다. H와 D 사이의 거리를 계산하면 약 5.4입니다.

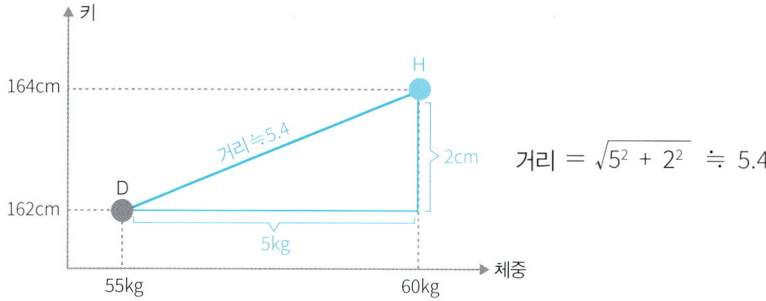

확신을 얻고자 D 외의 거리도 계산해봅시다. H와 7명의 거리를 계산하면 다음 표와 같습니다.

	키	체중	H와의 거리
A	160cm	50kg	10.8
B	162cm	50kg	10.2
C	160cm	55kg	6.4
D	162cm	55kg	5.4
E	168cm	85kg	25.3
F	170cm	85kg	25.7
G	168cm	90kg	30.3

H는 D와의 거리가 가장 가깝다는 사실을 확인할 수 있었습니다. 따라서 퀴즈2의 정답은 '② D'입니다.

【정답 : ❷】

거리 공식을 사용해 데이터 사이의 거리를 계산하는 방법을 배웠는데, 거리를 계산할 때는 한 가지 주의할 점이 있습니다. 다음 퀴즈3을 생각해봅시다.

퀴즈3 : 거리를 계산할 때의 주의사항을 배운다

퀴즈2와 같은 신체 측정 데이터가 있습니다. 이번에는 I 및 J와 키와 체중이 비슷한 학생을 고르세요.

	키	체중
A	160cm	50kg
B	162cm	50kg
C	160cm	55kg
D	162cm	55kg
E	168cm	85kg
F	170cm	85kg
G	168cm	90kg
I	160cm	75kg
J	170cm	65kg

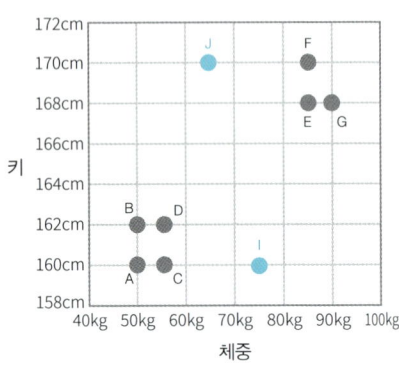

I와 비슷한 학생 : ❶ C ❷ D ❸ E
J와 비슷한 학생 : ❶ D ❷ E ❸ F

정답 _____

[해설] I(키:160cm, 체중:75kg) 및 J(키:170cm, 체중:65kg)와 키와 체중이 비슷한 학생을 고르는 문제입니다. 여러분은 어느 학생이 I 및 J와 비슷하다고 생각했나요?

앞의 퀴즈2처럼 거리 공식을 사용해 데이터 사이의 거리를 계산해봅시다. I 및 J와 7명의 거리를 계산한 값은 다음 표와 같습니다. 이 표를 보면 I는 E와의 거리가 가장 가깝고, J는 D와의 거리가 가장 가깝습니다.

산포도를 확인하면 I는 C, J는 F와 가까운 듯 보입니다. 거리 계산이 틀린 걸까요? 각 계산 내용을 확인해봅시다.

I, J와 각 학생과의 거리

	키	체중	I와의 거리	J와의 거리
A	160cm	50kg	25.0	18.0
B	162cm	50kg	25.1	17.0
C	160cm	55kg	20.0	14.1
D	162cm	55kg	20.1	12.8
E	168cm	85kg	12.8	20.1
F	170cm	85kg	14.1	20.0
G	168cm	90kg	17.0	25.1

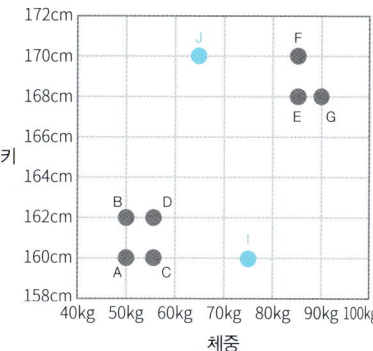

먼저 I와 C, 그리고 I와 E의 거리를 확인해봅시다. I는 키가 160cm, 체중이 75kg입니다. C와의 거리를 계산하면 C는 I와 키가 같기 때문에 가로 길이밖에 없고, 거리는 20.0입니다. 한편 E와의 거리를 계산하면 가로 길이가 10이고 세로 길이가 8이므로 거리는 약 12.8이 됩니다.

I와 C, I와 E의 거리

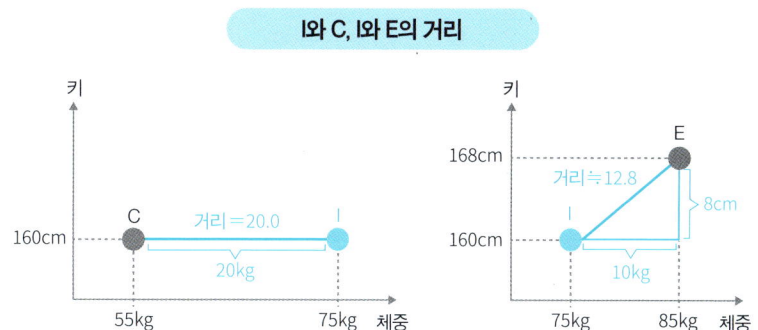

마찬가지로 J와 D, 그리고 J와 F의 거리도 확인해봅시다. J는 키가 170cm, 체중이 65kg입니다. D와의 거리를 계산하면 가로 길이가 10이고, 세로 길이가 8이므로 거리는 약 12.8이 됩니다. 한편 F와의 거리를 계산하면 F는 J와 키가 같기 때문에 가로 길이밖에 없어서 거리는 20.0이 됩니다.

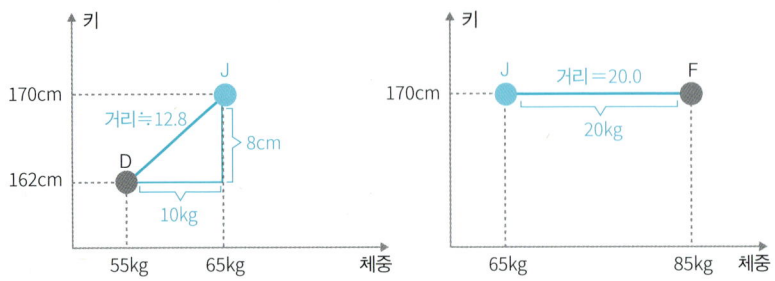

거리 계산 내용을 확인해봤는데, 역시 I는 E와의 거리가 가깝고, J는 D와의 거리가 가깝다는 결과가 틀림없어 보입니다. 따라서 I와 비슷한 학생은 E, J와 비슷한 학생은 D입니다.

【정답 : I와 비슷한 학생 ❸, J와 비슷한 학생 ❶】

column: 스케일이 다른 데이터

앞서 퀴즈3에서는 우리의 직감과 거리 계산 결과가 어긋났습니다. 왜 직감과 계산 결과가 어긋나고 말았을까요? 그것은 키와 체중이 각각 스케일이 다른 지표이기 때문입니다. 이번 신체 측정 데이터에서는 키는 160cm와 170cm 사이의 값으로, 불과 10cm라는 범위 안에 각 학생이 존재했습니다. 한편 체중은 50~90kg 사이의 값으로, 40kg이라는 범위 안에 각 학생이 존재했습니다. 이처럼 키와 체중의 스케일이 다르기 때문에 값이 달라지면 의미도 달라집니다. 키가 1cm 다른 것은 큰 차이지만, 체중이 1kg 다른 것은 이렇다 할 차이가 나지 않습니다.

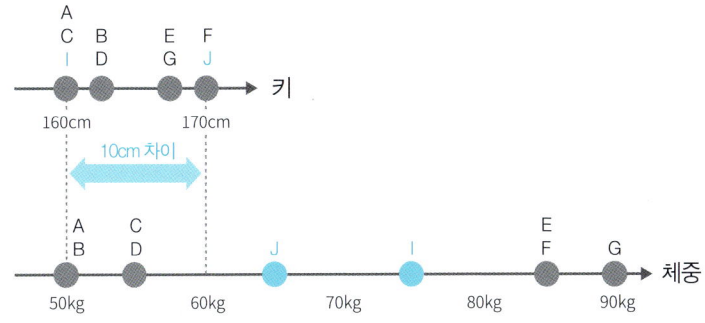

이처럼 스케일이 다른 두 가지 지표를 사용해 거리를 계산하면 차이가 큰 지표(여기서는 체중)의 영향이 강하게 드러나서, 차이가 작은 다른 하나의 지표(여기서는 키)는 거리로 반영되기 어려워집니다. 데이터 과학자는 이 문제를 해결하기 위해 '**데이터 표준화**'(평균값을 0, 분산을 1로 만드는 처리)를 해서 각 지표를 똑같이 다루도록 변환합니다. '데이터 표준화'는 이 책의 수준을 뛰어넘기 때문에 자세히 다루지는 않지만, 흥미가 있다면 찾아보시기를 바랍니다.

그러면 다시 돌아와서, 왜 우리가 산포도에서 본 것과 거리 계산 결과가 어긋났는지 확인해봅시다. 이 산포도는 3-1에서 소개한 '읽는 사람에게 오해를 불러일으키는 그래프'의 일종입니다. 3-1에서 항목 간의 차이를 과장한 그래프를 소개했는데, 이 산포도는 세로축과 가로축에 스케일이 다른 값을 배치함으로써 차이가 없어 보이도록 착각하게 만드는 그래프가 되었습니다.

이 신체 측정 데이터에서 1단위 차이인 키와 체중을 똑같이 취급하려면 다음 표와 같이 표현해야 합니다. 이러한 산포도라면 I는 E와 가깝고, J는 D와 가깝다는 사실을 알 수 있습니다. 산포도를 확인할 때는 **세로축과 가로축에 스케일이 다른 데이터가 배치되지 않았는지 확인하도록 합시다.**

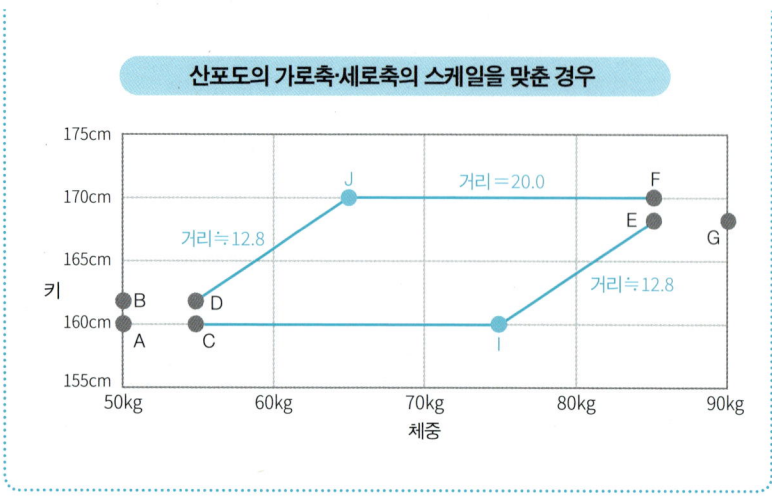

4-2. 목적에 맞게 데이터를 분류하자!

앞에서는 데이터를 그룹으로 나누는 일의 의미와 데이터 사이의 거리를 계산하는 방법을 배웠습니다. 데이터를 그룹으로 나눌 때는 어떤 목적으로 데이터를 분류하는지 사전에 생각해두는 것이 중요합니다. 사전에 목적을 확실하게 정해두지 않으면 제대로 그룹을 나눴는지 판단할 수 없습니다. 데이터 과학자는 **데이터를 분류하는 목적을 명확하게 정한 뒤 그 목적에 따라 특징이 비슷한 데이터는 같은 그룹으로 분류하고, 반대로 특징이 비슷하지 않은 데이터는 다른 그룹으로 분류합니다.**

제4장 데이터를 분류하는 힘을 기른다

퀴즈4 : 데이터를 분류하기 위한 관점을 배운다

다음 표는 A~H 학생의 학교 성적표입니다. 이 여덟 명의 학생을 두 개의 그룹으로 나눈다면 어떻게 나눌 수 있을까요?

	국어	사회	수학	과학	체육
A	90점	100점	60점	50점	100점
B	80점	90점	50점	60점	40점
C	60점	50점	100점	90점	90점
D	50점	60점	90점	80점	30점
E	60점	50점	10점	20점	80점
F	50점	40점	20점	10점	20점
G	20점	10점	50점	60점	90점
H	10점	20점	40점	50점	30점

❶ 그룹1 : A, B, C, D
　 그룹2 : E, F, G, H
❷ 그룹1 : A, C, E, G
　 그룹2 : B, D, F, H
❸ 그룹1 : A, B, E, F
　 그룹2 : C, D, G, H

정답 _____

[해설] 성적표 데이터를 바탕으로 여덟 명의 학생을 두 그룹으로 나누는 문제입니다. 성적표에는 국어, 사회, 수학, 과학, 체육이라는 다섯 과목 성적이 기재되어 있습니다.

먼저 떠오르는 것은 성적이 좋은 학생과 그렇지 않은 학생으로 두 그룹을 나누는 방법입니다. 이 성적표에는 국어, 사회, 수학, 과학 같은 '공부 과목'과 체육 같은 '운동 과목'이 포함되어 있습니다. 공부 과목에 주목해보면 네 과목의 각 평균점은 다음 표와 같습니다. 공부를 잘하는 학생과 못하는 학생이라는 두 개의 그룹으로 나눌 수 있을 것 같습니다.

또, 운동 과목에 주목하면 운동을 잘하는 학생과 못하는 학생이라는 두 개의 그룹으로 나눌 수 있을 것 같습니다. 공부 과목과 운동 과목 성적을 산포도로 나타내면 다음 표와 같습니다.

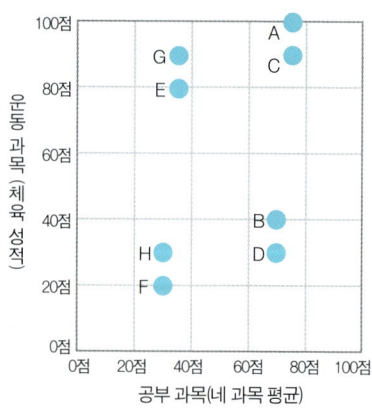

공부 과목(4과목 평균)과 운동 과목(체육) 시각화

	공부 과목 (4과목 평균)	운동 과목 (체육 성적)
A	75점	100점
B	70점	40점
C	75점	90점
D	70점	30점
E	35점	80점
F	30점	20점
G	35점	90점
H	30점	30점

여기서 선택지 ①을 살펴봅시다. ①은 그룹1이 A, B, C, D 네 명입니다. 그리고 그룹2는 E, F, G, H 네 명이지요. ①은 공부 과목 성적에 따라 두 개의 그룹으로 나뉘어 있습니다. 여덟 명의 학생을 두 그룹으로 분류하는 분류 방법으로는 나쁘지 않습니다.

다음으로 선택지②도 확인해봅시다. ②는 그룹1이 A, C, E, G 네 명입니다. 그리고 그룹2는 B, D, F, H 네 명이지요. ②는 운동 과목 성적으로 두 개의 그룹으로 나눴습니다. 이 분류 방법도 두 그룹으로 분류하는 분류 방법으로는 나쁘지 않습니다.

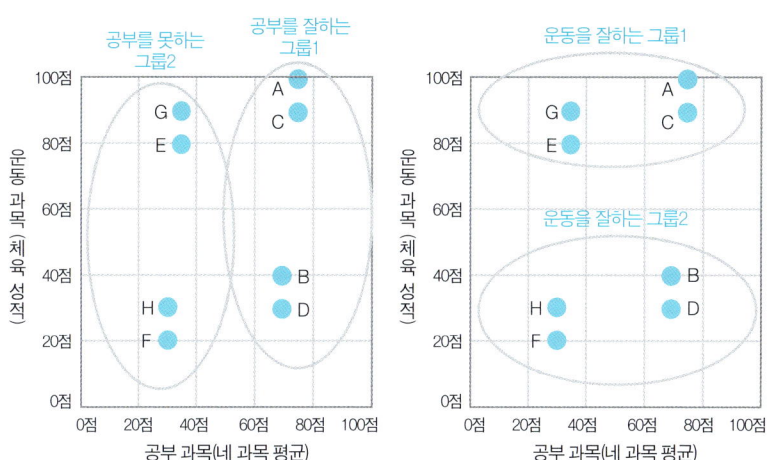

이어서 선택지③을 확인해봅시다. ③은 그룹1로 A, B, E, F 네 명입니다. 그리고 그룹2는 C, D, G, H 네 명이지요. ③은 문과 과목(국어·사회)을 잘하는지 이과 과목(수학·과학)을 잘하는지에 따라 두 개의 그룹으로 나눴습니다. 각자 문과 과목 및 이과 과목 평균점을 계산하면 다음 표와 같습니다. 성적 차이는 있지만, 각자 문과 계열과 이과 계열로 나뉠 것 같습니다.

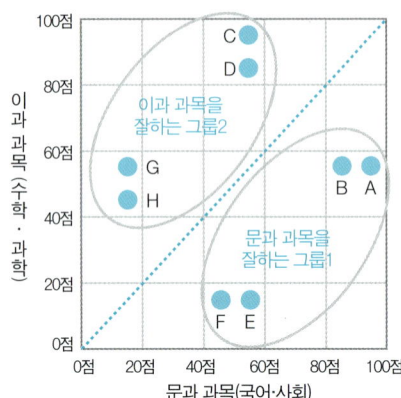

문과 과목(국어·사회)과 이과 과목(수학·과학)에 따른 분류

	문과 과목 (국어·사회)	이과 과목 (수학·과학)
A	95점	55점
B	85점	55점
C	55점	95점
D	55점	85점
E	55점	15점
F	45점	15점
G	15점	55점
H	15점	45점

따라서 공부 과목 성적에 따라 두 개의 그룹으로 나눈 선택지①, 운동 과목 성적에 따라 두 개의 그룹으로 나눈 선택지②, 문과 계열과 이과 계열 그룹으로 나눈 선택지③ 모두 정답입니다.

【정답 : ❶·❷·❸】

■ 데이터 분류의 어려움

이처럼 어떤 관점으로 그룹을 나눌지 여부에 따라 각각의 학생이 속하는 그룹이 달라집니다. 공부 과목으로 그룹을 나누는 것도, 운동 과목으로 그룹을 나누는 것도 정답입니다. 데이터를 분류할 때는 어떤 관점으로 그룹을 나눌지부터 확실하게 정해야 적절하게 그룹을 나눌 수 있습니다.

사실 여기에는 데이터 분류는 어렵다는 문제가 있습니다. 어떤 관점에서 그룹을 나누느냐에 따라 분류 결과가 달라지기 때문에 '이 데이터는 이렇게 분류하면 정답'이라고 명확하게 정의할 수 없습니다. 데이터 과학자가 열 명 있으면 열 가지 관점이 있고, 각각의 분류 결과가 다르다 하더라도 틀렸다고 단언할 수는 없습니다.

그러면 데이터를 분류한 결과가 좋고 나쁜지 여부를 어떻게 판단하면 좋을까요? 데이터를 분류할 때는 **사전에 데이터를 분류하는 목적을 확실하게 정해두는 것**이 중요합니다. 그 목적에 비추어 적절하게 그룹 나누기를 했는지 여부로 분류 결과가 좋고 나쁜지를 판단합니다.

이번 퀴즈의 경우는 '성적이 우수한 학생을 알고 싶다'거나 '문과 선발 코스와 이과 선발 코스를 추천할 학생을 고르고 싶다'는 등의 목적이 분명하지 않으면 어느 선택지로 그룹을 나눠야 좋은지 판단할 수 없습니다.

데이터 과학자는 **데이터를 그룹으로 나눠달라는 의뢰를 받으면 먼저 반드시 분류 목적을 확인합니다.** 데이터를 분류하는 목적이 확실하지 않으면 어떤 관점에서 데이터를 그룹으로 나눠야 하는지를 결정할 수 없기 때문입니다. 데이터를 분류하는 목적을 분명하게 정하면 그룹으로 나누기 위한 관점을 정리하고, 특징이 비슷한 데이터끼리 그룹으로 분류합니다. 이번 퀴즈는 다음 표와 같은 목적을 토대로 그룹을 나누는 관점(데이터)을 선택했습니다.

목적에 따라 그룹을 나누는 관점이 달라진다

	데이터를 분류하는 목적	데이터를 그룹으로 분류하는 관점
선택지①	성적이 좋은 학생은 장학금 수여 대상이 되기 때문에 성적이 우수한 학생을 알고 싶다	성적이 우수한 학생과 그렇지 않은 학생으로 그룹을 나눈다 (그룹 나누기에 이용하는 데이터: 국어·사회·수학·과학 성적)
선택지②	운동 특기자를 찾아 재능을 살리는 지도를 하고자 한다	운동이 특기인 학생과 특기가 아닌 학생으로 그룹을 나눈다 (그룹 나누기에 이용하는 데이터: 체육 성적)
선택지③	내년부터 신설되는 '문과 선발 코스'와 '이과 선발 코스'에 추천할 학생을 고르고자 한다	문과 과목이 특기인 학생과 이과 과목이 특기인 학생으로 그룹을 나눈다 (그룹 나누기에 이용하는 데이터: 문과 과목 성적 및 이과 과목 성적)

이처럼 데이터를 분류할 때는 사전에 데이터를 분류하는 목적을 명확하게 하고, 그 목적에 따라 데이터를 모으는 일이 중요합니다. 또, 같은 데이터를 사용한다고 하더라도 어떠한 관점에서 분류하느냐에 따라 분류 결과가 달라진다는 사실을 이해해둡시다.

4-3. 데이터를 기계적으로 분류하자!

지금까지 열 건 정도의 데이터를 분류하는 방법을 살펴보았는데, 비즈니스 현장에서는 수천 건에서 수만 건의 데이터를 분류해야 하는 상황에 자주 직면하게 됩니다. 열 건 정도의 데이터라면 한 건씩 데이터를 확인하면서 분류 결과를 확인할 수 있겠지만, 수천 건이나 수만 건 규모의 데이터라면 기계적으로 데이터를 분류해야 합니다.

여기서는 데이터 과학자가 자주 활용하는 **기계적으로 데이터를 분류하는 방법**을 소개하겠습니다. 기계적으로 데이터를 분류할 수 있으면 수십만 건이나 수백만 건의 데이터라 하더라도 데이터를 그룹으로 나눌 수 있습니다. 데이터 과학자는 통계해석 툴이나 기계학습 라이브러리 등을 이용하여 기계적으로 데이터를 분류합니다. 이때 자주 사용하는 '**k-means법**'[1]을 소개하겠습니다. 그전에 퀴즈5를 풀어보시기 바랍니다.

퀴즈5 : 그룹의 중심을 배운다

다음 표는 A~H 학생의 영어와 물리 성적표입니다. 이 여덟 명의 학생을 세 그룹으로 나눴을 때, 각 그룹의 중심이 어디에 있는지, 중심 위치가 적절한 선택지를 고르세요. 세 개의 그룹은 그룹1(A, B, C), 그룹2(D, E), 그룹3(F, G, H)으로 나누겠습니다.

---

1 데이터의 구조를 발견하고 그룹화할 때 유용합니다. 고객 세그먼테이션, 이미지 압축, 텍스트 문서 분류 등 다양한 분야에서 활용됩니다.

	영어	물리
A	20점	10점
B	30점	10점
C	40점	20점
D	20점	60점
E	40점	80점
F	80점	40점
G	80점	60점
H	90점	50점

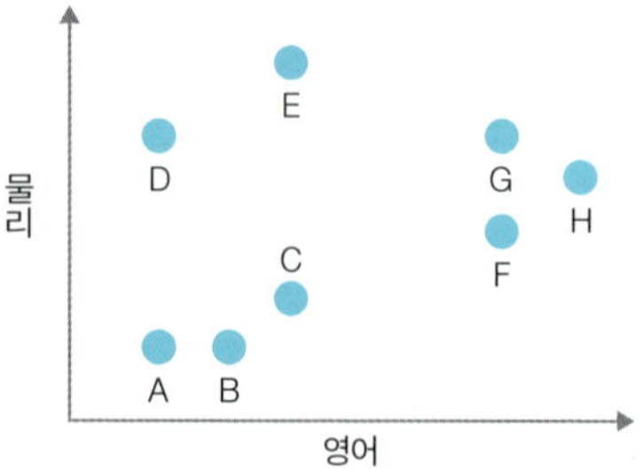

❶

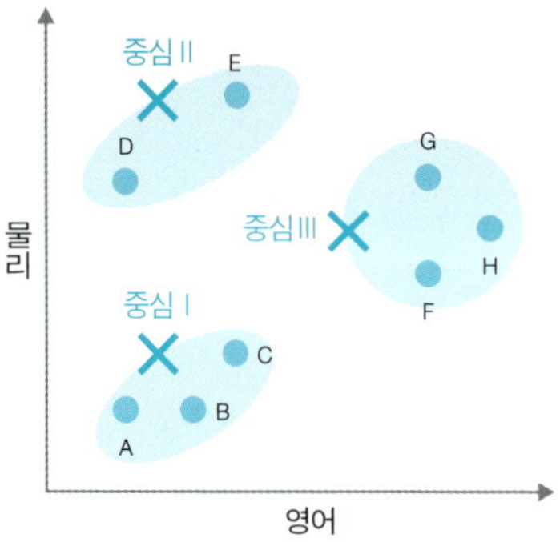

❷

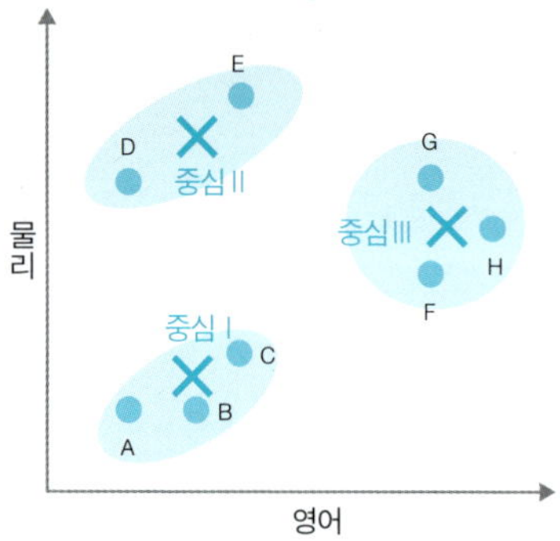

❸

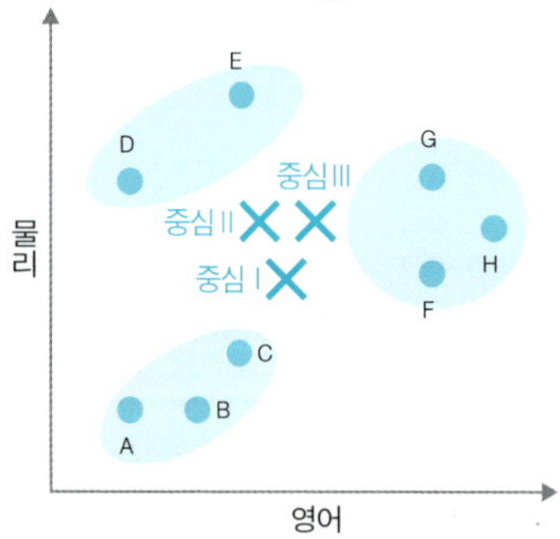

정답 _____

[해설] 세 그룹의 중심을 답하는 문제입니다. 중심이란 각 데이터로부터의 거리의 제곱의 합이 최소가 되는 점을 가리키며 이미지로는 데이터를 들어 올렸을 때 손가락 하나로 지탱할 수 있는 장소라 생각하면 됩니다. 데이터가 두 개인 장소는 정가운뎃점이 중

심이 됩니다. 또, 데이터가 세 개인 장소는 만들어진 삼각형의 중점을 연결한 곳이 중심이 됩니다.

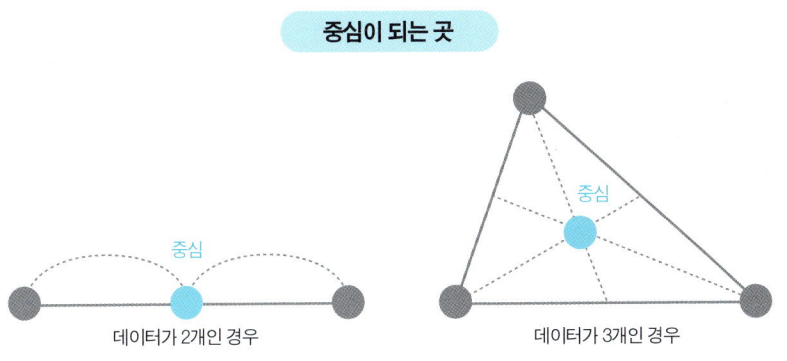

이번에는 세 개의 그룹이 있으니 각 그룹의 중심을 생각해봅시다.

먼저 그룹1의 중심을 생각합니다. 그룹1에는 A, B, C라는 세 명이 속해 있습니다. 데이터가 세 개 있는 경우는 만들어진 삼각형의 중점을 잇는 장소가 중심이 됩니다. 또, 그룹3도 마찬가지로 데이터가 세 개이기 때문에 만들어진 삼각형의 중점을 잇는 장소가 중점이 됩니다.

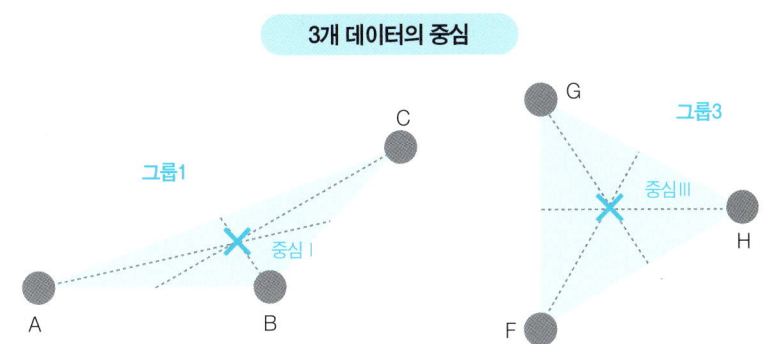

마지막으로 그룹2의 중심을 생각해봅시다. 그룹2에는 D와 E, 두 명이 속해 있습니다. 데이터가 두 개인 경우는 정가운뎃점이 중심이 됩니다.

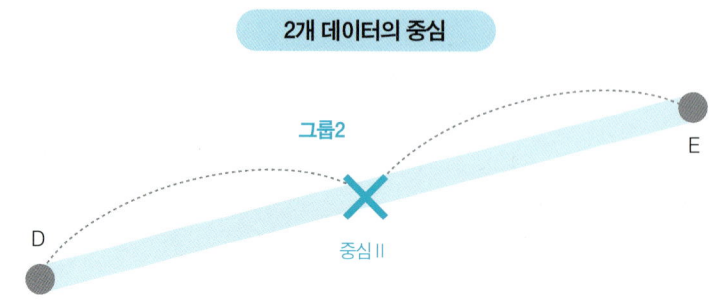

따라서 세 그룹의 적절한 중심 위치를 나타낸 것은 선택지②입니다.

【정답 : ❷】

■ 데이터를 분류하는 방법 : k-means법

그러면 데이터 과학자가 자주 사용하는 k-means법을 사용해 퀴즈5를 풀어 봅시다. k-means법에서는 **우선 데이터를 몇 개의 그룹으로 분류할지를 결정해야 합니다.** 이번에도 퀴즈5처럼 세 개의 그룹으로 나누겠습니다.

데이터를 몇 개의 그룹으로 나눌지를 정하면 누구든 상관없으니 일단 그룹의 중심이 되는 사람(이를 k-means법에서는 '**초깃값**'이라 부릅니다)을 무작위로 고릅니다. 무작위로 고르면 되므로 누구를 골라도 상관없으며, 여기서는 B, C, G 세 명을 고르겠습니다.

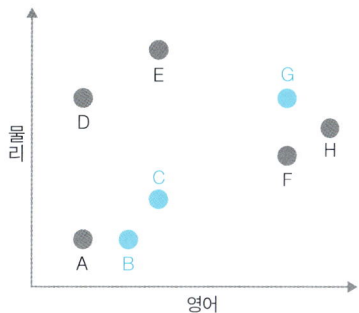

무작위로 초깃값을 설정

	영어	물리
A	20점	10점
B	30점	10점
C	40점	20점
D	20점	60점
E	40점	80점
F	80점	40점
G	80점	60점
H	90점	50점

이 초깃값으로 고른 세 명(B, C, G)과 나머지 다섯 명(A, D, E, F, H)의 거리를 재서, 가까운 사람을 같은 그룹으로 모읍니다. 그러면 A와 B는 같은 그룹으로 묶을 수 있습니다. 또, C와 D를 같은 그룹으로 묶을 수 있지요. 마지막으로 E, F, G, H를 같은 그룹에 모을 수 있습니다.

다음으로 각 그룹의 중심이 되는 위치를 계산한 값을 '새로운 중심이 되는 장소'로 설정합니다. 다음 표의 중심 I, 중심 II, 중심 III이라고 쓰인 장소가 새롭게 중심이 된 장소입니다.

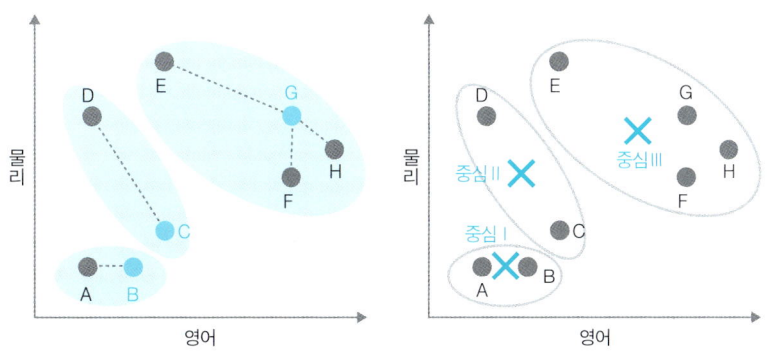

첫 번째 그룹 나누기와 중심 위치 계산

앞에서는 초깃값으로 고른 세 명(B, C, G)으로부터의 거리를 측정했는데, 이번에는 새로운 중심으로 설정한 '중심Ⅰ, 중심Ⅱ, 중심Ⅲ'으로부터의 거리를 재서 가까운 사람을 같은 그룹으로 묶습니다. 그러면 A, B, C는 중심Ⅰ에 가까운 그룹으로 묶을 수 있습니다. 또, D는 한 사람밖에 없지만 중심Ⅱ에 가까운 그룹에 속하게 됩니다. 마지막으로 E, F, G, H는 중심Ⅲ에 가까운 그룹이 됩니다.

각자 속하는 그룹이 정해졌기 때문에 앞에서와 마찬가지로 다시 그룹의 중심을 계산합니다. 각 그룹에 속하는 사람이 달라졌으므로 미묘하게 중심의 위치가 움직입니다.

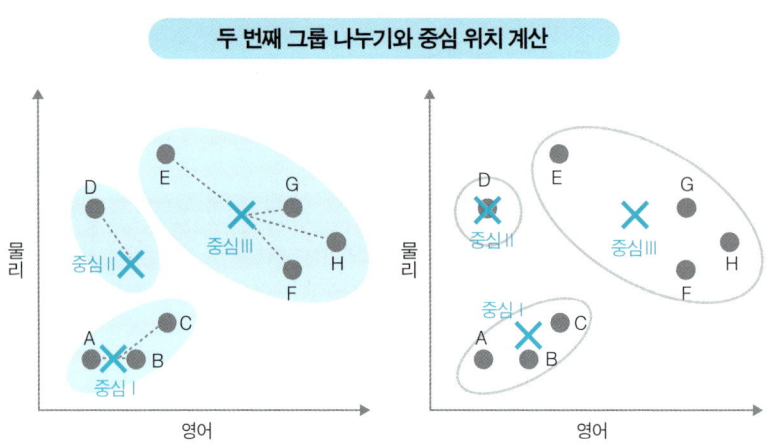

두 번째 그룹 나누기와 중심 위치 계산

중심 위치가 달라졌기 때문에 다시 중심에서의 거리를 재서 가까운 사람을 같은 그룹으로 묶습니다. 그러면 A, B, C는 여전히 중심Ⅰ에 가까운 그룹으로 묶을 수 있습니다. E는 그룹이 달라져서 D와 같은 중심Ⅱ에 가까운 그룹이 됩니다. 마지막으로 F, G, H는 중심Ⅲ에 가까운 그룹이 됩니다.

각자 속하는 그룹이 결정되었기 때문에 다시 그룹의 중심을 계산합니다. 각 그룹에 속하는 사람이 달라졌으므로 앞에서와 마찬가지로 미묘하게 중심 위치가 움직입니다.

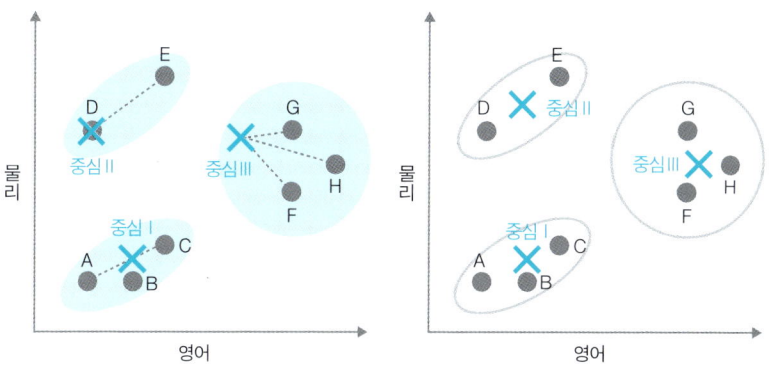

다시 중심 위치가 바뀌었기 때문에 중심으로부터의 거리를 다시 재서 가까운 사람을 같은 그룹으로 묶습니다. 하지만 이번에는 다른 그룹으로 이동하는 사람은 없어 보입니다. 또, 중심 위치도 달라지지 않습니다. 이러한 상황이 된 시점에서 k-means법에 의한 기계적인 분류 작업은 종료됩니다.

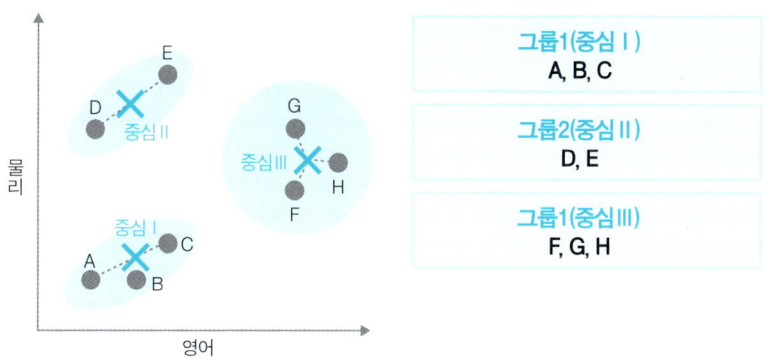

어떠셨나요? 처음에 초깃값을 정하고 나면, 여러 번 거리 계산을 반복해서 기계적으로 데이터를 분류할 수 있습니다. 이번 데이터의 경우 초깃값을 B, C, G 세 사람을 골랐지만, 다른 사람을 골라도 거리 계산을 반복해서 최종적으로는 같은 분류 결과를 얻게 됩니다.

이 k-means법을 이용하면 데이터가 수천 건 혹은 수만 건이 되어도 **기계적으로 데이터를 분류할 수 있습니다.** 데이터 과학자는 통계해석 툴이나 기계학습 라이브러리에 설치되어 있는 k-means법을 잘 활용해서 기계적으로 대량의 데이터를 분류합니다.

column: k-means법의 초깃값 문제

k-means법은 매우 편리한 분류 방법이지만, 한 가지 주의해야 할 점이 있습니다. **초깃값을 고르는 방법에 따라서 k-means법에 의한 분류 결과가 달라지는 경우가 있다는 사실**입니다.

이번 퀴즈5 같은 데이터는 초깃값으로 어느 세 명을 골라도 같은 분류 결과가 나옵니다. 한편 다음 그림과 같은 데이터의 경우, 초깃값으로 고른 점에 따라서 최종적인 분류 결과가 크게 달라집니다. k-means법을 이용해 이 데이터를 두 개의 그룹으로 어떻게 나눌지 생각해봅시다.

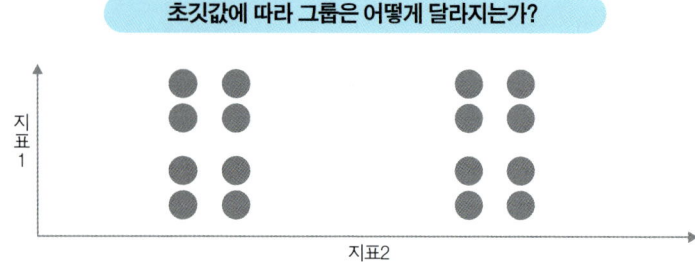

초깃값에 따라 그룹은 어떻게 달라지는가?

먼저 초깃값을 다음 두 점으로 정한 경우, k-means법에 의한 분류 결과는 다음 그림과 같습니다. 지표2의 크고 작음(大小)에 따라 그룹이 나뉘었습니다.

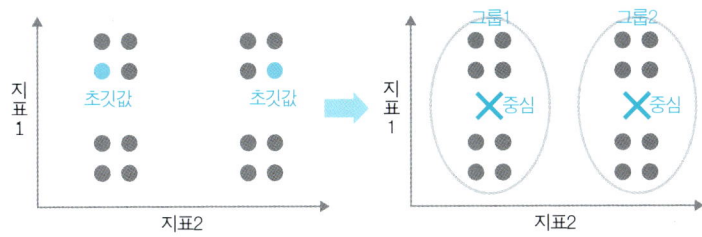

한편 초깃값을 다른 두 점으로 정한 경우 k-means법에 의한 분류 결과는 다음과 같습니다. 이번에는 지표1의 대소에 따라 그룹이 나뉘었습니다.

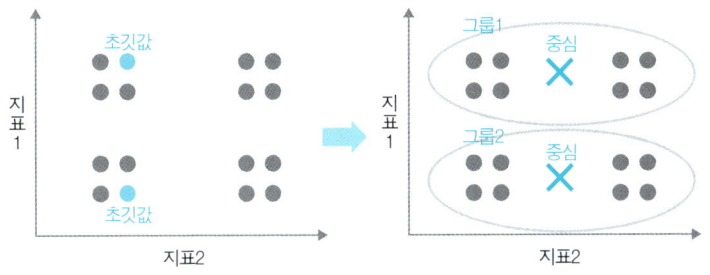

이처럼 데이터의 분포 상황에 따라 k-means법에 의한 분류 결과가 하나로 정해지지 않고, 초깃값을 선택하는 방법에 따라 속하는 그룹이 크게 달라집니다. 이 현상은 **'k-means법의 초깃값 문제'**로 널리 알려져 있으며 데이터 과학자는 한 번의 k-means법에 의한 분류 결과만을 보고 판단할 것이 아니라 몇 번씩 초깃값을 바꿔가면서 k-means법을 시험함으로써 극단적인 분류 결과가 나오지 않았는지 확인합니다. k-means법을 활용할 때는 한 번의 결과만으로 판단하지 말고, 여러 번 그룹을 나눠보시기 바랍니다.

4-4. 데이터 분류를 체험하자!

지금까지 데이터를 분류하는 방법을 배웠습니다. 마지막으로 데이터 과학자가 어떻게 데이터를 분류하는지 알아보고자 다음 퀴즈를 함께 풀면서 데이터 과학자의 사고 과정을 체험해봅시다.

퀴즈6~8 : 데이터를 분류하는 순서를 배운다

당신은 어느 패밀리 레스토랑의 마케팅 담당자입니다. 이 패밀리 레스토랑에서는 스마트폰 애플리케이션을 사용한 모바일 주문 시스템을 도입해, 회원 등록한 손님의 주문 이력을 관리하고 있습니다. 최근 1개월 동안의 주문 이력을 통해 자주 방문하는 단골 18명을 추출해 메뉴 주문 횟수를 집계해봤습니다. 다음 표의 숫자는 손님별 주문 횟수를 나타낸 것입니다.

ID	성별	연령	함박 스테이크	스테이크	치킨	파스타	도리아	피자	디저트	음료수
A	남성	20대	9	7	6	1	0	0	1	1
B	남성	30대	0	1	0	7	7	8	2	0
C	여성	20대	1	0	1	0	1	1	11	10
D	여성	50대	6	8	7	0	1	0	1	2
E	남성	50대	0	0	2	1	0	1	12	9
F	남성	20대	7	8	7	0	1	1	0	1
G	여성	40대	0	0	1	9	6	8	0	1
H	여성	20대	1	0	0	7	8	7	2	0
I	남성	40대	1	0	0	1	1	1	9	12
J	여성	50대	0	1	2	0	1	1	9	11
K	남성	50대	1	0	0	6	9	6	1	2
L	남성	40대	8	6	9	2	0	0	0	0
M	여성	30대	1	2	0	1	1	1	10	9
N	여성	40대	0	1	0	0	2	2	9	11
O	여성	30대	7	9	8	0	0	0	1	0
P	여성	20대	0	0	1	8	7	6	1	?
Q	남성	30대	8	7	6	0	1	1	0	2
R	남성	30대	2	1	0	8	6	7	0	1

이 패밀리 레스토랑에서는 매달 매출 증가를 위한 마케팅 방안으로 '스테이크 페어'와 '파스타 페어'를 동시 개최하고 있습니다. 당신은 평소 감사한 마음을 담아 단골만 사용할 수 있는 특별 쿠폰을 배포하기로 했습니다. 각 회원의 취향에 맞춰서 스테이크를 좋아하는 회원에게는 스테이크 페어의 특별 쿠폰을, 파스타를 좋아하는 회원에게는 파스타 페어의 특별 쿠폰을 보내려고 합니다. 또, 마침 다음 달에 새로운 디저트 메뉴도 선보일 예정이어서 디저트를 좋아하는 회원에게는 새로운 디저트 특별 시식 쿠폰을 보내기로 했습니다. 이 세 가지 특별 쿠폰은 각 회원에게 한 장씩만 나눠줄 수 있습니다.

퀴즈6 : 스테이크 페어의 특별 쿠폰을 보낼 회원을 고르십시오.

❶ A, D, F, L, O, Q
❷ B, G, H, K, P, R
❸ C, E, I, J, M, N

정답 _____

퀴즈7 : 파스타 페어의 특별 쿠폰을 보낼 회원을 고르십시오.

❶ A, D, F, L, O, Q
❷ B, G, H, K, P, R
❸ C, E, I, J, M, N

정답 _____

퀴즈8 : 새로운 디저트 메뉴 특별 시식 쿠폰을 보낼 회원을 고르십시오.

❶ A, D, F, L, O, Q
❷ B, G, H, K, P, R
❸ C, E, I, J, M, N

정답 _____

[해설] 그러면 어떤 손님에게 특별 쿠폰을 보낼지 생각해봅시다. 이 패밀리 레스토랑의 단골은 18명이고, 배포할 특별 쿠폰은 세 종류입니다. 손님의 취향에 맞춰 특별 쿠폰을 배포하고자 하므로 주문 이력을 바탕으로 손님을 몇 가지 그룹으로 분류해서 배포할 쿠폰을 정하려 합니다. 여기서는 순서1~4의 흐름에 따라 데이터를 분류해봅시다.

순서1 : 데이터를 분류하는 목적을 명확하게 하자
순서2 : 데이터를 분류하기 위한 관점을 정리하자
순서3 : 데이터를 그룹으로 나누자
순서4 : 그룹에 이름을 붙이고 방안을 검토하자

순서1 : 데이터를 분류하는 목적을 명확하게 하자

데이터 과학자는 **데이터를 그룹으로 나눌 때, 먼저 분류하는 목적을 명확하게 정합니다.** 데이터를 입수하자마자 k-means법 등을 이용해 분류 작업을 시작하지는 않습니다. 퀴즈4에서 살펴본 것처럼 어떤 목적으로 데이터를 분류하느냐에 따라서 주목해야 할 관점이 달라지므로 목적이 명확해지지 않으면 데이터를 어떻게 분류하면 좋을지 결정할 수 없기 때문입니다.

이번에는 다음 달의 스테이크 페어 및 파스타 페어, 새로운 디저트 투입에 맞춰 **각 단골의 취향을 고려한 특별 쿠폰 배부**를 목적으로 합니다. 각자의 취향을 바탕으로 그룹을 나누고, 그룹에 맞는 특별 쿠폰을 배부하고자 합니다.

순서2 : 데이터를 분류하기 위한 관점을 정리하자

데이터를 분류하는 목적이 정해졌으니 데이터의 전체상을 보면서 어떤 데이터 항목이 있는지 확인해봅시다. 이번 데이터는 최근 한 달 사이에 자주 방문한 단골 18명의 주문 횟수를 집계한 데이터입니다. 이 18명은 회원 등록을 한 손님이기 때문에 성별과 연령을 압니다.

단골의 성별과 연령

연령	남성	여성
20대	2명	3명
30대	3명	2명
40대	2명	2명
50대	2명	2명
	9명	9명

각 메뉴를 주문한 횟수를 가로축, 손님 인원 수를 세로축으로 해서 막대 그래프를 그리면 다음과 같습니다. 주문 횟수가 적은 손님(0~2회)과 주문 횟수가 많은 손님(6~12회) 사이에 양극화가 있는 것을 알 수 있습니다.

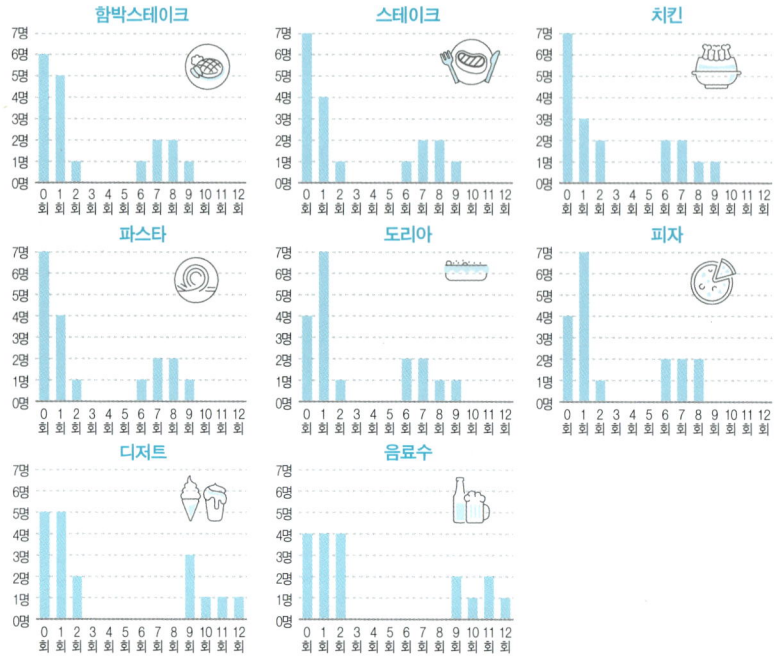

이번에는 메뉴 취향을 바탕으로 그룹을 나누려 하므로 성별·연령 정보는 사용하지 않고, 각 메뉴의 주문 횟수를 사용해 손님을 분류하려고 합니다.

그러면 주문 횟수를 조금 더 자세히 살펴봅시다. 처음에 입수한 데이터는 주문 횟수 숫자가 나열되어 있지만 한 데이터라서 특징을 파악하기 어렵습니다. 그 때문에 몇 개의 그룹으로 나눌 수 있는지도 분명하지 않습니다. 이런 경우 데이터 과학자는 **데이터에 색깔을 칠해서 데이터의 특징을 확인합니다.** 이를 **히트 맵(heat map)**이라고 부르며 엑셀에서는 '조건부 서식'을 활용해서 간단히 색을 칠할 수 있습니다. 주문 횟수 데이터에 색을 칠하면 다음 표와 같습니다. 진한 청색 부분이 큰 값을 나타내고, 값이 작아질수록 색이 연해집니다.

주문 횟수 히트 맵

ID	함박스테이크	스테이크	치킨	파스타	도리아	피자	디저트	음료수
A	9	7	6	1	0	0	1	1
B	0	1	0	7	7	8	2	0
C	1	0	1	0	1	1	11	10
D	6	8	7	0	1	0	1	2
E	0	0	2	1	0	1	12	9
F	7	8	7	0	1	1	0	1
G	0	0	1	9	6	8	0	1
H	1	0	0	7	8	7	2	0
I	1	0	0	1	1	1	9	12
J	0	1	2	0	1	1	9	11
K	1	0	0	6	9	6	1	2
L	8	6	9	2	0	0	0	0
M	1	2	0	1	1	1	10	9
N	0	1	0	0	2	2	9	11
O	7	9	8	0	0	0	1	0
P	0	0	1	8	7	6	1	2
Q	8	7	6	0	1	1	0	2
R	2	1	0	8	6	7	0	1

데이터에 색을 칠해보면 메뉴 사이의 관계성이 보이기 시작합니다. 함박스테이크를 주문하는 손님은 스테이크나 치킨도 주문합니다. 또, 파스타를 주문하는 손님은 도리아나 피자도 주문하는 것 같습니다. 디저트를 주문하는 손님은 음료수도 주문한다는 사실을 알 수 있습니다. 아무래도 이 패밀리 레스토랑을 이용하는 단골의 주문 경향은 이 3가지 패턴으로 집약할 수 있을 것 같습니다. 이제 18명의 손님을 세 개의 그룹으로 나누겠습니다.

순서3 : 데이터를 그룹으로 나누자

데이터 과학자는 **데이터를 그룹으로 나눌 때 k-means법을 활용합니다.** 그러면 k-means법을 이용해서 18명의 단골을 세 개의 그룹으로 나눠봅시다. 여기서 각 메뉴의 주문 횟수에 거리 계산을 사용합니다. 퀴즈5에서는 데이터 항목이 두 개인 경우의 k-means법을 살펴봤는데, 데이터 항목 수가 늘어나도 생각하는 방법은 같습니다.

k-means법을 이용해 세 개의 그룹으로 분류하면 다음과 같이 나눌 수 있습니다. 각 그룹에 여섯 명씩 포함되어 있습니다.

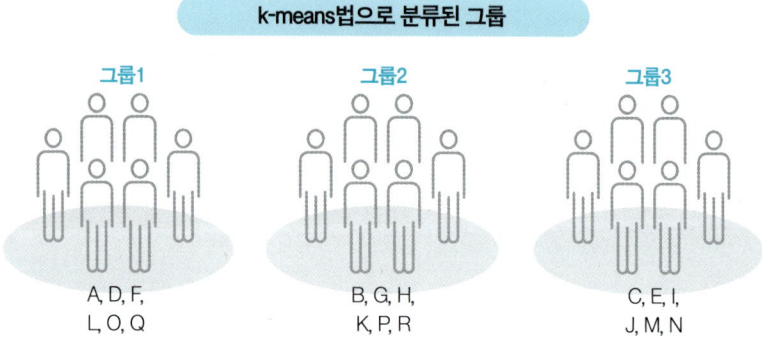

〈k-means법에 따른 분류〉
- 데이터 : 단골 18명의 주문 횟수 데이터
- 데이터 항목 : 각 메뉴의 주문 횟수(함박스테이크, 스테이크, 치킨, 파스타, 도리아, 피자, 디저트, 음료수의 주문 횟수)
- 작성하는 그룹 수 : 3개

각각의 그룹에 속하는 손님을 정리하면 다음 표와 같습니다. 그룹1에는 함박스테이크, 스테이크, 치킨을 자주 주문하는 손님이 모여 있습니다. 또 그룹2에는 파스타, 도리아, 피자를 자주 주문하는 손님이 모여 있습니다. 마지막 그룹3에는 디저트와 음료수를 자주 주문하는 손님이 모여 있습니다.

k-means법으로 분류한 그룹별 재배열

그룹	ID	함박스테이크	스테이크	치킨	파스타	도리아	피자	디저트	음료수
그룹1	A	9	7	6	1	0	0	1	1
	D	6	8	7	0	1	0	1	2
	F	7	8	7	0	1	1	0	1
	L	8	6	9	2	0	0	0	0
	O	7	9	8	0	0	0	1	0
	Q	8	7	6	0	1	1	0	2
그룹2	B	0	1	0	7	7	8	2	0
	G	0	0	1	9	6	8	0	1
	H	1	0	0	7	8	7	2	0
	K	1	0	0	6	9	6	1	2
	P	0	0	1	8	7	6	1	2
	R	2	1	0	8	6	7	0	1
그룹3	C	1	0	1	0	1	1	11	10
	E	0	0	2	1	0	1	12	9
	I	1	0	0	1	1	1	9	12
	J	0	1	2	0	1	1	9	11
	M	1	2	0	1	1	1	10	9
	N	0	1	0	0	2	2	9	11

순서4 : 그룹에 이름을 붙이고 방안을 검토하자

k-means법에 따라 세 개의 그룹으로 나눴으니 각 그룹에 이름을 붙여봅시다. 각 그룹의 이름은 **해당 그룹의 특징을 나타내는 이름으로 지을 것**을 추천합니다. 그룹의 특징을 잘 표현한 이름을 붙여두면 이후 해결 방안 검토나 업무 진행 시 편해지기 때문입니다.

데이터 과학자는 데이터를 분류할 때마다 어떤 이름을 붙이면 좋을지 고민합니다. 상당히 네이밍 센스가 요구되는 일이라 힘들어하는 사람도 많습니다.

그러면 각 그룹의 이름을 생각해봅시다. 먼저 그룹1의 이름부터 생각해보겠습니다. 그룹1의 이름을 생각해보고자 그룹1에 속하는 6명(A, D, F, L, O, Q)

이 무엇을 주문했는지 확인해봅시다. 그룹1에 속하는 손님 6명의 평균 주문 횟수는 다음 표과 같습니다.

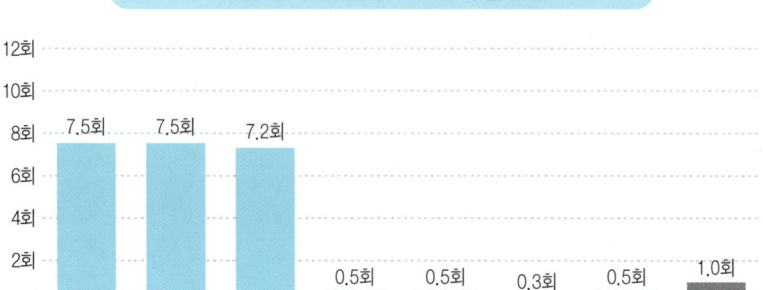

그룹1은 함박스테이크와 스테이크, 치킨 같은 고기 요리를 좋아하는 손님이 모인 그룹입니다. 한편 파스타나 도리아, 피자 주문은 적고, 매번 고기 요리를 주문하는 손님이 모인 그룹임을 알 수 있습니다. 따라서 그룹1은 '고기 마니아'라고 이름 붙이겠습니다.

다음으로 그룹2의 이름을 생각해봅시다. 그룹2에 속하는 6명(B, G, H, K, P, R)의 각 메뉴 평균 주문 횟수는 다음 표와 같습니다.

그룹2는 파스타와 도리아, 피자 같은 이탈리아 요리를 좋아하는 손님이 모인 그룹입니다. 한편 함박스테이크나 스테이크, 치킨 주문은 적어서 든든한 고기 요리보다는 이탈리아 음식을 좋아하는 손님이 모인 그룹임을 알 수 있습니다. 따라서 그룹2에는 '이탈리안 마니아'라는 이름을 붙이겠습니다.

마지막으로 그룹3의 이름을 생각해봅시다. 그룹3에 속하는 6명(C, E, I, J, M, N)의 각 메뉴 평균 주문 횟수는 다음 표와 같습니다.

그룹3은 디저트와 음료수를 좋아하는 손님이 모인 그룹입니다. 함박스테이크나 스테이크, 파스타 같은 메인 요리 주문은 적고, 이 패밀리 레스토랑을 카페처럼 이용하는 손님 그룹이라고 할 수 있습니다. 따라서 그룹3에는 '카페 마니아'라는 이름을 붙이겠습니다.

각 그룹에 이름을 붙였으니 그룹마다 어떤 특별 쿠폰을 배포할지 생각해봅시다. 이번에는 손님의 취향에 맞는 특별 쿠폰을 배포하기로 했지요.

먼저 그룹1의 '고기 마니아'에게는 스테이크 페어 특별 쿠폰을 배포하겠습니다. 이 '고기 마니아'에 속하는 손님은 스테이크 주문 횟수가 많아서 배포하는 특별 쿠폰을 유용하게 활용할 수 있을 것 같습니다. 다음으로 그룹2의 '이탈리안 마니아'에게는 파스타 페어 특별 쿠폰을 배포하겠습니다. 이쪽 손님도 파스타 주문 횟수가 많기 때문에 배포하는 특별 쿠폰을 유용하게 활용할 수 있을 것 같습니다. 마지막으로 그룹3의 '카페 마니아'에게는 새로운 디저트의 특별 시식 쿠폰을 배포하겠습니다. 이처럼 데이터를 분석함으로써 손님의 취향에 맞춘 방안을 검토할 수 있습니다.

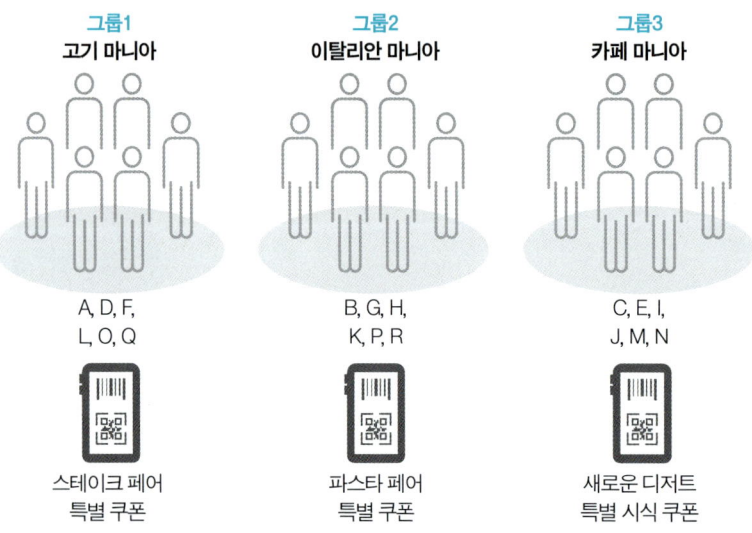

【정답 : 퀴즈6 ❶, 퀴즈7 ❷, 퀴즈8 ❸】

제4장 <정리>

이 장에서 살펴본 것처럼 데이터 과학자는 대량의 데이터를 몇 개의 그룹으로 나눠서 그룹별로 특징이나 해결 방안을 고찰합니다. 비즈니스 현장에서는 고객 세그먼테이션이나 점포 뭉치기 등 대량의 데이터를 몇 가지 그룹으로 분류해서 그룹별로 방법을 검토하고는 합니다. 이 장에서 배운 내용을 활용해 데이터를 분류하도록 합시다.

특징이 비슷한 데이터로 그룹을 만들자!

데이터 과학자는 특징이 비슷한 데이터를 그룹으로 묶음으로써 대량의 데이터에서 요점을 끌어내기 쉽게 만든다.

● 데이터를 그룹으로 나누는 일의 의미

　대량의 데이터가 있을 때는 몇 개의 그룹으로 나눠서 생각하면 데이터를 파악·비교하기 쉬워진다

● 데이터를 그룹으로 나눈다
- 특징이 비슷한 데이터는 같은 그룹으로 분류하고, 특징이 비슷하지 않은 데이터는 다른 그룹으로 분류한다
- 특징이 '비슷하다/비슷하지 않다' 여부는 데이터 사이의 거리로 잰다

목적에 따라 데이터를 분류하자!

데이터 과학자는 데이터를 분류하는 목적에 따라 그룹으로 나누기 위한 데이터나 관점을 정리한다.

● 분류 목적

　데이터를 분류할 때는 반드시 분류 목적을 제일 먼저 확인해야 한다

● 분류 결과 판단
　데이터를 분류하는 목적에 비추어보고, 그룹을 적절하게 나눴는지 여부로 분류 결과의 적합성을 판단한다

데이터를 기계적으로 분류하자!

데이터 과학자는 통계해석 툴이나 기계학습 라이브러리인 k-means법을 활용해서 기계적으로 대량의 데이터를 분류한다.

● k-means법의 처리 내용
- 데이터를 몇 개의 그룹으로 나눌지 정한다
- 임의의 초깃값을 설정한다
- 초깃값과의 거리를 재서 가까운 데이터를 같은 그룹으로 묶는다
- 새로운 그룹의 중심을 계산해 그룹의 중심이 되는 위치를 정한다
- 중심과의 거리를 재서 가까운 데이터를 같은 그룹으로 묶는다
- 상기 작업을 반복하다가 중심 위치가 변하지 않으면 종료한다

● k-means법의 초깃값 문제
　초깃값 선택 방법에 따라 분류 결과가 달라지는 경우가 있다

데이터 분류를 체험하자!

데이터 과학자는 데이터를 그룹으로 나누고, 각 그룹에 적절한 이름을 붙임으로써 방법을 검토하거나 업무에 활용한다.

● 데이터를 분류하는 순서
- 순서1 : 데이터를 분류하는 목적을 명확하게 하자
- 순서2 : 데이터를 분류하기 위한 관점을 정리하자
- 순서3 : 데이터를 그룹으로 나누자
- 순서4 : 그룹에 이름을 붙이고 방법을 검토하자

제 5 장

데이터에서 법칙을 발견하는 힘을 기른다

이 장에서는 데이터에서 법칙을 발견하는 힘을 길러봅시다. 비즈니스 현장에서는 '이 고객은 상품을 구입할 것 같은가/그렇지 않은가', '이 기계는 고장이 날 것 같은가/그렇지 않은가' 등 어떤 상황이 될지를 판별해야 하는 일이 자주 있습니다. 같은 상황이었을 당시의 데이터에서 법칙을 잘 찾아내면 앞으로 어떤 상황이 될지 예측할 수 있습니다.

데이터에 바탕을 두고 예측하려면 데이터에서 법칙을 찾아내는 트레이닝을 해야 합니다. 따라서 5-1에서는 **데이터에서 법칙을 찾아내기 위한 기본적인 사고방식**을 설명합니다. 뒤이어 5-2에서는 **의사결정 트리 모델**을 이용하여 판별 문제를 푸는 방법을 설명하고, 5-3에서는 **판별 문제의 정밀도를 평가하는 방법**을 알려드리겠습니다. 마지막으로 5-4에서는 의사결정 트리 모델을 활용하여 **데이터에서 법칙을 찾아내 판별 문제를 푸는 순서**를 설명하겠습니다.

〈제5장 퀴즈〉

5-1. 데이터에서 법칙을 발견한다!

    퀴즈1 : 데이터에서 법칙을 발견하는 방법을 배운다

    퀴즈2 : 발견한 법칙을 적용하는 방법을 배운다

5-2. 판별 문제를 푸는 의사결정 트리 모델

    퀴즈3 : 의사결정 트리 모델을 만드는 방법을 배운다

    퀴즈4 : 의사결정 트리 모델을 이용해 결과를 추측하는 방법을 배운다

5-3. 판별 문제의 정밀도를 평가해보자!

    퀴즈5 : 판별 문제의 평가 방법을 배운다

5-4. 의사결정 트리 모델을 활용해보자!

    퀴즈6 : 데이터에서 법칙을 발견해서 판별 문제를 푸는 순서를 배운다

5-1. 데이터에서 법칙을 발견한다!

데이터 과학자는 **데이터에서 법칙을 찾아내 그 법칙을 적용함으로써 과제 해결이나 방법 제정으로 연결합니다.** 예를 들어 공장 설비 가동 데이터에서 기계가 고장 나기 쉬운 조건을 찾아내 설비 이상을 미연에 방지하는 것이지요. 또, 이용 실적 데이터나 대응 이력 데이터를 보고, 타사 서비스로 갈아탈 가능성이 높은 고객을 찾아내 고객의 이탈을 방지하기도 합니다.

여기서는 데이터 과학자가 어떤 식으로 데이터에서 법칙을 찾아내는지 확인해봅시다. 데이터 과학자의 사고 과정을 체험해보고자 다음 퀴즈를 풀어보시기를 바랍니다.

퀴즈1 : 데이터에서 법칙을 발견하는 방법을 배운다

다음 표는 1912년 빙산에 충돌해 침몰한 타이타닉호의 생존 현황 데이터의 일부입니다. 타이타닉호에는 2,201명의 승무원과 승객이 승선(추후 해설)했고, 사고로 인해 1,513명이 사망했습니다.

이 타이타닉호 데이터에서 13명의 데이터를 추출했습니다. 이 중 A씨부터 J씨까지 10명은 생존 상황을 아는 상태입니다. 한편, K씨, L씨, M씨 3명의 생존 상황은 알지 못한다고 해봅시다.

타이타닉호의 생존 상황 데이터(일부 추출)

승객	여객 클래스	성별	연령대	생존 상황
A씨	승객(1등 객실)	남성	어린이	생존
B씨	승객(1등 객실)	여성	성인	생존
C씨	승객(2등 객실)	남성	성인	사망
D씨	승객(2등 객실)	남성	어린이	생존
E씨	승객(3등 객실)	남성	성인	사망
F씨	승객(3등 객실)	남성	성인	사망
G씨	승객(3등 객실)	남성	성인	사망
H씨	승무원	남성	성인	사망
I씨	승무원	남성	성인	사망
J씨	승무원	남성	성인	생존
K씨	승객(1등 객실)	남성	성인	???
L씨	승객(2등 객실)	여성	어린이	???
M씨	승객(3등 객실)	남성	성인	???

이 가운데 생존 상황을 아는 A씨부터 J씨까지 10명을 '여객 클래스', '성별', '연령대'로 집계했습니다. 각각의 표 가운데 가장 생존 확률이 높은 사람은 누구일까요?

생존 확률이 가장 높은 여객 클래스를 고르십시오.
❶ 승무원
❷ 승객(1등 객실)
❸ 승객(2등 객실)

승객 클래스	인원 수	생존	사망
승무원	3명	1명	2명
승객(1등 객실)	2명	2명	0명
승객(2등 객실)	2명	1명	1명
승객(3등 객실)	3명	0명	3명

생존 확률이 높은 성별을 고르십시오.
❶ 남성
❷ 여성
❸ 양쪽이 같다

성별	인원 수	생존	사망
남성	9명	3명	6명
여성	1명	1명	0명

생존 확률이 가장 높은 연령대를 고르십시오.
❶ 성인
❷ 어린이
❸ 양쪽이 같다

연령대	인원 수	생존	사망
성인	8명	2명	6명
어린이	2명	2명	0명

정답 _____

[해설] 먼저 데이터의 내용을 확인해봅시다. 여객 클래스에는 '승무원', '승객(1등 객실)', '승객(2등 객실)', '승객(3등 객실)'이라는 네 종류의 데이터가 있습니다. 성별에는 '남성', '여성'이라는 두 종류, 연령에는 '성인', '어린이'라는 두 종류의 데이터가 있습니다. 여기서는 항목별로 '생존'했는지 '사망'했는지를 집계하고 있습니다. 이 '생존/사망'처럼 두 가지 상황 가운데 어느 쪽인지를 묻는 문제를 판별 문제(A·B 테스트)라 부릅니다.

'여객 클래스', '성별', '연령대'별 생존율(=생존÷인원 수)을 집계하면 다음과 같습니다.

조건별 생존율

승객 클래스	인원 수	생존	사망	생존율
승무원	3명	1명	2명	33%
승객(1등 객실)	2명	2명	0명	100%
승객(2등 객실)	2명	1명	1명	50%
승객(3등 객실)	3명	0명	3명	0%

성별	인원 수	생존	사망	생존율
남성	9명	3명	6명	33%
여성	1명	1명	0명	100%

연령대	인원 수	생존	사망	생존율
성인	8명	2명	6명	25%
어린이	2명	2명	0명	100%

각각의 표에서 생존율이 100%(사망자 0명)인 조건을 찾을 수 있었습니다. 이 데이터에서는 '② 승객(1등 객실)', '② 여성', '② 어린이'면 생존 확률이 높아진다는 법칙을 찾을 수 있습니다.

【정답 : 여객 클래스 ❷, 성별 ❷, 연령대 ❷】

타이타닉호에서 생존 확률이 높아지는 조건을 찾았으니 다음 퀴즈를 풀어봅시다.

퀴즈2 : 발견한 법칙을 적용하는 방법을 배운다

타이타닉호에 승선한 K씨, L씨, M씨의 생존 확률을 추측하시오.

승객	여객 클래스	성별	연령대	생존 상황
K씨	승객(1등 객실)	남성	성인	???
L씨	승객(2등 객실)	여성	어린이	???
M씨	승객(3등 객실)	남성	성인	???

타이타닉호에서 '생존'할 수 있을 거라 추측되는 사람을 고르십시오.
❶ K씨   ❷ L씨   ❸ M씨

타이타닉호에서 '사망'하고 말았을 거라 추측되는 사람을 고르십시오.
❶ K씨   ❷ L씨   ❸ M씨

정답 _____

[해설] 퀴즈1에서 찾은 생존 확률이 높아지는 조건에 관해 재확인해봅시다. 각각의 항목에서 생존/사망을 집계한 결과 '1등 객실', '여성', '어린이'면 생존 확률이 높아진다는 사실을 알았습니다.

또, 승객 클래스에 주목해보면 '1등 객실'→'2등 객실'→'3등 객실' 순으로 생존율이 떨어지고, '3등 객실' 생존율은 0%입니다. 여기서 **선실 등급에 따라 생존율이 다른 게 아닐까?** 라는 가설을 세울 수 있습니다. 이는 어쩐지 직감과도 맞을 것 같습니다. 당시의 시대 배경을 생각하면 선실 등급이 높은 사람에게 피난 우선권이 주어져서, 구명보트에 타기 쉬웠으리라 상상해볼 수 있습니다. 데이터 과학자는 **이러한 '왜'라는 물음이 직감과 맞는지를 생각하면**

서 데이터를 확인합니다.

이 여객 클래스에 따라 생존 확률이 달라진다는 가설에서 '1등 객실'에 있던 사람은 생존 가능성이 높고, '3등 객실'에 있던 사람은 생존 가능성이 낮은 것으로 보입니다. 이를 바탕으로 K씨는 '생존', M씨는 안타깝지만 '사망'으로 추측할 수 있습니다.

그렇다면 여기서 고민되는 것은 '2등 객실'의 L씨입니다. '2등 객실'은 두 명 가운데 한 명이 사망했고, 이 정보만으로는 사망인지 생존인지 판별할 수 없습니다.

여기서 그 외의 정보에 주목해봅시다. L씨의 성별의 '여성', 연령대는 '어린이' 입니다. 퀴즈1에서 찾아낸 생존 확률이 높은 조건을 떠올려보면 데이터의 조건은 적지만 '여성'이나 '어린이'는 각각 생존율이 100%였다는 사실을 알 수 있습니다. 이 사실로부터 L씨는 '생존'했을 가능성이 크다고 추측할 수 있습니다.

조건별 생존율

승객	여객 클래스	성별	연령대	생존 상황
K씨	승객(1등 객실)	남성	성인	생존
L씨	승객(2등 객실)	여성	어린이	생존
M씨	승객(3등 객실)	남성	성인	사망

【정답 : 생존 ❶·❷, 사망 ❸】

■ **판별 문제의 특징**

모범답안은 이와 같은데, 여러분의 해답은 어땠나요? 어쩌면 K씨를 '사망'했을 것으로 추측한 사람도 있을지 모릅니다. 이 퀴즈 데이터에서는 성별이 '남성'이고, 연령이 '성인'인 대다수는 '사망'했습니다. 이 점에 주목한 사람은 K씨를 '사망'이라고 판단해도 이상하지 않습니다. 또, 그 외의 이유로 '생존', '사망' 결과가 달라진 사람이 있을지도 모릅니다.

판별 문제(A·B 테스트)의 특징은 이 퀴즈처럼 **둘 중 한쪽 값을 반드시 추측해야 한다**는 점입니다. 연속된 수치 중 어딘가를 맞추는 것이 아니라 시소처럼 어느 한쪽 상황만을 추측해야 합니다. 그래서 굳이 고르자면 '생존'하려나 싶은 정도(수치로 나타내자면 60% 정도)의 정확도라도 '생존'이라고 추측하게 됩니다. 당연히 추측이 틀리는 경우도 있기 때문에 판별 문제의 결과를 어떻게 해석하는지 결과 확인 방법을 제대로 배워두어야 합니다. 또, 이번 퀴즈처럼 데이터가 적으면 생존/사망 중 어느 쪽이 될지 자신 있게 추측할 수 없습니다. 따라서 판별 문제를 생각할 때는 **법칙을 끌어내기 위한 데이터를 많이 모아야 합니다.**

5-2. 판별 문제를 푸는 의사결정 트리 모델

다음으로 판별 문제를 풀기 위한 **의사결정 트리 모델**에 대해 알아봅시다.

앞선 퀴즈처럼 법칙을 찾아내기 위한 데이터가 열 건 정도 있으면 한 건씩 데이터를 확인하고, 이를 통해 결과를 추측할 수 있습니다. 하지만 비즈니스 현장에서 다루는 판별 문제는 법칙을 찾아내기 위한 데이터가 수천~수만 건 이상일 때가 많아서 한 건씩 데이터를 확인하면서 법칙을 찾아내는 방법은 효율적이지 않습니다. 또, 앞의 퀴즈에서 살펴본 것처럼 굳이 고르자면 '생존'할 수도 있겠다는 애매한 정확도라 할지라도 어느 쪽(생존/사망)이 될지 추측해야 합니다.

여기서 데이터 과학자는 **많은 데이터에서 근거를 바탕으로 추측할 수 있도록 '의사결정 트리 모델'을 작성합니다.** 의사결정 트리 모델은 판별 문제를 풀기 위한 수법 중 하나로 복수의 조건 갈래를 나무 구조로 표현해 직감적으로 이해하기 쉬운 모델이라 알려져 있습니다. 앞선 타이타닉호 데이터를 사용해 의사결정 트리 모델을 작성해봅시다.

퀴즈3 : 의사결정 트리 모델을 만드는 방법을 배운다

퀴즈1에서 사용한 타이타닉호의 '생존 상황'을 아는 A씨부터 J씨까지 10명의 데이터에서 다음 의사결정 트리 모델을 작성했습니다. 빈칸에 들어갈 인원 수를 고르십시오.

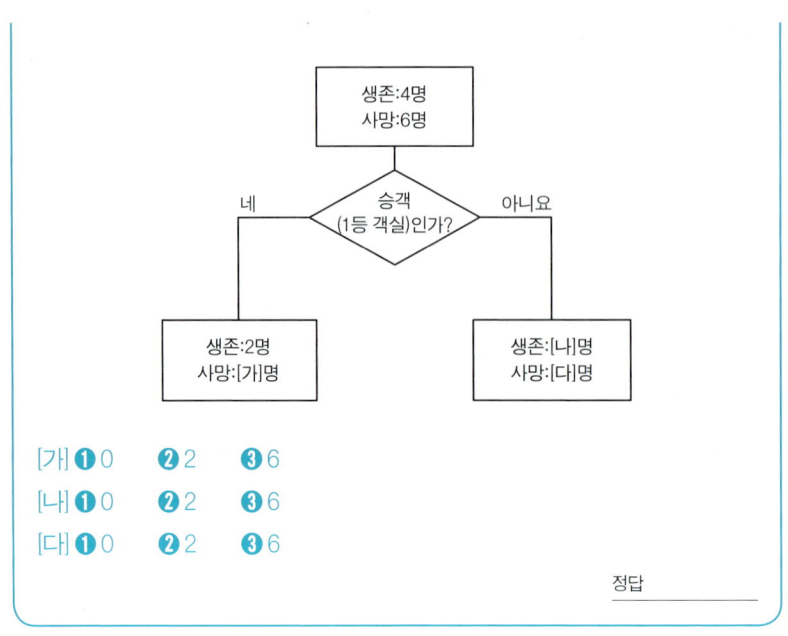

[가] ❶ 0   ❷ 2   ❸ 6
[나] ❶ 0   ❷ 2   ❸ 6
[다] ❶ 0   ❷ 2   ❸ 6

정답 _____

[해설] 빈 칸에 들어갈 인원 수를 생각하기 위해 생존 상황을 아는 열 명의 여객 클래스별 생존율을 다시 한번 확인해봅시다.

여객 클래스별 생존율

승객 클래스	인원 수	생존	사망	생존율
승무원	3명	1명	2명	33%
승객(1등 객실)	2명	2명	0명	100%
승객(2등 객실)	2명	1명	1명	50%
승객(3등 객실)	3명	0명	3명	0%

이번 의사결정 트리 모델에서는 타이타닉호에 승선해있던 열 사람(생존 4명, 사망 6명)을 '승객(1등 객실)인가?'라는 조건으로 나누고자 합니다. '승객(1등 객실)'을 확인하면 생존이 2명, 사망이 0명입니다. 이 사실에서 [가]에 들어가는 것은 ①0명이라는 사실을 알 수 있습니다. 한편 '승객(1등 객실)' 이외의 인원 수를 합하면 생존이 2명, 사망이 6명이라는 사실을 알 수 있습니다. 따라서

[나]에 들어가는 것은 ②2명, [대]에 들어가는 것은 ③6명이 됩니다.

【정답 : [개] ❶, [나] ❷, [대] ❸】

■의사결정 트리 모델을 성장시킨다

퀴즈3의 결과를 바탕으로 다음과 같은 의사결정 트리 모델을 만들 수 있었습니다.

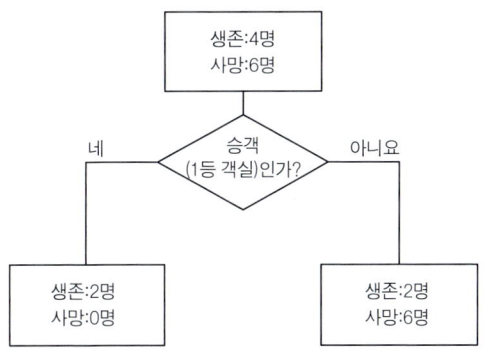

이 의사결정 트리 모델에서는 '1등 객실 승객'일 경우, 사망하는 사람 수보다 생존하는 사람 수가 많기 때문에 왼쪽 상자 안에 분류되는 사람은 생존할 가능성이 높다고 추측할 수 있습니다. 한편 '1등 객실 승객'이 아니면 사망하는 사람 수가 많기 때문에 오른쪽 상자에 분류되는 사람은 사망할 가능성이 높다고 추측할 수 있습니다. 하지만 오른쪽 상자에 분류된 사람 중에서도 생존한 사람이 두 명 있습니다. 따라서 오른쪽 상자에 분류되었다고 해서 사망했다고 추측하는 것은 시기상조입니다.

의사결정 트리 모델은 조건 가지치기를 여러 차례 반복하면서 나무를 성장

시킬 수 있습니다. 이 경우라면 '1등 객실 승객인가?' 이외의 조건으로 나무를 가지치기합니다. 여기서는 '어린이인가?'라는 조건으로 나무를 성장시켜보겠습니다.

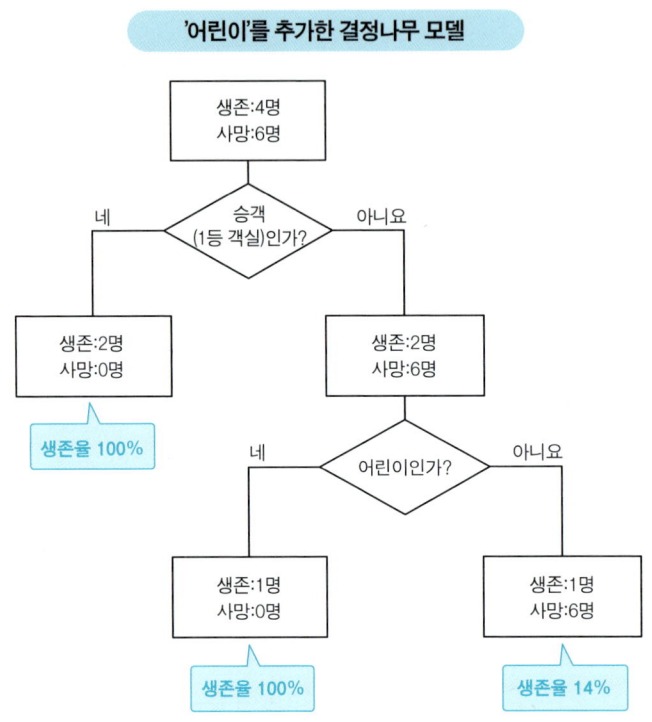

작성한 의사결정 트리 모델을 확인해봅시다. 생존 4명, 사망 6명 상자로 시작해 '승객(1등 객실)인가?'라는 조건으로 가지치기하고 있습니다. 1등 객실 승객인 경우는 생존율이 100%이기 때문에 이 상자에 분류되는 사람은 '생존'할 가능성이 높다고 추측할 수 있습니다. 나머지 생존 2명, 사망 6명 상자는 '어린이인가?'라는 조건으로 가지치기되어 있습니다. '어린이'일 경우의 생존율은 100%이기 때문에 이 상자에 분류된 사람도 '생존'할 가능성이 높다고 추측한 수 있습니다. 미지막으로 남은 상자에는 생존한 사람은 있지만, 생존율은 14%밖에 되지 않습니다. 안타깝지만 이 상자에 분류된 사람은 '사망'할 가능성이 높다고 추측됩니다.

또한 이번 퀴즈에서는 알기 쉽도록 적은 데이터로 의사결정 트리 모델을 작성했지만, 비즈니스 현장에서 의사결정 트리 모델을 작성할 때는 더 많은 데이터를 사용합니다. 많은 데이터를 사용해서 의사결정 트리 모델을 작성할 때는 이번처럼 상자에 한 명이 포함될 법한 조건으로는 새로운 조건 가지치기를 작성하지 않는다는 사실도 기억해두시기를 바랍니다.

퀴즈4 : 의사결정 트리 모델을 이용해 결과를 추측하는 방법을 배운다

퀴즈2에서 생존 상황을 추측한 K씨, L씨, M씨 3명이 의사결정 트리 모델의 어느 상자에 해당하는지 고르세요.

승객	여객 클래스	성별	연령대	생존 상황
K씨	승객(1등 객실)	남성	성인	???
L씨	승객(2등 객실)	여성	어린이	???
M씨	승객(3등 객실)	남성	성인	???

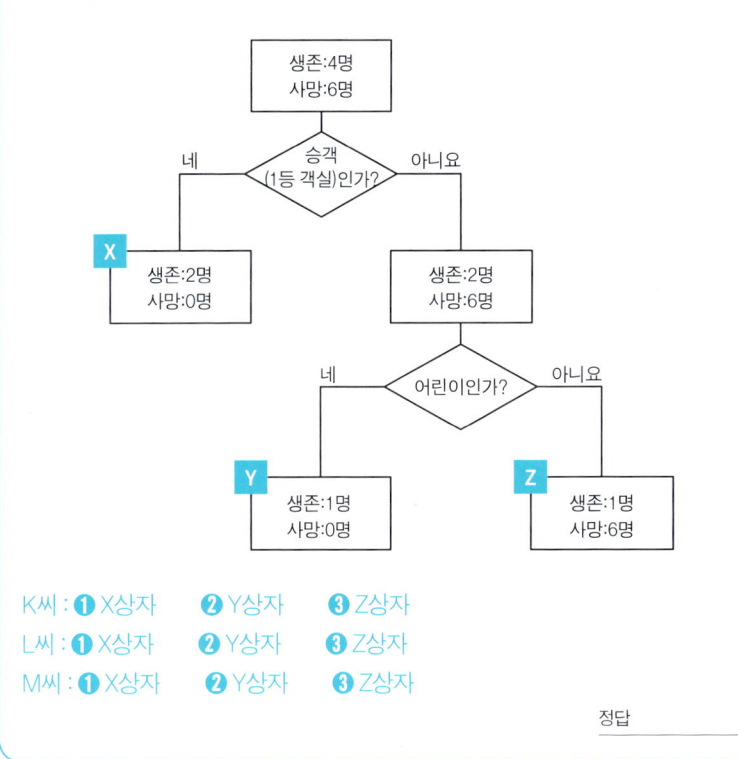

K씨 : ❶ X상자　❷ Y상자　❸ Z상자
L씨 : ❶ X상자　❷ Y상자　❸ Z상자
M씨 : ❶ X상자　❷ Y상자　❸ Z상자

정답 _____

[해설] K씨부터 순서대로 살펴봅시다. 첫 번째 가지치기는 '승객(1등 객실)인가?'입니다. K씨는 '네'가 되므로 왼쪽으로 이동해 X상자에 들어갑니다. 다음으로 L씨는 첫 번째 가지치기 '승객(1등 객실)인가?'에서 '아니요'가 되기 때문에 오른쪽 상자로 갑니다. 다음 가지치기는 '어린이인가?'이고, L씨는 '네'이므로 Y상자에 들어갑니다. 마지막으로 M씨는 L씨와 마찬가지로 첫 번째 가지치기 '승객(1등 객실)인가?'에서 '아니요'가 되기 때문에 오른쪽 상자로 갑니다. 다음 가지치기의 '어린이인가?'에서 M씨는 '아니요'가 되므로 오른쪽으로 이동해 Z상자에 들어갑니다.

이 결과를 바탕으로 K씨, L씨, M씨의 생존 상황은 다음 표와 같이 예측할 수 있습니다. 이는 퀴즈2의 모범 해답과 같은 결과입니다.

의사결정 트리를 사용한 생존 예측 결과

승객	여객 클래스	성별	연령대	생존 상황	
K씨	승객(1등 객실)	남성	성인	생존	←X상자로 분류된다
L씨	승객(2등 객실)	여성	어린이	생존	←Y상자로 분류된다
M씨	승객(3등 객실)	남성	성인	사망	←Z상자로 분류된다

【정답 : K씨 ❶, L씨 ❷, M씨 ❸】

퀴즈2에서는 별생각 없이 감으로 풀었을지도 모르겠지만, 이처럼 직감적으로 조건을 확인할 수 있는 의사결정 트리 모델을 작성함으로써 자신감을 가지고 추측할 수 있게 되었습니다.

5-3. 판별 문제의 정밀도를 평가해보자!

다음으로 판별 문제를 통한 추측의 옳고 그름(정밀도) 여부를 평가하는 방법을 알아보겠습니다. 판별 문제에서는 '생존/사망'처럼 반드시 어느 하나의 값을 추측합니다. 만약 결과를 아는 데이터를 준비할 수 있으면 추측한 값이 '정답'이었는지 '오답'이었는지를 확인할 수 있습니다. 데이터 과학자는 이 정답 및 오답 결과를 바탕으로 판단 문제 추측 시 옳고 그름(정밀도) 여부를 평가합니다. 먼저 퀴즈5를 생각해보시기를 바랍니다.

> **퀴즈5 : 판별 문제의 평가 방법을 배운다**
>
> 어느 제조회사에서는 코로나 바이러스를 검출하는 검사 방법을 개발하고 있습니다. '검사 방법 A'와 '검사 방법 B' 두 가지 방법을 개발해 코로나 바이러스 검출 정밀도를 평가하기로 했습니다. 각각 100명을 대상으로 검사 테스트를 진행해서 코로나 바이러스 양성 판정을 받은 사람과 그 가운데 실제로 코로나 바이러스에 감염된 사람을 집계했더니, 다음 결과를 얻을 수 있었습니다. 이 결과에만 주목하면 검사 방법 A와 검사 방법 B 중 어느 쪽 검사 방법이 뛰어나다고 할 수 있을까요?
>
> 검사 방법 A
>
> | 검사 테스트 인원 수 | 코로나 바이러스 양성 판정을 받은 인원 수 | 그 가운데 실제로 코로나 바이러스에 감염된 인원 수 |
> |---|---|---|
> | 100명 | 20명 | 10명 |
>
> 검사 방법 B
>
> | 검사 테스트 인원 수 | 코로나 바이러스 양성 판정을 받은 인원 수 | 그 가운데 실제로 코로나 바이러스에 감염된 인원 수 |
> |---|---|---|
> | 100명 | 40명 | 15명 |
>
> ❶ 검사 방법 A   ❷ 검사 방법 B   ❸ 두 가지가 똑같다
>
> 정답

제5장 데이터에서 법칙을 발견하는 힘을 기른다

[해설] 검사 방법 A는 코로나 바이러스 양성 판정을 받은 20명 가운데 10명이 실제로 코로나 바이러스에 감염되었기 때문에 10명÷20명으로 정답을 맞힌 비율은 50%입니다. 이에 반해 검사 방법 B는 판정된 40인 가운데 실제로 코로나 바이러스에 감염된 사람은 15명밖에 없었기 때문에 15명÷40명으로 정답 비율은 37.5%입니다. 따라서 A 검사 방법이 가장 뛰어나다고 할 수 있습니다.

【정답 : ❶】

■ 2×2칸 크로스 표로 정리한다

퀴즈5에서는 코로나 바이러스 '양성 판정을 받은 사람'의 인원 수를 봤는데, 검사 결과 '음성 판정을 받은 사람'도 있을 겁니다. '음성 판정을 받은 사람' 데이터도 집계했더니 각각의 검사 테스트 결과는 다음과 같았습니다.

이처럼 판별 문제의 정밀도를 조사하는 경우에는 **두 종류의 각 데이터를 모을 필요가 있습니다.**

'음성 판정을 받은 사람'까지 포함한 검사 테스트 결과

검사 방법 A

	코로나 바이러스에 감염된 인원 수	실제로는 코로나 바이러스에 감염되지 않았던 인원 수	합계	
코로나 바이러스 양성 판정을 받은 인원 수	10명	10명	20명	퀴즈5
코로나 바이러스 음성 판정을 받은 인원 수	10명	70명	80명	
합계	20명	80명	100명	

검사 방법 B

	코로나 바이러스에 감염된 인원 수	실제로는 코로나 바이러스에 감염되지 않았던 인원 수	합계
코로나 바이러스 양성 판정을 받은 인원 수	15명	25명	40명
코로나 바이러스 음성 판정을 받은 인원 수	5명	55명	60명
합계	20명	80명	100명

퀴즈5

퀴즈5에서는 '감염되었다고 판단된 사람'에 주목해서 정답을 맞힌 비율을 계산했는데 '감염되지 않았다고 판단한 사람'에 주목해 정답을 맞힌 비율을 계산할 수도 있습니다.

'감염되지 않았다고 판단한 사람'의 검사 테스트 결과

검사 방법 A

검사 테스트 인원 수	코로나 바이러스에 감염되지 않았다고 판정된 인원 수	그 가운데 실제로 코로나 바이러스에 감염되지 않은 인원 수
100명	80명	70명

검사 방법 B

검사 테스트 인원 수	코로나 바이러스에 감염되지 않았다고 판정된 인원 수	그 가운데 실제로 코로나 바이러스에 감염되지 않은 인원 수
100명	60명	55명

검사 방법 A는 코로나 바이러스에 감염되지 않았다고 판정된 80명 가운데 70명이 정말로 코로나 바이러스에 감염되지 않았기 때문에 70명÷80명으로 정답을 맞힌 비율은 87.5%입니다. 이에 반해 검사 방법 B는 감염되지 않았다고 판정된 60명 가운데 55명이 감염되지 않았기 때문에 55명÷60명으로 정답을 맞힌 비율은 91.7%가 됩니다. '감염되지 않았다고 판정된 사람'에 주목한 경우, 검사 방법 A보다 검사 방법 B가 정답을 맞힌 비율이 높다는 결과가 나왔습니다.

검사 방법 A와 검사 방법 B 가운데 정답을 맞힌 비율을 정리하면 다음과 같습니다.

▶ **감염되었다고 판정된 사람에 주목한 경우**
  검사 방법 A : 정답을 맞힌 비율 50%(20명 가운데 10명이 정답)
  검사 방법 B : 정답을 맞힌 비율 37.5%(40명 가운데 15명이 정답)

▶ **감염되지 않았다고 판정된 사람에게 주목한 경우**
  검사 방법 A : 정답을 맞힌 비율 87.5%(80명 가운데 70명이 정답)
  검사 방법 B : 정답을 맞힌 비율 91.7%(60명 가운데 55명이 정답)

이처럼 판별 문제의 정밀도는 어디에 주목하는지로 우열이 달라지는 경우가 있습니다. 그래서 데이터 과학자는 <u>각각의 평가를 산출하기 위해 2×2칸 크로스 표로 판별 문제의 추측 결과를 정리합니다.</u>

2×2칸 크로스 표로 정리

		실제	
		코로나 바이러스에 감염된 인원 수	실제로는 코로나 바이러스에 감염되지 않은 인원 수
추측	코로나 바이러스에 감염되었다고 판정된 인원 수	참 양성 TP **정답**	거짓 양성 FP
	코로나 바이러스에 감염되지 않았다고 판정된 인원 수	거짓 음성 FN	참 음성 TN **정답**

이 4칸은 저마다 이름이 있습니다. 왼쪽 위가 '참 양성(TP:True Positive)', 오른쪽 위가 '거짓 양성(FP:False Positive)', 왼쪽 아래가 '거짓 음성(FN:False Negative)', 오른쪽 아래가 '참 음성(TN:True Negative)'입니다. 비슷한 표현이지만 첫 글자 '참(True)'과 '거짓(False)'은 정답인지 아닌지를, 두 번째 글자인 '양성(Positive)'인지 '음성(Negative)'인지는 판정 결과를 의미합니다.

> 참 양성(True Positive) : 올바르게 양성이라고 판정【정답】
> 거짓 양성(False Positive) : 사실은 음성이지만 잘못해서 양성이라고 판정
> 【오답】
> 거짓 음성(False Negative) : 사실은 양성이지만 잘못해서 음성이라고 판정
> 【오답】
> 참 음성(True Negative) : 올바르게 음성이라고 판정【정답】

참 양성(TP)은 양성 즉, 코로나 바이러스에 감염되었다고 판정된 데다가 실제로 감염된 인원 수를 나타냅니다. 거짓 음성(FN)은 음성 즉, 코로나 바이러스에 감염되지 않았다고 판정되었음에도 실제로는 코로나 바이러스에 감염되었는데 놓쳤던 인원 수를 나타냅니다.

'감염되었다고 판정된 사람'에 주목한 경우와 '감염되지 않았다고 판정된 사람'에 주목한 경우 정답을 맞힌 비율이 달랐던 것은 참인 부분 즉, '정답'이라고 생각할 수 있는 부분이 표에서 두 군데 있기 때문입니다.

■ 판별 문제의 정밀도를 평가하는 방법

데이터 과학자는 **판별 문제의 정밀도를 평가하기 위해 세 가지 지표를 활용합니다.** 각각의 정밀도 평가 지표를 알아봅시다. 앞선 2×2칸 크로스 표의 값을 바탕으로 평가합니다.

▶ 정답률

정답률은 **전체 가운데 올바르게 판단(정답)한 비율**을 가리킵니다. 판별 문제에서 '정답'은 올바르게 양성이라 판정한 경우(참 양성 TP)와 올바르게 음성이라고 판정한 경우(참 음성 TN)의 두 가지가 있으므로 정답률 계산식은 다음과 같습니다.

정답률 = (참 양성 TP + 참 음성 TN) / 전체

정답률 계산 이미지

	코로나 바이러스에 감염된 인원 수	실제로는 코로나 바이러스에 감염되지 않은 인원 수
코로나 바이러스에 감염되었다고 판정된 인원 수	참 양성 TP 〔정답〕	거짓 양성 FP
코로나 바이러스에 감염되지 않았다고 판정된 인원 수	거짓 음성 FN	참 음성 TN 〔정답〕

검사 방법 A와 검사 방법 B의 각 정답률을 계산하면 다음과 같습니다.

검사 방법 A : (10명+70명)/100명=정답률 80%
검사 방법 B : (15명+55명)/100명=정답률 70%

검사 방법 A의 '정답률'이 높다는 사실을 알 수 있습니다.

▶**적합률**

적합률은 **양성 혹은 음성이라고 판정한 가운데 정답을 맞힌 비율**을 가리킵니다. 적합률을 계산할 때는 2×2칸 크로스 표를 가로로 봅니다.

퀴즈5에서 확인한 것처럼 감염되었다고 판정된 경우와 감염되지 않았다고 판정된 두 경우로 적합률을 계산할 수 있습니다. 일반적으로는 감염되었다고 판정된 경우의 '양성 적합률'만을 계산할 때가 많습니다. 적합률 계산식은 다음과 같습니다.

• 감염되었다고 판정된 경우의 적합률
  양성 적합률=참 양성 TP/(참 양성 TP+거짓 양성 FP)

적합률 계산 이미지

	실제로 코로나 바이러스에 감염된 인원 수	실제로는 코로나 바이러스에 감염되지 않은 인원 수
코로나 바이러스에 감염되었다고 판정된 인원 수	참 양성 TP **정답**	거짓 양성 FP
코로나 바이러스에 감염되지 않았다고 판정된 인원 수	거짓 음성 FN	참 음성 TN **정답**

검사 방법 A와 검사 방법 B의 양성 적합률을 계산하면 다음과 같습니다.

검사 방법 A : 10명/(10명+10명)=양성 적합률 50%
검사 방법 B : 15명/(15명+25명)=양성 적합률 37.5%

검사 방법 A의 '양성 적합률'이 더 높다는 사실을 알 수 있습니다.

▶**재현율**

재현율은 **실제로 양성 혹은 음성이었던 값의 정답을 맞힌 비율**을 가리킵니다. 재현율을 계산할 때는 2×2칸 크로스 표를 세로로 봅니다.

실제로 코로나 바이러스에 감염된 사람 가운데 올바로 판정한 비율을 확인하기 위한 지표입니다.

이쪽도 적합률과 마찬가지로 실제로 코로나 바이러스에 감염된 양성 재현율과 실제로는 코로나 바이러스에 감염되지 않았던 경우의 재현율을 계산할 수 있습니다. 많은 경우, 실제로 코로나 바이러스에 감염되었던 사람을 올바로 판정했는지에 관심이 있기 때문에 참 양성(TP)에 주목한 재현율을 계산합니다. 참 양성(TP)에 주목한 경우의 재현율 계산식은 다음과 같습니다.

- 감염된 경우의 재현율

양성 재현율=참 양성 TP / (참 양성 TP+거짓 음성 FN)

	실제로 코로나 바이러스에 감염된 인원 수	실제로는 코로나 바이러스에 감염되지 않은 인원 수
코로나 바이러스에 감염되었다고 판정된 인원 수	참 양성 TP **정답**	거짓 양성 FP
코로나 바이러스에 감염되지 않았다고 판정된 인원 수	거짓 음성 FN	참 음성 TN **정답**

재현율 계산 이미지

검사 방법 A와 검사 방법 B의 실제 코로나 바이러스에 감염된 경우의 양성 재현율을 계산하면 다음과 같습니다.

검사 방법 A : 10명/(10명+10명)=양성 재현율 50%
검사 방법 B : 15명/(15명+5명)=양성 재현율 75%

검사 방법 B의 '재현율'이 더 높다는 사실을 알 수 있습니다.

■적합률과 재현율 가운데 어느 쪽이 중요할까?

지금까지 '정답률', '적합률', '재현율'이라는 3가지 평가 지표를 확인했습니다. 정답률과 적합률로는 검사 방법 A가, 재현율로는 검사 방법 B가 더 높았습니다. 결국 검사 방법 A와 검사 방법 B 가운데 어느 쪽 검사 방법이 뛰어난 걸까요?

사실 많은 경우, '적합률'과 '재현율'은 트레이드오프(trade-off) 관계에 있습니다. 즉, 적합률을 올리고자 하면 재현율이 낮아지고, 재현율을 올리고자 하면 적합률이 낮아지는 관계에 있다는 의미입니다. 따라서 적합률과 재현율을 동시에 높이는 일은 어렵다고 보면 됩니다.

이번 코로나 바이러스 검사 방법의 경우, 코로나 바이러스에 과잉 반응을 하느냐 마느냐에 따라 적합률과 재현율이 달라지고 있습니다. 검사 방법 B는 코로나 바이러스에 과잉 반응하기 때문에 감염된 사람을 적게 놓치고 있습니다(재현율이 높다). 그런데 검사 방법 B는 놓치는 비율은 적었지만, 잘못해서 코로나 바이러스에 감염되었다고 판정하는 오검지(誤檢知)가 많습니다(적합률이 낮다). 한편 검사 방법 A는 오검지가 적었지만, 코로나 바이러스에 감염된 사람을 놓치는 경우도 많았습니다.

이러한 결과를 바탕으로 데이터 과학자는 **오검지를 낮추고 싶다면 '적합률'로, 놓치는 부분을 낮추고 싶다면 '재현율'로 평가하면 됩니다.**

5-4. 의사결정 트리 모델을 활용해보자!

지금까지 데이터에서 법칙을 찾아내는 방법과 의사결정 트리 모델을 만드는 방법을 배웠습니다. 마지막으로 데이터 과학자가 **어떻게 데이터에서 법칙을 찾아내고, 판별 문제를 추측하는지** 다음 퀴즈6을 함께 풀면서 데이터 과학자의 사고 과정을 체험해봅시다.

퀴즈6 : 데이터에서 법칙을 발견해서 판별 문제를 푸는 순서를 배운다

당신은 어느 맥주 회사의 마케팅 담당자입니다. 고객을 대상으로 앙케트를 실시한 결과, 다음 조사 결과를 얻었습니다. 앙케트에 답한 15명의 고객 가운데 신상품인 프리미엄 맥주를 구입한 고객은 8명이었습니다.

응답자	프리미엄 맥주 구입 여부	성별	연령	취미	취미에 쓰는 돈	건강식품 구입 빈도	좋아하는 음악 장르
A씨	구입	남성	32	스포츠	50,000	0	록
B씨	구입	남성	55	여행	200,000	4	록
C씨	-	여성	56	여행	250,000	0	클래식
D씨	구입	남성	25	영화 감상	30,000	3	록
E씨	구입	여성	20	스포츠	120,000	6	팝
F씨	구입	남성	36	여행	360,000	9	클래식
G씨	구입	남성	16	스포츠	20,000	2	클래식
H씨	-	여성	23	스포츠	50,000	1	팝
I씨	-	여성	44	영화 감상	20,000	1	록
J씨	구입	여성	35	여행	240,000	6	팝
K씨	-	남성	59	스포츠	150,000	2	팝
L씨	구입	여성	46	여행	500,000	4	클래식
M씨	-	남성	38	영화 감상	40,000	0	팝
N씨	-	여성	40	스포츠	80,000	0	팝
O씨	-	남성	26	스포츠	10,000	3	팝

그러면 이 앙케트 조사 결과를 바탕으로 당신은 다음 5명 가운데 프리미엄 맥주를 구입할 법한 사람을 찾아 2명에게 특별 캠페인을 하려고 합니다. 프리미엄 맥주를 구입할 것 같은 2명은 누구입니까?

응답자	프리미엄 맥주 구입 여부	성별	연령	취미	취미에 쓰는 돈	건강식품 구입 빈도	좋아하는 음악 장르
P씨	?	여성	25	영화 감상	40,000	1	클래식
Q씨	?	남성	31	영화 감상	30,000	0	팝
R씨	?	여성	49	여행	150,000	5	팝
S씨	?	여성	37	스포츠	20,000	1	팝
T씨	?	남성	51	여행	300,000	0	록

❶ P씨와 Q씨　　❷ R씨와 T씨　　❸ S씨와 T씨

정답 _____

[해설] 앙케트 결과에서 법칙을 찾아내 퀴즈6의 정답을 생각해 봅시다. 여기서는 순서 1~4의 흐름에 따라 프리미엄 맥주를 구입할 것 같은 고객을 찾아보고자 합니다.

순서1 : 데이터 항목을 확인하고, 대략적인 가설을 세워보자
순서2 : 데이터를 관찰하고, 비정형 데이터가 없는지 확인하자
순서3 : 데이터에서 법칙을 찾아내자
순서4 : 데이터에서 찾은 법칙에 적용해 추측하자

순서1 : 데이터 항목을 확인하고, 대략적인 가설을 세워보자

데이터 과학자는 데이터를 입수하면 먼저 데이터의 전체상을 보고, 어떤 데이터 항목이 있는지 확인합니다. 그리고 **풀어야 할 과제(이번에는 프리미엄 맥주를 구입할 것 같은 고객을 찾는 것)를 바탕으로 대략적인 가설을 세웁니다.** 데이터 과학자는 데이터를 입수하면 다짜고짜 분석을 시작한다고 생각하는 사람도 있겠지만, 가설 없이 분석을 시작하는 일은 없습니다. 먼저 대략적인 가설을 세우고 그다음에 분석 작업에 착수합니다.

그러면 이번 앙케트 조사 데이터 항목을 확인하고, 가설을 세워봅시다. 이번 앙케트 조사는 열다섯 명의 고객에게 실시하였고, 신상품인 '프리미엄 맥주의 구입 여부'를 묻고 있습니다. 또, '성별'과 '연령' 같은 인구통계학 정보와 '취미', '취미에 사용하는 돈', '건강식품 구입 빈도', '좋아하는 음악 장르'도 물었습니다. 여기에서의 과제는 **프리미엄 맥주를 구입할 법한 고객을 찾는 것**이기에 어떤 가설을 세울 수 있는지 생각해봅시다.

퀴즈6에서 다루는 앙케트 데이터

프리미엄 맥주 구입과 관련이 있어 보이는 데이터 항목이 있나요? 프리미엄 맥주는 일반 맥주나 발포주보다 고가이기 때문에 '어느 정도 금전적인 여유가 있는 사람이 구입하지 않을까?' 하는 가설을 세울 수 있습니다. 이번 앙케트 조사에서 묻고 있는 항목 중 '연령'이나 '취미에 사용하는 돈'과 관련이 있어 보입니다.

'연령'이 관련이 있을지도 모른다고 생각한 것은 연령과 연 수입 사이에는 상관관계가 있고, 연령이 높은 사람일수록 연 수입이 높은 경우가 많기 때문입니다. 하지만 일정 연령 이상이 되면 퇴직해서 연 수입이 줄어들기도 하므로 최종적으로는 프리미엄 맥주 구입과 관계가 없어질지도 모릅니다.

다만, 여기서 중요한 것은 어쩌면 관계가 있겠다는 대략적인 가설을 세우는 것이기 때문에 세밀한 부분을 신경 쓸 필요는 없습니다. 이후에 실제로 데이터를 확인해 나가면서 가설이 옳았는지 틀렸는지 확인하면 되니까요. 우선은 유연하게 생각하면서 여러 가지 가설을 세우는 데 주력합시다.

'연령'이나 '취미에 사용하는 돈' 이외에 관계가 있어 보이는 건 없나요? 텔레비전에서 흘러나오는 프리미엄 맥주 광고를 떠올려보면 뮤지션이 자주 등장합니다. 어쩌면 '좋아하는 음악 장르'도 프리미엄 맥주 구입 여부와 관련이 있을지도 모릅니다.

이처럼 데이터 과학자는 데이터의 내용을 보기 전에 데이터 항목을 확인해서 대략적인 가설을 세웁니다. **사전에 가설을 세워두면 데이터를 확인할 때 어떤 부분을 중점적으로 보아야 하는지가 명확해집니다.** 사전에 가설을 세워두지 않으면 방대한 데이터를 직면했을 때 어디를 확인하면 좋을지 헤매게 되어서 불필요한 시간을 낭비하게 되지요.

참고로 데이터 과학자는 분석 전에 많은 가설을 세우는데, 모든 가설이 옳은 경우는 거의 없습니다. 데이터를 확인해보면 사전에 세운 가설과 다른 경우가 대부분이지요. 하지만 **사전에 가설을 세운 덕분에 그 차이를 깨달을 수 있습니다.** 가설이 어긋난다면 가설을 세울 필요가 없는 게 아니냐고 생각하는 사람이 있을지 모르지만, 가설을 세우는 과정은 쓸데없는 일이 아닙니다. 데이터 과학자가 분석으로 찾아내는 정보 가운데 클라이언트가 도움을 얻는 대부분은 데이터로부터 당초에 세웠던 가설과는 다른 결과를 얻는 경우입니다. 그렇게 생각하면 사전에 세운 가설과 다른 결과는 새로운 발견을 할 기회이기도 한 것이지요.

순서2 : 데이터를 관찰하고, 비정형 데이터가 없는지 확인하자

어느 정도 가설을 세웠다면 다음은 실제로 데이터 내용을 확인합시다. 각 데이터 항목의 값(값의 범위)을 확인하면서 상이값과 이상값 같은 비정형 데이터가 없는지 확인합니다. 예시에서 각 데이터 항목 값의 범위는 다음과 같습니다.

추측 대상인 프리미엄 맥주 구입 여부를 구입자는 '구입', 미구입자는 '—'로 표현했습니다.

성별 항목에는 '남성', '여성', 연령 항목에는 '16세'~'59세'까지의 값이 기재되어 있습니다. 퀴즈1의 타이타닉호 데이터에서는 '성인'과 '어린이'처럼 뭉뚱그려 표현되어 있었는데, 이번 데이터에서는 연속값인 수치로 표현되어 있습니다.

취미 항목에는 '스포츠', '여행', '영화 감상', 취미에 쓰는 돈 항목에는 '10,000엔'~'500,000엔'까지의 값이 기재되어 있습니다. 취미에 따라서 사용하는 금액이 달라질 것 같습니다.

건강식품 구입 빈도 항목에는 '0회'~'9회'의 값이 기재되어 있습니다. 마지막으로 좋아하는 음악 장르 항목에는 '팝', '록', '클래식'이 기재되어 있습니다.

그렇다면 여기까지 데이터를 보면서 뭔가 문제 있어 보이는 항목이나 데이터는 없었나요? 한 가지 비정형 데이터가 들어 있었는데, 알아차리셨나요?

사실 연령 항목에 비정형 데이터가 섞여 있었습니다. G씨의 데이터를 확인해보면 연령이 16세입니다. 16세인 G씨는 정말로 프리미엄 맥주를 구입했을까요? 만 19세 미만은 맥주를 구입할 수 없도록 법률이 규정하고 있습니다. 16세인 G씨가 어쩌다 심부름 등으로 구입했을 가능성도 있지만, 마케팅 담당자가 미성년자인 16세에게 프리미엄 맥주를 권할 수는 없습니다. 따라서 16세 G씨의 데이터는 이상값으로 간주해 제거하는 편이 좋을 것 같습니다.

G씨의 데이터를 제거한 나머지 열네 명의 앙케트 데이터를 바탕으로 데이터에서 법칙을 찾아봅시다.

비정형 데이터를 제거한 앙케트 데이터

응답자	프리미엄 맥주 구입 여부	성별	연령	취미	취미에 쓰는 돈	건강식품 구입 빈도	좋아하는 음악 장르
A씨	구입	남성	32	스포츠	50,000	0	록
B씨	구입	남성	55	여행	200,000	4	록
C씨	-	여성	56	여행	250,000	0	클래식
D씨	구입	남성	25	영화 감상	30,000	3	록
E씨	구입	여성	20	스포츠	120,000	6	팝
F씨	구입	남성	36	여행	360,000	9	클래식
~~G씨~~	~~구입~~	~~남성~~	~~16~~	~~스포츠~~	~~20,000~~	~~2~~	~~클래식~~
H씨	-	여성	23	스포츠	50,000	1	팝
I씨	-	여성	44	영화 감상	20,000	1	록
J씨	구입	여성	35	여행	240,000	6	팝
K씨	-	남성	59	스포츠	150,000	2	팝
L씨	구입	여성	46	여행	500,000	4	클래식
M씨	-	남성	38	영화 감상	40,000	0	팝
N씨	-	여성	40	스포츠	80,000	0	팝
O씨	-	남성	26	스포츠	10,000	3	팝

순서3 : 데이터에서 법칙을 찾아내자

다음으로 데이터에서 법칙을 찾아내기 위해 프리미엄 맥주 구입 여부와 관계가 있어 보이는 항목을 찾아봅시다. 우선 좀 전에 발견한 비정형 데이터인 G씨를 제외한 14명의 데이터를 바탕으로 각각의 항목에서 프리미엄 맥주 구입 여부를 집계합니다. 퀴즈1에서 살펴본 것처럼 프리미엄 맥주를 구입하는 비율이 높은 항목을 찾으면 그 결과를 바탕으로 프리미엄 맥주를 구입할 가능성이 높은 고객을 추측할 수 있습니다.

데이터 과학자는 **집계표를 보면서 데이터에 어떤 법칙이 있는지 확인합니다.** 먼저 '성별', '연령', '취미' 세 가지를 확인해봅시다. 성별과 프리미엄 맥주의 크로스 표를 보아서는 성별에 따른 프리미엄 맥주 구입 차이는 없어 보입니다.

연령 역시 20대에서 50대까지 다양하기에 프리미엄 맥주 구입 여부와 특별한 관계는 없어 보입니다. 하지만 연령을 연령대별로 보면 30대 4명 가운데 3명이 프리미엄 맥주를 구입했기 때문에 다른 연령대와 비교하면 30대를 타깃으로 삼을 수 있을 것 같습니다. **연령은 한 살 단위가 아닌 열 살 단위인 연령대로 생각하면 경향이 파악될 때가 있습니다.**

다음으로 취미와 프리미엄 맥주의 크로스 표를 살펴봅시다. 여기서는 여행을 취미로 하는 사람의 구입 비율이 높다는 사실을 확인할 수 있습니다. 한편으로 스포츠를 취미로 하는 사람의 구입 비율은 낮다는 사실도 알 수 있습니다.

조건별 구입 인원 수(성별·연령·취미)

성별	프리미엄 맥주	
	구입	미구입
남성	4	3
여성	3	4

연령	프리미엄 맥주	
	구입	미구입
20	1	
23		1
25	1	
26		1
32	1	
35	1	
36	1	
38		1
40		1
44		1
46	1	
55	1	
56		1
59		1

취미	프리미엄 맥주	
	구입	미구입
여행	4	1
스포츠	2	4
영화 감상	1	2

이어서 '취미에 쓰는 돈', '건강식품 구입 빈도', '좋아하는 음악 장르' 세 가지도 확인해봅시다. 취미에 쓰는 돈과 프리미엄 맥주의 크로스 표를 보면 프리미엄 맥주 구입 여부에 차이는 없어 보입니다. 처음에는 취미에 쓰는 돈이 많은 사람은 주머니 사정이 넉넉한 사람일 거라는 가설을 바탕으로 프리미엄 맥주 구입 여부와 관계가 있겠다고 생각했지만, 데이터를 보니 관계가 없었던 것 같습니다. 이처럼 **처음에 세운 가설이 빗나가는 일도 있는데, 사전에 가설을 세워둠으로써 확인해야 할 포인트를 명확히 할 수 있었기** 때문에 문제 될 것은 없습니다.

다음으로 건강식품 구입 빈도와 프리미엄 맥주의 크로스 표를 살펴봅시다. 처음에 가설을 세웠을 때는 눈치채지 못했지만, 건강식품 구입 빈도가 4회 이상인 사람은 모두 프리미엄 맥주를 구입했다는 사실을 알 수 있습니다. 이것이 데이터 분석의 흥미로운 점입니다. 가설을 세운 단계에서는 건강식품과 프리미엄 맥주 관련이 없을 것으로 생각했지만, 데이터를 통해 새로운 발견을 하게 되었습니다.

마지막으로 좋아하는 음악 장르와 프리미엄 맥주의 크로스 표를 확인해봅시다. 록을 좋아하는 사람의 구입 비율은 높지만, 팝을 좋아하는 사람의 구입 비율은 낮다는 사실을 알 수 있습니다.

조건별 구입 인원 수

취미에 쓰는 돈	프리미엄 맥주 구입	프리미엄 맥주 미구입
10,000		1
20,000		1
30,000	1	
40,000		1
50,000	1	1
80,000		1
120,000	1	
150,000		1
200,000	1	
240,000	1	
250,000		1
360,000	1	
500,000	1	

건강식품 구입 빈도	프리미엄 맥주 구입	프리미엄 맥주 미구입
0	1	3
1		2
2		1
3	1	1
4	2	
6	2	
9	1	

좋아하는 음악 장르	프리미엄 맥주 구입	프리미엄 맥주 미구입
록	3	1
팝	2	5
클래식	2	1

지금까지 크로스 표에서 얻은 정보를 정리하면 다음과 같습니다.

- 연령이 '30대'인 사람의 프리미엄 맥주 구입 비율이 높다
- 취미가 '여행'인 사람의 프리미엄 맥주 구입 비율이 높다
- 건강식품 구입 빈도가 '4회 이상'인 사람은 모두 프리미엄 맥주를 구입했다
- 좋아하는 음악 장르가 '록'인 사람의 프리미엄 맥주 구입 비율이 높다

다음으로 의사결정 트리 모델을 작성해봅시다. 이번 앙케트 데이터를 바탕으로 의사결정 트리 모델을 작성하면 다음 그림과 같습니다. 아무래도 프리미엄 맥주 구입 비율이 100%가 되는 상자가 2개 있는 것 같습니다.

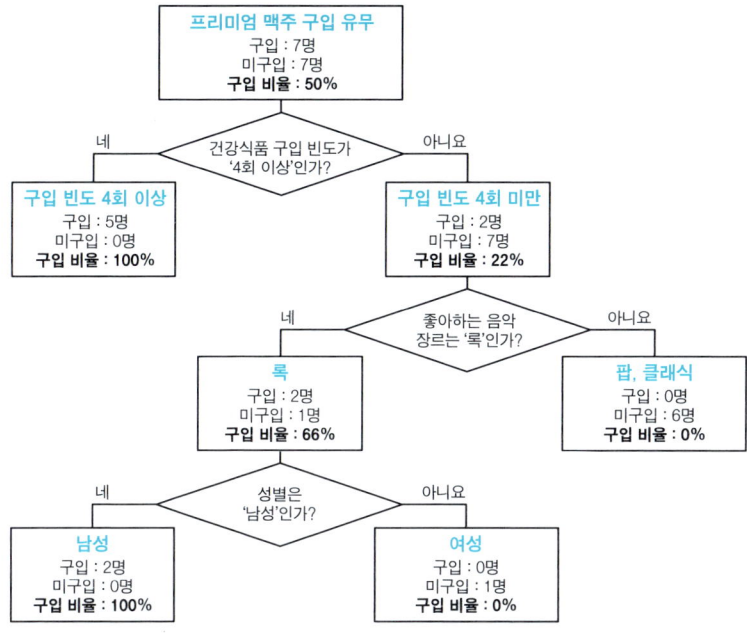

순서4 : 데이터에서 찾은 법칙에 적용해 추측하자

순서3에서 작성한 의사결정 트리 모델에서 프리미엄 맥주를 구입할 법한 고객의 특징으로 다음 두 가지 법칙을 찾을 수 있었습니다.

이 두 가지 법칙을 적용해서 특별 캠페인 대상이 되는 2명을 고릅시다. 대상이 되는 5명의 데이터는 다음과 같습니다.

특별 캠페인 대상 후보

대상	프리미엄 맥주 구입	성별	연령	취미	취미에 쓰는 돈	건강식품 구입 빈도	좋아하는 음악 장르
P씨	?	여성	25	영화 감상	40,000	1	클래식
Q씨	?	남성	31	영화 감상	30,000	0	팝
R씨	?	여성	49	여행	150,000	5	팝
S씨	?	여성	37	스포츠	20,000	1	팝
T씨	?	남성	51	여행	300,000	0	록

P씨는 건강식품 구입 빈도가 '1'이기 때문에 법칙1에는 해당하지 않습니다. 또, 좋아하는 음악 장르가 '클래식'이기 때문에 법칙2에도 해당하지 않습니다. Q씨도 마찬가지고, 건강식품 구입 빈도가 '0'이므로 법칙1에는 해당하지 않습니다. 또, 좋아하는 음악 장르가 '팝'이기 때문에 법칙2에도 해당하지 않습니다.

R씨는 건강식품 구입 빈도가 '5'여서 법칙1에 해당합니다. 따라서 R씨는 프리미엄 맥주를 구입할 가능성이 높다고 생각할 수 있습니다. 한편 S씨는 건강식품 구입 빈도가 '1'이므로 법칙1에는 해당하지 않습니다. 또, 좋아하는 음악 장르가 '팝'이기 때문에 법칙2에도 해당하지 않습니다.

마지막으로 T씨는 건강식품 구입 빈도가 '0'이므로 법칙1에는 해당하지 않습니다. 하지만 좋아하는 음악 장르가 '록'이고 성별이 '남성'이기 때문에 법칙2에 해당합니다. 따라서 T씨도 프리미엄 맥주를 구입할 가능성이 높다고 생각할 수 있습니다.

의사결정 트리 모델에서 도출한 법칙 적용

타깃	건강식품 구입 빈도	좋아하는 음악 장르	성별		프리미엄 맥주 구입
P씨	1	클래식	여성		—
Q씨	0	팝	남성		—
R씨	5	팝	여성	법칙1 →	구입
S씨	1	팝	여성		—
T씨	0	록	남성	법칙2 →	구입

따라서 퀴즈6의 정답은 R씨와 T씨입니다.

【정답 : ❷】

처음에 가설을 세워보는 단계에서는 '건강식품 구입 빈도'와 프리미엄 맥주 구입 사이에 관계가 있다고는 생각하지 못했지만, 프리미엄 맥주 광고에 뮤지션이 자주 등장하기 때문에 '좋아하는 음악 장르와 관련이 있는 것 같다'는 가설은 어느 정도 맞아떨어진 것 같습니다.

이처럼 **여러 가지 가설을 세우면서 데이터와 여러 번 마주하면 가설의 정밀도를 높여 나갈 수 있습니다.** 분석 작업을 시작하기 전에 대략적이라도 좋으니 가설을 세우는 과정을 잊지 말아야 합니다.

제5장 <정리>

이 장에서 살펴본 것처럼 데이터 과학자는 의사결정 트리 모델 등을 활용해서 판별 문제의 결과를 추측합니다. 비즈니스 현장에서는 어느 쪽이 될지 추측하는 판별 문제(A·B 테스트)에 직면하는 일이 자주 있습니다. 이 장에서 배운 내용을 활용해 판별 문제를 해결하도록 합시다.

데이터에서 법칙을 찾자!
데이터 과학자는 데이터에서 찾은 법칙을 적용함으로써 판별 문제의 결과를 추측한다.

- ●판별 문제(A·B 테스트)
  - 두 가지 상황 가운데 어느 쪽이 될지를 추측하는 문제(예:생존/사망)
  - 어느 한쪽을 반드시 선택해야 한다
  - 판별 문제를 생각할 때는 법칙을 도출하기 위한 데이터를 되도록 많이 모아야 한다

판별 문제를 푸는 의사결정 트리 모델
데이터 과학자는 데이터에서 얻은 근거를 바탕으로 추측할 수 있도록 의사결정 트리 모델을 작성한다.

- ●의사결정 트리 모델
  - 판별 문제를 풀기 위한 수법 중 하나
  - 복수의 조건 가지치기를 나무 구조로 표현
  - 직감적으로 이해하기 쉬운 모델로 여겨진다

판별 문제의 정밀도를 평가해보자!

데이터 과학자는 판별 문제의 정밀도를 평가할 때 오검지를 줄이고 싶으면 '적합률'로 평가하고, 놓치는 부분을 줄이고 싶으면 '재현율'로 평가한다.

● **판별 문제의 추측 결과(2×2칸 크로스 표)**
- 참 양성(True Positive) : 올바르게 양성이라고 판정【정답】
- 거짓 양성(False Positive) : 사실은 음성이지만 잘못해서 양성이라고 판정【오답】
- 거짓 음성(False Negative) : 사실은 양성이지만 잘못해서 음성이라고 판정【오답】
- 참 음성(True Negative) : 올바르게 음성이라고 판정【정답】

● **판별 문제의 정밀도 평가 지표**
- 정답률 : 전체 가운데 올바로 판단(정답)한 비율
- 적합률 : 양성 혹은 음성이라고 판정한 가운데 정답을 맞힌 비율
- 재현율 : 실제로 양성 혹은 음성이었던 값에 대해 정답을 맞힌 비율

의사결정 트리 모델을 활용해보자!

데이터 과학자는 의사결정 트리 모델을 활용해 데이터에서 법칙을 찾아냄으로써 판별 문제의 결과를 추측한다.

● **데이터에서 법칙을 찾아내서 판별 문제를 푸는 순서**
- 순서1 : 데이터 항목을 확인하고, 대략적인 가설을 세워보자
- 순서2 : 데이터를 관찰하고, 비정형 데이터가 없는지 확인하자
- 순서3 : 데이터에서 법칙을 찾아내자
- 순서4 : 데이터에서 찾은 법칙에 적용해 추측하자

제 6 장

데이터를 보고
예측하는 힘을 기른다

이 장에서는 데이터를 보고 예측하는 힘을 길러봅시다. 비즈니스 현장에서는 **미지의 숫자를 검토하는 힘**이 필요합니다. 예를 들어 편의점이나 마트 등에서는 미래의 매출을 예측해서 발주량을 최적화하고, 식품 폐기 손실을 줄여야 하지요.

미지의 숫자를 검토하기 위해서는 데이터를 보고 예측하는 트레이닝을 해야 합니다. 6-1에서는 **수치 데이터의 관계성을 인식하는 방법**을 설명합니다. 6-2에서는 데이터를 보고 예측할 때 중요한 **내삽과 외삽**을, 6-3에서는 **데이터에 치우침이 있는 경우 무엇을 주의해야 하는지** 설명합니다. 6-4에서는 **시계열 데이터를 다루는 방법**을 설명합니다. 마지막으로 6-5에서는 **데이터를 보고 예측하는 순서**를 다뤄보겠습니다.

〈제6장 퀴즈〉

6-1. 수치 데이터의 관계성을 확인하자!

퀴즈1: 수치 데이터의 관계성을 확인하는 방법을 배운다

퀴즈2: 수치 데이터의 관계성이 좁혀지지 않을 때의 대처 방법을 배운다

퀴즈3: 수치 이외의 데이터와의 관계성을 확인하는 방법을 배운다

6-2. 내삽과 외삽에 주의하자!

퀴즈4: 데이터를 보고 예측할 때 주의해야 할 내삽과 외삽을 배운다

6-3. 데이터의 치우침에 주의하자!

퀴즈5: 데이터에 치우침이 있을 때의 주의사항을 배운다

6-4. 시간 변화에 주목하자!

퀴즈6: 시계열 데이터의 트렌드와 주기성을 배운다

6-5. 데이터를 보고 예측하자!

퀴즈7~9: 데이터를 보고 예측하는 순서를 배운다

6-1. 수치 데이터의 관계성을 확인하자!

데이터 과학자는 **주어진 숫자 안에서 관계성을 찾아내고, 찾아낸 관계성을 적용함으로써 미지의 수치를 예측합니다.** 예를 들어 과거의 판매 실적 데이터나 거래 이력 데이터를 보고 상품 수요를 예측하기 위한 관계성을 찾아내 발주 관리나 재고 관리, 생산 계획에 활용하지요. 또, 시설의 이용 실적 데이터나 고객 모집 실적 데이터를 보고 이용객 수를 예측하기 위한 관계성을 찾아내서 고객 모집을 위한 캠페인을 기획하거나 다이내믹 프라이싱 등에 활용합니다.

여기서는 데이터 과학자가 **어떤 식으로 데이터와 마주하고, 수치 데이터의 관계성을 파악하는지** 확인해봅시다.

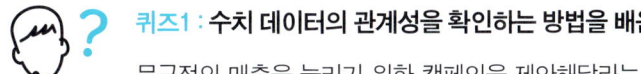

퀴즈1 : **수치 데이터의 관계성을 확인하는 방법을 배운다**

문구점의 매출을 늘리기 위한 캠페인을 제안해달라는 부탁을 받았습니다. 그런데 문구점에서 받은 데이터를 확인해봤더니 연필 가격 데이터에 빠진 부분이 있었습니다. 연필 자루 수와 가격의 관계성으로 봤을 때, 빈칸에 들어갈 연필 4자루의 가격은 선택지 가운데 어느 것입니까? 단, 대량 구매에 따른 할인은 없다고 하겠습니다.

연필 자루 수와 가격

자루 수	1자루	2자루	3자루	4자루	5자루	6자루
가격	50엔	100엔	150엔		250엔	300엔

❶ 180엔　❷ 200엔　❸ 240엔

정답 _____

[해설] 주어진 수치 데이터에서 결측 부분을 채우는 퀴즈입니다. 연필 자루 수와 가격의 관계성을 찾음으로써 연필은 한 자루에 50엔이라는 사실을 알 수 있습니다. 따라서 연필 네 자루의 가격은 50엔×4자루=200엔입니다.

【정답 : ❷】

이 문제는 너무 쉬웠나요? 그러면 다음 퀴즈2를 풀어보시기 바랍니다.

퀴즈2 : 수치 데이터의 관계성이 좁혀지지 않을 때의 대처 방법을 배운다

어느 기계에 탑재된 센서X와 센서Y의 값에는 다음 표와 같은 관계성이 있습니다. 센서X의 값이 3~5일 때, 센서Y의 값은 각각 어떻게 될까요?

센서X와 센서Y 값의 관계성

센서X	0	1	2	3	4	5
센서Y	1	2	4			

❶ 8, 16, 32
❷ 6, 8, 10
❸ 7, 11, 16

정답 _____

 **[해설]** 이 문제 역시 퀴즈1과 마찬가지로 주어진 수치 데이터에서 관계성을 발견하고, 그것을 사용해 빈칸을 채우는 퀴즈입니다. 센서Y는 어떤 값이 될까요? 사실 모든 선택지가 정답입니다. 센서X와 센서Y 값 사이에 어떤 관계성을 생각할 수 있는지 확인해 봅시다.

먼저 많은 분이 알아차릴 관계성은 '2의 거듭제곱'이 아닐까 싶습니다. 이 관계성을 적용해서 생각하면 센서X의 값이 3일 때는 2^3=8, 센서X의 값이 4일 때는 2^4=16, 센서X의 값이 5일 때는 2^5=32가 됩니다.

2의 제곱 : $Y=2^X$

센서X	0	1	2	3	4	5
센서Y	1	2	4	8	16	32
	2^0	2^1	2^2	2^3	2^4	2^5

이것 외에도 '초깃값 1에 홀수를 더해 나간다'는 관계성도 생각할 수 있습니다. 이 관계성을 적용해 생각하면 센서X의 값이 3일 때는 1+5=6, 센서X의 값이 4일 때는 1+7=8, 센서X의 값이 5일 때는 1+9=10이 됩니다.

초깃값1에 홀수를 더해 나간다

센서X	0	1	2	3	4	5
센서Y	1	2	4	6	8	10

+1, +3, +5, +7, +9

또, '하나 앞의 Y에 X의 값을 더해 나간다'는 관계성도 생각할 수 있습니다.

이 관계성을 적용해 생각하면 센서X의 값이 3일 때는 4+3=7, 센서X의 값이 4일 때는 7+4=11, 센서X의 값이 5일 때는 11+5=16이 됩니다.

하나 앞의 Y에 X의 값을 더해 나간다 : $Y_n = Y_{n-1} + X_n$

센서X	0	1	2	3	4	5
센서Y	1	2	4	7	11	16

+1 +2 +3 +4 +5

【정답 : ❶·❷·❸】

퀴즈2에서 살펴봤듯 얼마 안 되는 데이터에서 데이터 사이의 관계성을 유추하는 일은 어려워서 주어진 데이터에서 멀어지면 멀어질수록 예상되는 관계성에 따라 값이 크게 달라진다는 사실을 알 수 있습니다.

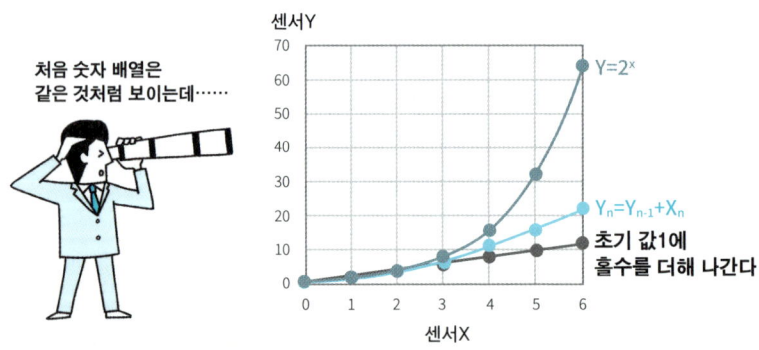

각각의 관계성을 적용한 경우의 센서Y의 값

처음 숫자 배열은 같은 것처럼 보이는데……

$Y = 2^x$

$Y_n = Y_{n-1} + X_n$

초기 값 1에 홀수를 더해 나간다

이처럼 **주어진 데이터로부터는 관계성을 좁히는 일이 불가능한 경우도 있다**는 사실을 기억합시다.

■ 수치 이외의 데이터와의 관계성을 확인한다

퀴즈1과 퀴즈2에서 주어진 데이터에서 관계성을 찾아 빈칸을 메꾸는 퀴즈를 풀었는데, 조금 더 어려운 퀴즈를 내보겠습니다. 도전해보시기를 바랍니다.

> **퀴즈3 : 수치 이외의 데이터와의 관계성을 확인하는 방법을 배운다**
>
> 최근 기계 고장이 늘고 있어서 수리 기록 데이터를 통해 고장 경향을 파악해서, 고장을 줄이는 방법을 생각해보기로 했습니다. 그런데 수리 기록은 디지털화되어 있지 않고, 종이에 수기로 기록한 것만 남아 있었습니다.
>
> 그래서 수기로 된 관리 기록을 우선 데이터화하려 했는데, 글씨가 깔끔하지 않아서 출하 연월일 판단이 서지 않는 부분이 있었습니다. 빈칸의 출하 연월일로 알맞은 것은 다음 선택지 가운데 어느 것일까요?
>
> **기계 수리 기록**
>
> | 수리일 | 제조 번호 | 출하 연월일 | 수리 내용 |
> |---|---|---|---|
> | 2022년 3월 18일 | 01017 | 2015년 4월 21일 | 인터페이스 기반 불량 교환 |
> | 2022년 3월 2일 | 02392 | 2016년 5월 15일 | 제어 기반 불량 교환 |
> | 2022일 1월 29일 | 03108 | 2017년 1월 27일 | 구동부 헐거움 조정 |
> | 2021년 12월 14일 | 01451 | 2015년 8월 1일 | 인터페이스 기반 불량 교환 |
> | 2021년 11월 19일 | 02115 | | 제어 기반 불량 교환 |
> | 2021년 5월 11일 | 00782 | 2014년 12월 17일 | 전원 유닛 불량 교환 |
>
> ❶ 2016년 2월 14일 ❷ 2015년 7월 14일 ❸ 2016년 7월 14일
>
> 정답 _____

[해설] 수리 기록을 보면 출하 연월일이 제조 번호순으로 되어 있는 것 같습니다. 제조한 순서에 따라 제조 번호를 붙이는 것은 매우 그럴듯한 방법입니다. 출하 연월일을 읽지 못한 다섯

번째 수리 기록의 제조 번호는 '02115'였기 때문에 네 번째 것(제조 번호: 01451)보다 새롭고, 두 번째 것(제조 번호: 02392)보다 오래되었을 거라 추측됩니다. 이 사실로부터 다섯 번째 기계는 네 번째 기계(출하: 2015년 8월 1일)와 두 번째 기계(출하: 2016년 5월 15일) 사이에 제조된 기계라고 추측할 수 있습니다. 선택지 가운데 이 조건을 충족하는 것은 '① 2016년 2월 14일'입니다.

기계 고장 원인을 분석하기 위함이므로 자기도 모르게 수리일이나 수리 내용에 눈이 가기 쉽지만, **한 발짝 떨어져서 데이터 전체를 바라보면서 데이터끼리의 관계성이 없는지를 살펴보는 것**이 중요합니다. 데이터 전체에서 관계성을 찾음으로써 유익한 아이디어를 얻는 경우도 적지 않습니다.

【정답 : ❶】

6-2. 내삽과 외삽에 주의하자!

데이터 과학자는 **주어진 수치 데이터 안에서 관계성을 찾아내서 예측에 활용합니다.** 이 수치 데이터에서 찾아낸 관계성은 비슷한 데이터라면 언제든지 적용할 수 있을까요? 다음 퀴즈를 생각해봅시다.

> **퀴즈4 : 데이터를 보고 예측할 때 주의해야 할 내삽과 외삽을 배운다**
>
> 술집 점원인 당신은 캔맥주 판매 가격을 정하는 일을 맡게 되었습니다. 그래서 먼저 과거의 판매 가격과 판매 개수의 관계성을 조사해, 가격을 215엔 혹은 155엔으로 정했을 때의 판매 개수가 어느 정도 될지 생각해보기로 했습니다. 각각의 판매 개수는 어느 정도가 될 것으로 예상되나요?
>
> **캔맥주 가격과 판매 개수**
>
> | 가격 | 155엔 | 185엔 | 200엔 | 215엔 | 230엔 | 245엔 |
> |---|---|---|---|---|---|---|
> | 판매 개수 | | 550개 | 500개 | | 400개 | 350개 |
>
> 캔맥주 가격이 215엔일 때의 판매 개수
> ❶ 600개   ❷ 450개   ❸ 400개
>
> 캔맥주 가격이 155엔일 때의 판매 개수
> ❶ 650개   ❷ 750개   ❸ 모른다
>
> 정답 _____

[해설] 캔맥주 가격과 판매 개수의 관계성을 보면 가격이 15엔 내려갈 때마다 판매 개수가 50개씩 늘어난다는 사실을 알 수 있습니다. 캔맥주 가격이 200엔일 때의 판매 개수는 500개,

230엔일 때의 판매 개수는 400개이기 때문에 215엔일 때의 판매 개수는 '②
450개'라고 추측할 수 있습니다.

그렇다면 가격이 155인 경우의 판매 개수는 어떻게 될까요? 이 퀴즈를 데이
터 과학자에게 풀게 하면 가격이 155엔인 경우의 판매 개수는 '③모른다'라고
답할 겁니다.

데이터 과학자는 왜 '모른다'고 답할까요? 가격이 15엔 내려갈 때마다 판매
개수가 50개씩 늘어난다는 관계성을 단순하게 적용하면 185엔보다 가격이
30엔 내려갔기 때문에 판매 개수는 550개에서 100개 늘어서 650개가 될 것
같은데 말이지요.

하지만 그렇게 단순하게 생각해서는 안 됩니다. 어쩌면 평소보다 큰 폭으로
싸게 판매한 탓에 소비자의 사재기를 부추겨서 상상 이상으로 엄청난 양의
맥주가 팔릴지도 모릅니다. 아니면 반대로 '무슨 이유가 있어서 싸게 파는 게
아닐까?' 하고 의심하는 사람이 많아서 예상외로 안 팔릴지도 모릅니다. 때
문에 데이터 과학자는 이번 데이터만 가지고는 가격이 155엔인 경우의 판매
개수를 '모른다'고 답할 것입니다.

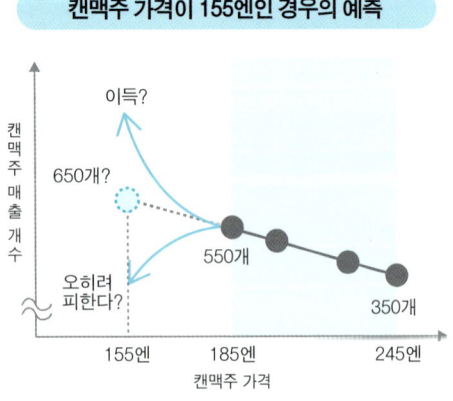

캔맥주 가격이 155엔인 경우의 예측

【정답 : 215엔인 경우 ❷, 155엔인 경우 ❸】

■ **데이터를 보고 찾아낸 관계성을 적용할 수 있는 경우와 적용할 수 없는 경우**

퀴즈4에서 살펴봤듯 수치 데이터에서 찾아낸 관계성을 **적용할 수 있는 경우와 적용할 수 없는 경우**가 있습니다. 이는 어떻게 판단하면 좋을까요? 퀴즈4를 예로 생각해봅시다.

먼저 캔맥주 가격이 215엔인 경우를 생각해보겠습니다. 다음 그림에 나타낸 것처럼 데이터에서는 '가격이 15엔 내려갈 때마다 판매 개수가 50개씩 늘어난다'는 관계성을 찾아낼 수 있었습니다. 이 관계성을 이용하면 215엔인 경우의 판매 개수는 450개라고 생각할 수 있습니다. 또, 215엔이라는 가격은 200엔과 230엔 사이에 있기 때문에 215엔인 경우의 판매 개수는 200엔인 경우(판매 개수:500개)보다 적고, 230엔인 경우(판매 개수:400개)보다 많다고 생각할 수 있습니다.

이로부터 215엔으로 판매했을 때의 판매 개수에 대해서는 데이터에서 찾아낸 '가격이 15엔 내려갈 때마다 판매 개수가 50개씩 늘어난다'는 관계성을 적용할 수 있을 것 같습니다.

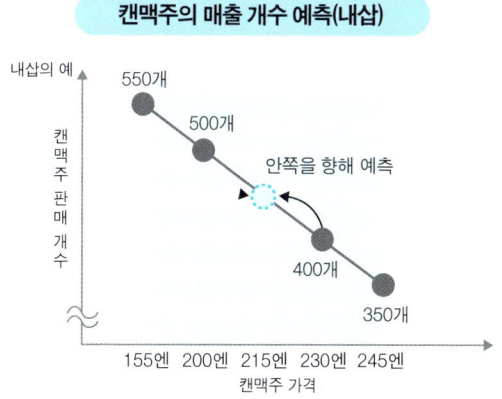

이처럼 미지의 데이터가 이미 알고 있는 데이터 사이에 있는 경우, **이미 알고**

있는 데이터에 둘러싸인 안쪽을 향해 미지의 데이터를 예측하게 됩니다. 이 안쪽을 향해 예측하는 것을 '**내삽**'이라고 부르며, 많은 경우 데이터에서 찾아낸 관계성을 적용함으로써 그럴듯한 예측을 할 수 있습니다. 데이터 과학자는 이 내삽에 따라 미지의 수치를 예측합니다.

이어서 캔맥주 가격이 155엔인 경우를 생각해봅시다. 다음 그림처럼 '가격이 15엔 내려갈 때마다 판매 개수가 50개씩 늘어난다'는 관계성을 그대로 적용하면 판매 개수는 650개라고 예측할 수 있습니다.

그런데 이 예측은 그럴듯한가요? 평소보다 큰 폭으로 가격 할인을 했기 때문에 이득이라고 생각하는 사람이 많아서 어쩌면 상상 이상으로 잘 팔릴지도 모릅니다. 반대로 '싸게 판매하는 데는 어떤 이유가 있는 게 아닐까?' 하고 의심해, 오히려 피하는 손님도 있을지 모릅니다. 가격이 215엔일 때의 예측에 비하면 자신 있게 예측하기가 어렵습니다.

예를 들어 가격이 155엔보다 싼 '140엔'일 때의 데이터가 있으면 힌트가 될 수 있겠지만, 이번에는 데이터가 없습니다. 데이터에서 찾은 '가격이 15엔 내려갈 때마다 판매 개수가 50개씩 늘어난다'는 관계성을 적용함으로써 그럴듯한 판매 개수를 예측하기는 어려울 것 같습니다.

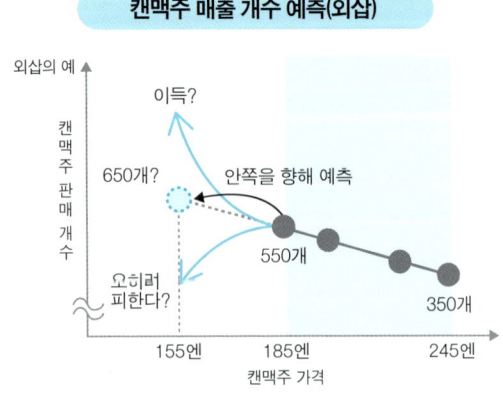

이처럼 미지의 데이터가 이미 알고 있는 데이터의 바깥쪽에 있을 때, **이미 알고 있는 데이터로부터 바깥쪽을 향해 미지의 데이터를 예측**하게 됩니다. 이를 '**외삽**'이라고 부르며, 이럴 경우 데이터에서 찾아낸 관계성을 적용해도 그럴듯한 예측은 어렵다고 알려져 있습니다.

데이터 과학자는 데이터에서 찾아낸 관계성을 적용할 때 그것이 **내삽인지 외삽인지에 주의를 기울입니다.** 이미 알고 있는 데이터에서 바깥쪽을 향해 외삽으로 예측한 경우는 그럴듯한 예측이 어려워진다는 사실을 알아야 합니다.

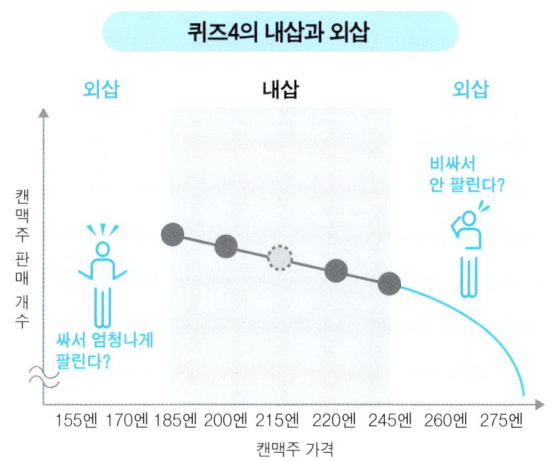

■ 외삽에 의한 예측 예

외삽이 무엇인지 조금 더 감을 잡기 위해 외삽의 예를 두 가지 더 살펴봅시다.

▶ 외삽의 예1 : 기말고사 공부 시간과 점수

'기말고사에서 90점 이상을 받으면 게임기를 사주겠다'는 말을 들은 당신은 몇 시간 공부하면 90점을 받을 수 있을지 예측해서 필요 최소한의 시간으로 공부해서 게임기를 손에 넣으려고 합니다. 과거 시험공부 시간과 시험 점수는 다음 표와 같았습니다. 2시간 공부할 때마다 점수는 20점씩 좋아졌습니다. 그래서 당신은 6시간 공부하면 90점을 받을 수 있을 것으로 생각하고, 6시간 공부한 뒤 시험을 봤습니다. 하지만 결과는 85점으로 안타깝게도 게임기를 손에 넣지 못했습니다.

기말시험 공부 시간과 시험 점수

공부 시간	0시간	2시간	4시간	?시간
시험 점수	30점	50점	70점	90점

'2시간 공부할 때마다 점수가 20점씩 좋아진다'는 데이터의 관계성으로부터 6시간 공부하면 90점을 맞을 수 있다고 예측했습니다. 하지만 이미 알고 있던 데이터는 공부 시간이 0~4시간이기 때문에 6시간 공부하면 90점을 받을 수 있다는 예측은 이미 알고 있던 데이터의 바깥쪽을 향해 예측하는 '외삽'이 됩니다. 그렇기 때문에 데이터에서 찾아낸 관계성을 적용해서 그럴듯한 예측을 할 수 없습니다. 공부를 많이 할수록 점수가 올라가느냐 하면, 꼭 그렇지는 않습니다. 공부를 많이 해도 실수를 해서 점수가 오르지 못하는 경우도 흔히 있으니까요.

▶**외삽의 예2 : 강수량과 하천 수위**

당신은 한 자치단체의 직원으로 홍수에 대비해 강수량과 하천 수위의 관계를 조사했습니다. 과거 큰비가 내렸을 때의 강수량은 다음 표와 같았습니다. 여기서 강수량이 100mm 늘 때마다 수위가 1.5m 높아진다는 관계성을 발견했습니다.

하지만 이 관계성을 그대로 적용해보면 강수량이 0mm일 때의 수위는 -0.5m가 된다는 사실을 깨달았습니다. 이는 실제로는 있을 수 없는 수위입니다. 비가 오지 않을 때의 수위를 실제로 재보니 0.3m였습니다. 결국 당신은 데이터에서 찾은 관계성을 단순하게 적용할 수는 없다는 판단을 내렸습니다.

강수량과 하천의 수위

강수량	0mm	100mm	200mm	300mm	400mm
하천 수위	?m	1m	2.5m	4m	5.5m

예시에서는 강수량이 100~400mm인 데이터에서 찾아낸 관계성을 이미 아는 데이터의 바깥쪽 '비가 내리지 않을 때'를 예측할 때 사용하려고 했으나 이 역시 외삽으로 그럴듯한 수치를 예측할 수 없습니다.

이처럼 외삽으로 예측했을 때, **실제로는 말도 안 되는 예측 결과**가 나오는 경우가 흔히 있습니다. 예를 들어 상품 판매 예측 결과나 기계 고장 예측 건수가 마이너스가 되는 경우가 있지요. 실제로는 있을 수 없는 예측 결과가 나왔다면 외삽이 되지는 않았는지 확인해야 합니다.

6-3. 데이터의 치우침에 주의하자!

퀴즈4에서는 수치 데이터에서 찾아낸 관계성을 적용할 수 있는 경우(내삽)와 적용할 수 없는 경우(외삽)에 관해 배웠습니다. 수치 데이터에서 발견한 관계성을 적용할 때 '내삽/외삽' 외에도 또 한 가지 주의할 점이 있습니다. 바로 **관계성을 찾아내기 위해 사용한 데이터의 치우침에 주의하는 것**입니다.

데이터 과학자는 수치 데이터의 관계성을 확인할 때 데이터에 치우침이 없는지 항상 확인합니다. 치우친 데이터에서 찾아낸 관계성은 적용할 수 있는 범위가 제한적일 때가 있기 때문이지요. 여기서는 데이터에 치우침이 있을 때, 데이터에서 찾아낸 관계성을 어떻게 활용할 수 있는지를 살펴봅시다.

퀴즈5 : 데이터에 치우침이 있을 때의 주의사항을 배운다

당신은 어떤 사람이 경영하는 편의점의 매출 데이터를 분석하고 있습니다. 요일별 판매 경향을 조사하고자 대상이 되는 총 27개 점포 가운데 무작위로 4개 점포를 골라 요일별 평균 매출을 확인하기로 했습니다. D단지 3번가 지점의 평균 매출로 상정되는 값을 고르십시오.

요일별 평균 매출

점포	평균 매출(천 엔)						
	월요일	화요일	수요일	목요일	금요일	토요일	일요일
A전기 본사 빌딩점	500	540	520	500	540	270	250
B은행 본사 빌딩점	1,100	1,200	1,200	1,100	1,200	600	550
C상사 본사 빌딩점	800	820	800	820	800	410	400
D단지 3번가 지점	500	520	500	520	500		

❶ 토요일 : 260, 일요일 : 250
❷ 토요일 : 520, 일요일 : 500
❸ 토요일 : 150, 일요일 : 140

정답 _____

[해설] 무작위로 고른 A전기 본사 빌딩점, B은행 본사 빌딩점, C상사 본사 빌딩점 3점포의 평균 매출을 확인해보면 휴일(토요일과 일요일) 매출이 평일(월요일~금요일) 매출의 절반 정도입니다. 이 데이터에서 찾아낸 관계성을 그대로 적용하면 D단지 3번가 지점은 선택지 '① 토요일 : 260, 일요일 : 250'이 정답이 될 것처럼 보입니다.

하지만 모든 점포가 휴일에 평일 매출의 절반밖에 안 된다는 것은 왠지 이상합니다. 곰곰이 생각해보면 해당 세 점포는 모두 오피스 빌딩 안에 있는 것 같습니다. 휴일 매출이 평일 매출에 비해 큰 폭으로 떨어지는 것은 점포의 입지 탓이라 생각할 수 있습니다.

한편 D단지 3번가 지점은 점포 이름으로 판단했을 때 주택 단지 내에 있는 점포라 추측할 수 있습니다. 주택 단지에 있는 점포라는 사실을 염두에 두고 생각하면, 평일과 휴일 매출에 큰 차이는 없으리라 생각됩니다. 따라서 답은 ②입니다.

【정답 : ❷】

■ 데이터에 치우침이 없는지 확인한다

이번에는 전체 27개 점포 가운데 무작위로 4개 점포를 골라내 요일별 평균 매출을 확인했습니다. 그 결과, 1개 점포만 매출 경향이 다른 점포가 섞여 있었습니다. 혹시 몰라서 전체 27개 점포의 입지를 조사해봤더니 다음 표와 같았습니다.

입지별 점포 수

입지	점포 수
오피스 빌딩	17
상업 시설	3
주택 단지	3
기타·불명	4
합계	27

이 주인이 경영하는 편의점 점포는 '오피스 빌딩'에 있는 점포가 있는가 하면 '상업 시설'에 있는 점포도 있습니다. 이번에 추출된 D단지 3번가 지점처럼 '주택 단지'에 있는 점포도 있는 것 같습니다. 무작위로 4개 점포를 추출했는데, 우연히 오피스 빌딩 안에 있는 점포가 많이 추출된 걸까요?

전체 27개 점포의 입지 표를 다시 확인해보면 우연히 오피스 빌딩에 자리 잡은 점포가 많이 추출된 것이 아니라 이 주인이 경영하는 편의점 점포 대부분이 오피스 빌딩에 자리 잡은 점포(전체 27개 점포 가운데 17개 점포)라는 사실을 알 수 있습니다. 따라서 무작위로 추출한다고 하더라도 오피스 빌딩에 자리 잡은 점포가 다수 추출된 것입니다.

퀴즈5의 데이터에서 확인할 수 있었던 '휴일 매출은 평일 매출의 절반 정도'라는 관계성의 배후에는 '오피스 빌딩 안에 있는 점포가 많다'는 데이터의 치우침이 있었습니다. 따라서 이 관계성은 오피스 빌딩에 있는 점포에는 적용되지만, 상업 시설이나 주택 단지에 있는 점포에는 그대로 적용할 수 없습니다

이처럼 **데이터의 관계성을 확인할 때는 그 관계성의 배후에 데이터의 치우**

침이 없는지 주의할 필요가 있습니다. 만약 데이터에 치우침이 있을 때는 **관계성을 적용할 수 있는 범위에 제한이 생길 가능성이 있다는 사실을 알아두어야 합니다.**

데이터에 치우침이 있는 또 하나의 사례를 살펴봅시다.

■**식료품점의 캠페인 실패**

어느 마트 점장이 방문 고객을 늘리기 위해 새로운 캠페인을 기획하려 합니다. 마트를 이용하는 손님에게 앙케트를 실시하고, 그 앙케트 결과를 참고해 캠페인 내용을 기획하기로 했습니다.

마침 올해부터 포인트 부여 기능이 있는 스마트폰 앱으로 회원을 모집하기 시작했기에, 이 스마트폰 앱을 사용해서 앙케트를 실시하기로 했습니다. 점장은 스마트폰 앱을 통해 앙케트 데이터를 모으면 종이 앙케트에 기재한 내용을 표 계산 소프트에 다시 입력해야 하는 번거로움도 없으니 괜찮은 아이디어라고 생각했습니다.

앙케트에서는 '휴일에 기분을 내고 싶을 때 어떤 음식을 먹고 싶나요?'라는 질문을 하기로 했습니다. 앙케트를 실시한 결과 300명의 회원이 응답했고, 다음 표와 같은 데이터를 모을 수 있었습니다. 성별, 연령대, 먹고 싶은 음식 종류와 자유로운 의견을 받았습니다.

앙케트 결과(일부 발췌)

회원 번호	성별	연령대	종류	코멘트
00623	여성	20대	고기	몸에 좋은 고기를 먹고 싶다
00899	남성	30대	고기	혼자 먹어도 고기는 맛있다
01732	남성	40대	생선	가족들과 초밥을 만들어 먹고 싶다
02199	남성	20대	고기	두꺼운 스테이크는 건강의 원천
02366	여성	40대	채소	평소에 못 사는 특이한 채소를 먹어보고 싶다
02433	여성	40대	고기	가족과 고기를 구워 먹는 게 정석
03821	여성	30대	반찬	로스트비프 등 특별한 느낌이 나는 요리
...	...	...	...	...

앙케트 결과를 집계해보니 고기 종류를 원하는 사람이 압도적으로 많다는 사실을 알게 되었습니다.

먹고 싶은 음식 종류 응답 비율

음식 종류	응답 비율
고기	43.5%
생선	18.1%
채소	2.9%
과일	5.6%
유제품	12.8%
반찬	9.5%
기타	7.6%

다음 달 달력을 확인했더니 29일(29와 고기의 일본어 발음이 '니쿠(にく)'로 같다는 것을 이용한 말장난에서 시작된 고기 먹는 날— 옮긴이 주)이 마침 도요일이었습니다. 그래서 스테이크용과 구이용 고기 종류를 중심으로 캠페인을 기획해 29일에 '행복한 고기의 날 세일'이라는 이름을 내걸고 대대적으로

홍보했습니다. 그런데 막상 당일이 되어도 손님들 반응이 영 신통치 않아서 들어온 상품 일부를 다음 날 할인 판매하게 되었지요.

캠페인이 끝난 뒤 점장은 이번 캠페인이 실패한 원인이 궁금해졌습니다. 캠페인 당일에 현장에 있던 직원에게 확인해보니 주로 고령의 손님에게 '오늘은 고기만 많고, 생선 종류가 적다'는 의견이 적잖이 있었다는 사실을 알게 되었습니다.

이 마트에서는 예전부터 물건을 구입하면 포인트를 쌓을 수 있는 포인트 제도를 실시해 왔습니다. 포인트 회원 중에는 스마트폰 앱 회원 외에 포인트 카드로 포인트를 모으는 포인트 카드 회원도 있습니다. 스마트폰 앱 회원은 젊은 회원층이 중심으로, 고령층 손님은 거의 사용하지 않습니다.

앙케트를 통해 모은 '고기 종류를 원하는 사람이 많다'는 결과는 마트를 방문하는 손님의 연령 구성을 반영하지 않고, 일부 젊은 층의 결과만을 추출했던 것입니다. 때문에 '행복한 고기의 날 세일'은 실패로 끝나고 말았습니다.

이러한 데이터의 치우침은 종종 일어납니다. 예를 들어 상품에 관한 앙케트를 하면 긍정적이든 부정적이든 '상품에 대한 의견이 있는' 사람의 의견만 모입니다. 한편 '그럭저럭 만족하고 있기 때문에 굳이 의견을 말할 정도는 아닌' 사람의 의견은 잘 모이지 않습니다.

또, 자동차를 바꾸려는 손님에게 지금까지 타던 차의 장단점을 물어도 불만의 목소리는 제대로 모이지 않을 수 있습니다. 지금 타는 차에 큰 불만이 있는 손님은 아예 다른 회사의 차로 바꿀 테니 자사 판매점에는 방문하지 않을 가능성이 높기 때문입니다.

이처럼 데이터의 관계성을 확인할 때는 어쩌면 **입수한 데이터에 치우침이 있을지도 모른다**는 마음을 먼저 가져보면 좋습니다. 데이터의 치우침에 현혹되지 않으려면 **데이터에서 찾아낸 관계성을 상식이나 도메인 지식에 비춰 보고, 조금이라도 위화감이 있으면 확인**하는 습관을 들어야 합니다.

또, 데이터의 관계성을 확인할 때는 데이터의 치우침뿐 아니라 **데이터 수에도 주의**해야 합니다. 특히 데이터의 수가 지나치게 적은 경우, 데이터에서 찾아낸 관계성은 거의 쓸모가 없습니다.

예를 들어 여러분 지인 중에 사토 씨가 두 명 있는데, 두 사람 모두 매운 음식을 좋아한다고 해봅시다. 두 명인 사토 씨의 취향에서 '사토라는 성을 가진 사람은 매운 음식을 좋아한다'는 관계성을 찾아낼 수 있습니다. 하지만 단 두 사람의 데이터에서 얻은 '사토 씨는 매운 음식을 좋아한다'는 관계성을 바탕으로 '내가 모르는 모든 사토 씨도 매운 음식을 좋아한다'는 결론을 내릴 수는 없겠지요. 어쩌다가 지인인 사토 씨 두 사람이 매운 음식을 좋아한다는 사실만으로 지인이 아닌 사토 씨에게도 이 관계성을 적용할 수는 없습니다.

이처럼 **데이터가 극단적으로 적은 경우에는 데이터에서 찾아낸 관계성이 다른 데이터에 제대로 적용되지 않을 수 있기에 주의가 필요합니다.**

6-4. 시간 변화에 주목하자!

지금까지 수치 데이터에서 찾아낸 관계성을 적용해 예측하는 방법을 배웠습니다. 다음은 시계열 데이터의 시간 변화에 주목해 **미래의 숫자를 예측하는 방법**을 배워보겠습니다.

데이터 과학자는 마트 매출 예측이나 주식 예측 등 시계열 데이터에서 미래의 숫자를 예측하고 싶다는 요청을 자주 받습니다. 데이터 과학자가 어떤 관점에서 시계열 데이터를 확인하는지 살펴봅시다. 다음 퀴즈를 풀어보시기를 바랍니다.

> 퀴즈6 : **시계열 데이터의 트렌드와 주기성을 배운다**
>
> 당신은 부동산 회사 직원입니다. 관리하는 오피스 빌딩의 전기요금을 줄이기 위해 전기 회사와의 계약 메뉴 변경을 생각하고 있습니다. 공급 전력의 범위를 줄여서 요금을 낮추는 메뉴가 있었는데, 만약 전력 소비가 그 범위를 넘으면 고액의 페널티를 물어야 하는 구조인 것 같습니다. 페널티를 빈번하게 물게 되면 요금이 저렴한 메뉴로 변경하는 의미가 없습니다.
>
> 당신은 어느 정도의 빈도로 페널티가 발생할 것 같은지 관리하는 오피스 빌딩의 소비 전력량을 예측해보기로 했습니다. 최근 5일 사이의 평일 소비 전력량은 다음 표와 같았습니다. 일기예보에 따르면 내일 최고 기온은 34℃가 된다고 합니다. 8월 4일(수요일)의 소비 전력량은 선택지 가운데 무엇일까요?

오피스 빌딩 평일 시간대별 소비 전력량

소비 전력량(kWh)	7/28 (수)	7/29 (목)	7/30 (금)	8/2 (월)	8/3 (화)	8/4 (수)
0시~6시	3,200	3,100	2,900	3,000	3,100	
6시~12시	7,700	7,200	6,700	7,000	7,400	
12시~18시	11,000	10,400	9,600	10,000	10,600	
18시~24시	6,600	6,300	5,800	6,000	6,400	
1일 합계 소비 전력량	28,500	27,000	25,000	26,000	27,500	

최고 기온(℃)	7/28 (수)	7/29 (목)	7/30 (금)	8/2 (월)	8/3 (화)	8/4 (수)
최고 기온	38	35	31	33	36	34(예상)

선택지

소비 전력량(kWh)	①	②	③
0시~6시	3,600	3,000	2,800
6시~12시	7,800	7,100	10,500
12시~18시	11,700	10,200	7,200
18시~24시	6,900	6,200	6,000
1일 합계 소비 전력량	30,000	26,500	26,500

정답 _____

[해설] 이번 퀴즈에서 대상으로 하는 데이터는 시간대에 따라서 값이 변화하는 시계열 데이터입니다. 먼저 시간대에 따라 소비 전력량이 어떻게 변화하는지 확인해봅시다.

다음 그래프는 6시간마다 소비 전력량을 나타낸 것입니다. 항상 0~6시의 소비 전력량이 가장 적고, 12~18시에 절정을 맞이했디기, 18·24시에는 소비 전력량이 적어지는 사이클을 반복하고 있습니다. 이처럼 시계열 데이터에는 **같은 주기로 변화를 반복하는 '주기성'이 포함**되어 있을 때가 많습니다.

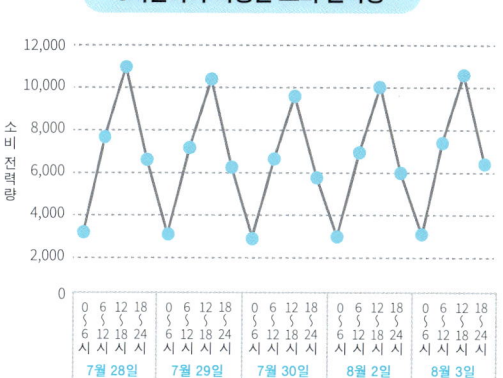

다음으로 하루 합계 소비 전력량에 주목해봅시다. 하루 합계 소비 전력량을 그래프로 그리면 다음 왼쪽 그래프와 같고, 날짜별 최고 기온을 그래프로 그리면 다음 오른쪽 그래프와 같습니다.

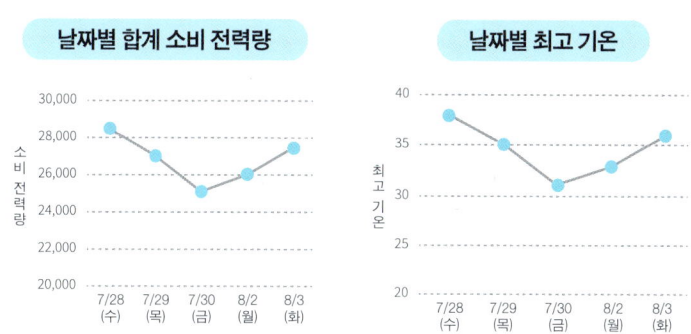

하루 단위로 소비 전력량을 살펴보면 최고 기온에 따라 소비 전력량이 오르내리는 것을 알 수 있습니다. 이처럼 시계열 데이터의 **세세한 변동을 제외한 데이터의 경향을 '트렌드'**라 부릅니다. 대다수 시계열 데이터에는 앞서 살펴본 '주기성'과 '트렌드'가 포함되어 있고, 이를 가미해서 분석을 진행해야 합니다.

하루 합계 소비 전력량과 최고 기온 사이에는 상관관계가 있어 보이므로 산포도를 사용해봅시다.

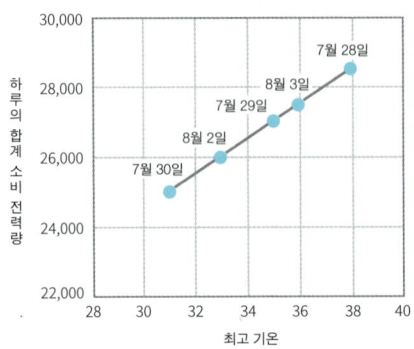

최고 기온과 하루 합계 소비 전력량 사이에는 최고 기온이 1℃ 올라갈 때마다 소비 전력량이 500kWh 늘어나는 관계성이 있어 보입니다. 8월 4일 (수요일)의 최고 기온은 34℃로 예상되기 때문에 1일 합계 소비 전력량은 26,500kWh 정도가 될 거라고 예상됩니다. 선택지 가운데 1일 합계 소비 전력량이 26,500kWh인 것은 ②와 ③입니다.

그러면 ②와 ③의 주기성을 확인해봅시다. 이번 시계열 데이터는 하루를 놓고 보면 0~6시의 값이 가장 적고, 12~18시에 절정을 맞았다가, 18~24시에는 다시 값이 작아지는 사이클을 반복하고 있습니다.

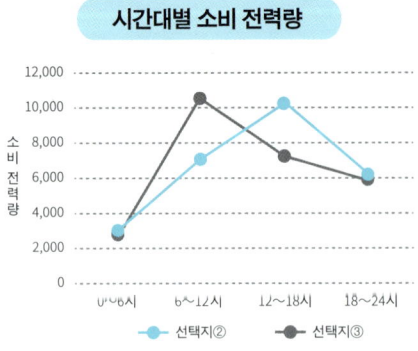

선택지②는 12~18시에 절정을 맞이하는 다른 평일과 같은 주기성이 있습니다. 한편 선택지③은 6~12시에 절정이 있고, 주기성이 다릅니다. 따라서 정답은 ②가 됩니다.

【정답 : ❷】

■시계열 데이터에서는 다양한 변동을 발견할 수 있다

퀴즈6에서 살펴봤듯 시계열 데이터에는 트렌드와 주기성이 포함되어 있습니다. 이번 소비 전력량 데이터에서는 하루 가운데 시간대별 주기성을 확인할 수 있었습니다. 하지만 시계열 데이터의 주기성은 시간대별 변동만이 아닙니다. 계절 변동이나 요일 변동 등 **시계열 데이터에서는 다양한 변동(주기성)을 찾을 수 있습니다.**

퀴즈6에서는 여름 5일 동안의 소비 전력량을 생각했지만, 1년 동안의 소비 전력량 데이터를 입수했다고 생각해봅시다. 여름이나 겨울에는 냉난방을 사용하기 때문에 소비 전력량이 많아지고, 비교적 지내기 편한 봄과 가을은 소비 전력량이 적어지는 '계절 변동'을 발견할 수 있을 겁니다. 또, 오피스 빌딩이라면 평일과 휴일에 소비 전력량이 주기적으로 달라지는 '요일 변동'을 발견할 수도 있겠지요.

시계열 데이터에서 미래의 수치를 예측할 때는 시계열 데이터에 포함되는 주기성을 고려해야 합니다. 주기성을 고려하지 않고 예측하려 하면 제대로 예측할 수 없습니다. 데이터 과학자는 **시계열 데이터에 포함된 '트렌드'와 '주기성'을 고려해서 미래의 수치를 예측합니다.**

6-5. 데이터를 보고 예측하자!

지금까지 수치 데이터의 관계성을 확인하고, 미지의 숫자를 예측하는 방법을 배웠습니다. 마지막으로 데이터 과학자가 어떤 식으로 데이터를 보고 예측하는지 다음 퀴즈를 함께 풀면서 데이터 과학자의 사고 과정을 체험해봅시다.

퀴즈7~9 : 데이터를 보고 예측하는 순서를 배운다

당신은 무역 회사에서 아시아 태평양 마케팅을 담당하고 있습니다. 어느 나라의 마케팅 규모를 조사하기 위해 각 가정의 세대 수입을 조사하기로 했습니다. 18세대에게 앙케트를 실시한 결과, 다음과 같은 결과를 얻었습니다.

세대 수입을 응답해준 세대(15세대)

ID	세대 수입	식비	교육비	세대주 연령	가족 인원	건축물의 경과연수	집의 면적	휴대전화 대수
A씨	47,000	18,000	0	35	2	8	48	2
B씨	74,000	26,000	1,000	58	3	21	20	2
C씨	158,000	55,000	1,300	34	4	14	22	2
D씨	147,000	54,000	15,000	46	6	13	48	3
E씨	135,000	46,000	700	24	2	2	40	1
F씨	192,000	62,000	3,500	31	5	30	40	3
G씨	105,000	35,000	8,700	50	6	23	70	4
H씨	83,000	29,000	0	64	1	9	18	0
I씨	66,000	22,000	400	41	3	22	80	2
J씨	118,000	40,000	10,100	37	5	19	45	2
K씨	176,000	59,000	900	22	3	29	30	2
L씨	96,000	34,000	6,800	148	6	25	40	200
M씨	127,000	42,000	0	60	3	10	30	1
N씨	00,000	27,000	5,800	38	4	11	30	3
O씨	142,000	51,000	4,200	43	5	112	62	4

세대 수입을 응답해주지 않은 세대(3세대)

ID	세대 수입	식비	교육비	세대주 연령	가족 인원	건축물의 경과연수	집 면적	휴대전화 대수
P씨	?	57,000	4,400	45	5	15	24	3
Q씨	?	31,000	1,700	27	3	7	60	2
R씨	?	48,000	0	52	4	24	40	1

앙케트 조사를 실시한 18세대 가운데 15세대는 세대 수입을 응답해주었는데, 3세대는 응답해주지 않았습니다. 그래서 당신은 세대 수입을 응답해준 15세대의 결과를 보고, 응답해주지 않은 3세대의 세대 수입을 예측하기로 했습니다. P씨, Q씨, R씨의 세대 수입은 다음 중 어느 것일까요?

퀴즈7 : 예상되는 P씨의 세대 수입을 고르십시오.
❶ 87,000   ❷ 139,000   ❸ 164,000

정답 _____

퀴즈8 : 예상되는 Q씨의 세대 수입을 고르십시오.
❶ 87,000   ❷ 139,000   ❸ 164,000

정답 _____

퀴즈9 : 예상되는 R씨의 세대 수입을 고르십시오.
❶ 87,000   ❷ 139,000   ❸ 164,000

정답 _____

[해설] 그러면 15세대의 앙케트 결과를 보고 세대 수입의 관계성을 찾아내 각각의 퀴즈 정답을 생각해봅시다.

여기서는 순서1~4의 흐름에 따라 3세대의 세대 수입을 예측해보겠습니다.

순서1 : 데이터 항목을 확인하고, 대략적인 가설을 세워보자
순서2 : 데이터를 관찰하고, 비정형 데이터가 없는지 확인하자

순서3 : 수치 데이터의 관계성을 찾아내자

순서4 : 수치 데이터에서 찾아낸 관계성을 적용해 예측하자

순서1 : 데이터 항목을 확인하고, 대략적인 가설을 세워보자

제5장에서도 배운 대로 데이터 과학자는 **데이터를 입수하면 먼저 데이터의 전체상을 살펴보고 가설을 세웁니다.**

이번 앙케트 조사는 18세대에 실시했으며, 세대 수입을 아는 것이 목적입니다. 앙케트 조사항목으로는 '세대 수입'과 함께 '식비'와 '교육비' 등의 지출, '세대주 연령', '가족 인원' 등 가족에 관한 정보를 묻고 있습니다. 또 '건축물의 경과 연수', '집 면적', '휴대전화 대수'도 묻고 있습니다. 여기서 과제는 **세대 수입을 예측**하는 것이므로 어떤 가설을 세울 수 있을지 생각해봅시다.

퀴즈7~9에서 다루는 앙케트 데이터

예측 대상

세대 수입

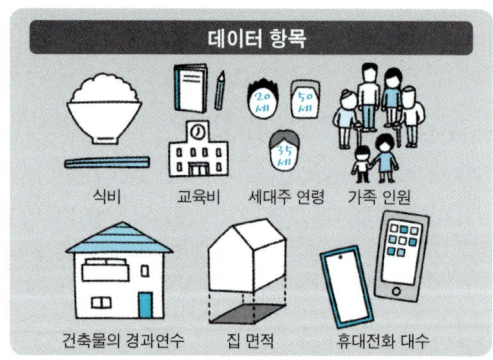

데이터 항목

식비　교육비　세대주 연령　가족 인원

건축물의 경과연수　집 면적　휴대전화 대수

세대 수입과 관련이 있어 보이는 데이터 항목이 있나요? 세대 수입과 식비 사이에는 관련성이 있어 보입니다. 한편 교육비나 휴대전화 대수는 자녀 혹은 가족 인원 수와 관계가 있어 보이지만 세대 수입과 직접적인 관계는 없을 것 같습니다.

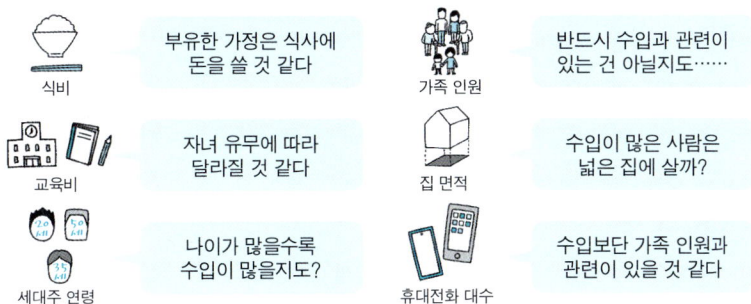

순서2 : 데이터를 관찰하고, 비정형 데이터가 없는지 확인하자

어느 정도 가설을 세웠다면 다음은 실제로 데이터 내용을 확인해봅시다. 각 데이터 항목의 값(값의 범위)을 확인하면서 상이값과 이상값 같은 비정형 데이터가 없는지 확인합니다. 세대 수입을 응답해준 15세대의 각 데이터 항목의 값은 다음과 같습니다.

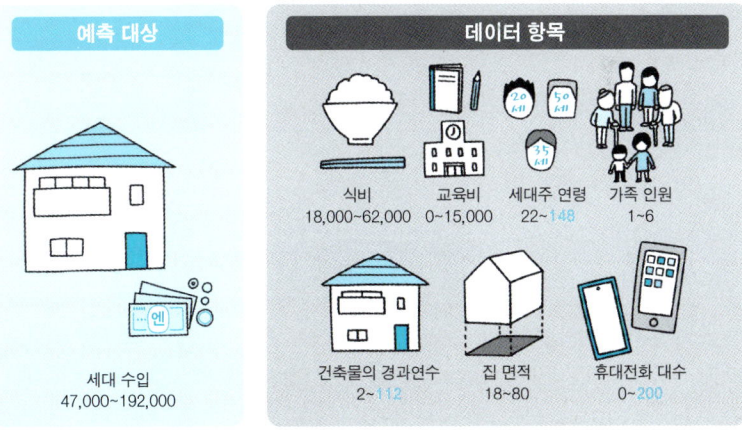

뭔가 문제 있는 항목이나 데이터는 없었나요? 극단적으로 떨어진 값으로 세대주 연령 148세와 건축물의 경과 연수 112년, 휴대전화 대수 200대라는 3가

지가 마음에 걸립니다. 이 3개의 값은 '상이값'인데 '이상값'으로 제외하는 편이 좋은 데이터일까요? 조금 생각해보아야 할 것 같습니다.

먼저 세대주 연령부터 생각해봅시다. L씨의 연령은 148세로 되어 있는데, 2022년을 기준으로 세계 최고령은 119세입니다. 따라서 148세라는 연령은 있을 수 없기 때문에 앙케트에 응답할 때 입력을 실수(이상값)한 것 같습니다.

한편 건축물의 경과 연수 112년은 어떨까요? 이 역시 극단적으로 큰 값이기에 이상값이라고 생각하는 편이 좋을까요? 지은 지 112년 된 집에 사는 O씨는 옛날부터 있는 절에 살고 있다고 생각하면 데이터로서는 문제가 없어 보입니다. 지은 지 100년 이상 된 절은 많이 있으니까요.

휴대전화 200대는 어떤가요? 이는 다른 세대에 비해 극단적으로 떨어진 값이며 세대주 연령을 148세라고 응답한 L씨의 답입니다. 이 역시 앙케트에 응답할 때 입력을 잘못한 것으로 보입니다.

이상값으로 생각할 수 있는 것은?

세대주 연령

이상값

연령 148세는 있을 수 없다
(세계 최고령:119세)

건축물의 경과 연수

상이값

지은 지 112년 된 건물은 있을 수 있다 (절 등)

휴대전화 수

이상값

휴대전화 200대는 이상값

따라서 L씨의 데이터는 이상값으로 간주해서 제거하는 편이 나을 것 같습니다. L씨의 데이터를 제외한 14세대의 앙케트 데이터를 바탕으로 세대별 연수입의 관계성을 찾아보겠습니다.

비정형 데이터를 제외한 앙케트 데이터

ID	세대 수입	식비	교육비	세대주 연령	가족 인원	건축물의 경과연수	집의 면적	휴대전화 수
A씨	47,000	18,000	0	35	2	8	48	2
B씨	74,000	26,000	1,000	58	3	21	20	2
C씨	158,000	55,000	1,300	34	4	14	22	2
D씨	147,000	54,000	15,000	46	6	13	48	3
E씨	135,000	46,000	700	24	2	2	40	1
F씨	192,000	62,000	3,500	31	5	30	40	3
G씨	105,000	35,000	8,700	50	6	23	70	4
H씨	83,000	29,000	0	64	1	9	18	0
I씨	66,000	22,000	400	41	3	22	80	2
J씨	118,000	40,000	10,100	37	5	19	45	2
K씨	176,000	59,000	900	22	3	29	30	2
~~L씨~~	~~96,000~~	~~34,000~~	~~6,800~~	~~148~~	~~6~~	~~25~~	~~40~~	~~200~~
M씨	127,000	42,000	0	60	3	10	30	1
N씨	80,000	27,000	5,800	36	4	11	30	3
O씨	142,000	51,000	4,200	43	5	112	62	4

순서3 : 수치 데이터의 관계성을 찾아내자

다음으로 세대 수입을 예측하기 위한 관계성을 찾아내고자 세대 수입과 각 항목의 관계를 산포도로 확인해봅시다. 데이터 과학자는 **수치 데이터의 관계를 확인할 때 산포도를 활용합니다.**

먼저 식비, 교육비, 세대주 연령, 가족 인원을 확인하겠습니다. 산포도를 보면 세대 수입과 식비 사이에 **강한 양의 상관관계**가 있어 보입니다. 처음에 가설을 세운 것처럼 식비에서 세대 수입을 예측할 수 있을 것 같습니다. 그 외 3개 항목에 대해서는 세대 수입과의 관계성을 찾지 못했습니다.

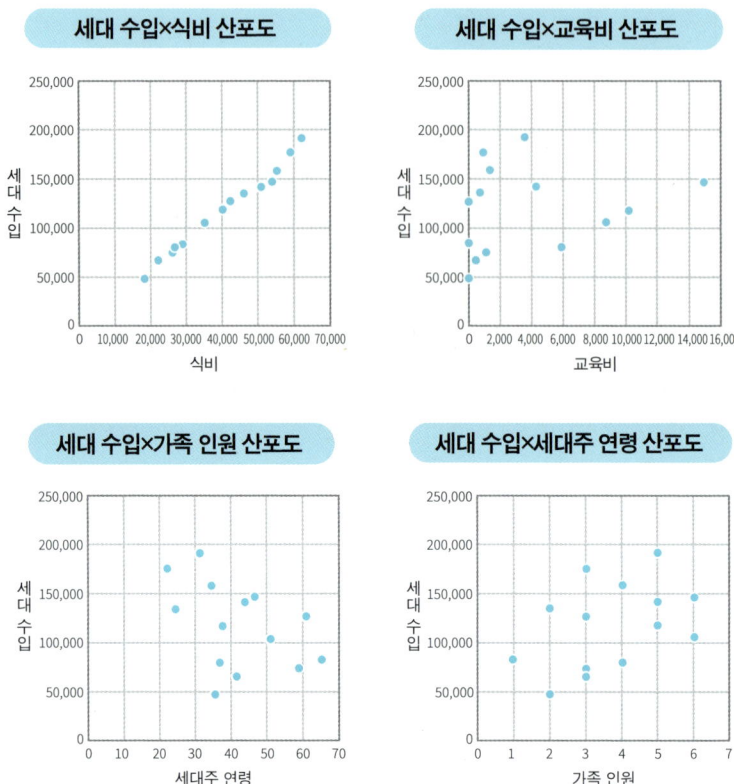

다음으로 건축물의 경과 연수, 집 면적, 휴대전화 대수에 관해서도 확인해봅시다. 처음 가설로는 세대 수입이 많은 세대는 유복하기 때문에 넓은 집에 살지 않을까 했는데 어떤가요? 데이터로 보아서는 세대 수입과 집 면적의 관계성은 없어 보입니다.

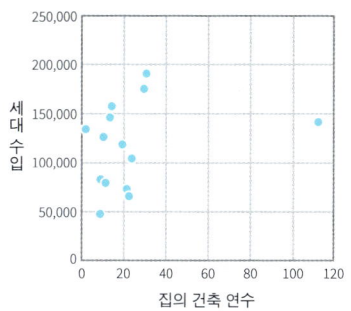
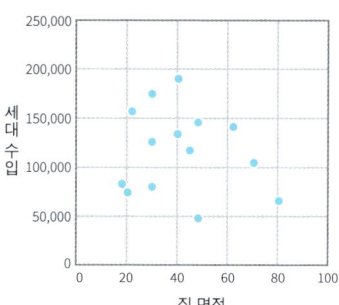
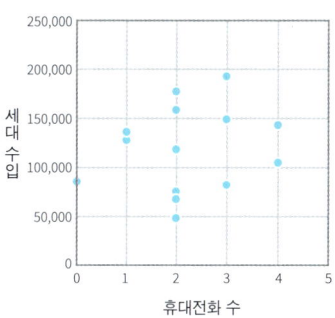

7개의 산포도를 살펴보았는데, **세대 수입과 관련이 있어 보이는 항목은 식비라는 사실을 알 수 있었습니다.** 세대 수입을 답해주지 않은 P씨, Q씨, R씨도 식비 항목은 답해주었기 때문에 이를 통해 세대 수입을 예측할 수 있을 것 같습니다.

순서4 : 수치 데이터에서 찾아낸 관계성을 적용해 예측하자

세대 수입과 각 항목의 산포도를 확인함으로써 세대 수입과 식비 사이에 상관관계가 있다는 사실을 알았습니다. 이 관계성을 이용함으로써 세대 수입을 답해주지 않은 3세대의 값을 예측해봅시다.

세대 수입과 식비의 상관관계를 계산해보면 0.99가 되며, 강한 양의 상관관계가 있다는 사실을 알 수 있습니다. 이러한 강한 상관관계가 있는 항목을 활용해서 **세대 수입을 예측하기 위한 회귀식(정확하게는 선형 회귀식)**을 작성할 수 있습니다. 회귀식이란 Y=aX+b로 표현할 수 있으며, 산포도에서는 하나의 직선으로 표현됩니다.

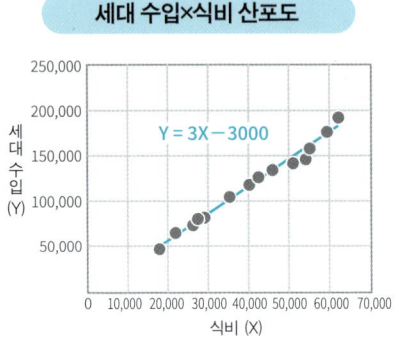

세대 수입을 예측하기 위한 회귀식은 다음과 같습니다.

세대 수입 = 3×식비-3000

식비를 3배로 해서 3000을 빼면 대략적인 세대 수입을 예측할 수 있습니다. 상기 세대 수입과 식비 산포도로 확인할 수 있듯 세대 수입을 아는 14세대는 거의 이 직선 위에 위치합니다

그러면 이 회귀식을 이용해 세대 수입을 모르는 P씨, Q씨, R씨의 값을 예측해봅시다. 여기서 주의할 점은 '외삽이 되지 않았는가?'입니다. P씨, Q씨, R씨의 식비를 확인하면 57,000, 31,000, 48,000입니다. 이번에 회귀식을 작성한 14세대의 식비는 18,000~62,000의 범위였기 때문에 P씨, Q씨, R씨의 식비는 관계성을 찾아낸 데이터 안쪽에 위치합니다. 따라서 회귀식의 관계성을 적용해도 문제가 없어 보입니다.

먼저 P씨의 세대 수입을 예측해봅시다. 세대 수입을 예측하기 위한 회귀식은 '세대 수입=3×식비-3000'이었기 때문에 식비 부분에 P씨의 식비를 대입해 계산하면 168,000이라고 예측할 수 있습니다.

P씨의 세대 수입=3×57000-3000=168000

다음으로 Q씨의 세대 수입도 예측해봅시다. Q씨의 식비는 31,000이었기 때문에 90,000이라고 예측할 수 있습니다.

Q씨의 세대 수입=3×31000-3000=90000

마지막으로 R씨의 세대 수입을 예측해봅시다. R씨의 식비는 48,000이었기 때문에 141,000이라고 예측할 수 있습니다.

R씨의 세대 수입=3×48000-3000=141000

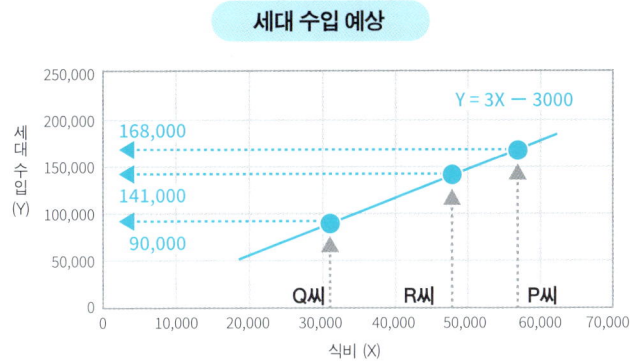

퀴즈7~9의 선택지는 ① 87,000, ② 139,000, ③ 164,000이었기 때문에 각각 예측한 값에 가까운 것을 골라 P씨는 '③ 164,000', Q씨는 '① 87,000', R씨는 '② 139,000'가 정답이 됩니다.

회귀식으로 계산한 값과 딱 맞아떨어지지 않는 이유는 예측 결과에도 오차가 포함되기 때문입니다. 세대 수입과 식비 산포도를 보아도 알 수 있듯 반드시 모든 점이 직선 위에 있는 것은 아니며, 조금씩 위아래로 어긋나 있습니다. 이처럼 **예측한 결과에는 오차가 포함될 수도 있다는 사실도 알아두시기 바랍니다.**

【정답 : 퀴즈7 ❸, 퀴즈8 ❶, 퀴즈9 ❷】

제6장 <정리>

이 장에서 살펴본 것처럼 데이터 과학자는 수치 데이터의 관계성을 찾아내 미지의 숫자를 예측합니다. 비즈니스 현장에서는 미래의 수치를 검토하는 등 데이터에서 미지의 숫자를 예측해야 합니다. 이 장에서 배운 내용을 활용해 데이터를 바탕으로 예측해봅시다.

수치 데이터의 관계성을 확인하자!
데이터 과학자는 한 발짝 떨어져서 데이터 전체를 바라보면서 주어진 수치 데이터 사이에 관계성이 있는지 확인한다.

- **데이터에서 관계성을 찾아낸다**
  - 주어진 수치 데이터 안에서 찾아낸 관계성은 예측 외에도 도움이 된다
  - 주어진 수치 데이터만으로는 관계성을 좁히기 어려운 경우도 있다

내삽과 외삽에 주의하자!
데이터 과학자는 이미 알고 있는 데이터에서 찾아낸 관계성을 적용함으로써 미지의 데이터를 예측한다. 데이터에서 찾아낸 관계성을 적용할 때는 외삽이 되지 않았는지 항상 주의해야 한다.

- **내삽·외삽**
  - **내삽** : 관계성을 찾아낸 데이터의 안쪽을 향해 예측하는 것
  - **외삽** : 관계성을 찾아낸 데이터의 바깥쪽을 향해 예측하는 것

데이터의 치우침에 주의하자!
데이터 과학자는 '데이터의 치우침'과 '데이터의 수'에 주의하면서 수치 데이터의 관계성을 찾는다.

- ●수치 데이터의 관계성을 찾아낸다
  - 찾아낸 관계성의 배경에 데이터의 치우침이 없는지 주의한다
  - 관계성을 찾아낸 데이터가 극단적으로 적지 않은지 확인한다
  - 치우친 데이터에서 찾아낸 관계성은 적용할 수 있는 범위가 제한된다

시간 변화에 주목하자!
데이터 과학자는 시계열 데이터에 포함되는 '트렌드'와 '주기성'을 고찰하고, 미래의 수치를 예측한다.

- ●시계열 데이터
  - 트렌드 : 세세한 변동을 제외한 데이터의 경향
  - 주기성 : 같은 주기로 반복되는 데이터의 변동

데이터로 예측하자!
데이터 과학자는 수치 데이터의 관계성을 찾아내 미지의 숫자를 예측한다.

- ●데이터에서 예측하는 순서
  - 순서1 : 데이터 항목을 확인하고, 대략적인 가설을 세워보자
  - 순서2 : 데이터를 관찰하고, 비정형 데이터가 없는지 확인하자
  - 순서3 : 수치 데이터의 관계성을 찾아내자
  - 순서4 : 수치 데이터에서 찾아낸 관계성을 적용해 예측하자

- ●회귀식(선형회귀식)
  - $Y=aX+b$로 나타낼 수 있는 관계성
  - 산포도상에서는 하나의 직선으로 표현된다

제 7 장

업무에서 데이터 리터러시를 활용한다

이 장에서는 비즈니스 현장에서 **데이터 리터러시를 활용한 사례**를 소개합니다. 데이터 활용 전문가인 데이터 과학자의 사고 과정을 복습하고, **데이터 리터러시를 익히기 위한 요점**을 재확인합시다.

먼저 7-1에서는 **데이터를 읽는 힘**을 활용한 사례를 소개합니다. 이어서 7-2에서는 **데이터를 설명하는 힘**을 활용한 사례, 7-3에서는 **데이터를 분류하는 힘**을 활용한 사례, 7-4에서는 **데이터에서 법칙을 발견하는 힘**을 활용한 사례를 소개합니다. 마지막으로 7-5에서는 **데이터에서 예측하는 힘**을 활용한 사례를 소개하겠습니다.

〈제7장 구성〉

7-1. 데이터를 읽는 힘을 활용한다

　　데이터를 읽는 힘을 활용한 사례 : **앙케트 조사**

　　데이터를 읽는 힘을 활용한 사례 : **상권 분석**

7-2. 데이터를 설명하는 힘을 활용한다

　　데이터를 설명하는 힘을 활용한 사례 : **매출 분석**

　　데이터를 설명하는 힘을 활용한 사례 : **품질 관리**

7-3. 데이터를 분류하는 힘을 활용한다

　　데이터를 분류하는 힘을 활용한 사례 : **고객 세그먼테이션**

　　데이터를 분류하는 힘을 활용한 사례 : **점포 뭉치기**

7-4. 데이터에서 법칙을 발견하는 힘을 활용한다

　　데이터에서 법칙을 발견하는 힘을 활용한 사례 : **설비 이상**

　　데이터에서 법칙을 발견하는 힘을 활용한 사례 : **고객 이탈**

7-5. 데이터를 보고 예측하는 힘을 활용한다

　　데이터를 보고 예측하는 힘을 활용한 사례 : **상품 수요 예측**

　　데이터를 보고 예측하는 힘을 활용한 사례 : **이용객 수 예측**

7-1. 데이터를 읽는 힘을 활용한다

데이터 과학자는 **데이터를 읽는 목적이나 데이터 뒤에 있는 배경을 생각하면서 데이터와 마주합니다.** 항상 생각하면서 데이터와 마주해야 방대한 데이터의 산에 빠지지 않고, 적절한 관점을 찾아내서 데이터에서 유용한 내용을 뽑아낼 수 있습니다.

최근 인터넷을 활용한 앙케트 조사나 PC 사용 이력을 알 수 있는 기계 보급 등으로 인해 다양한 데이터를 비교적 쉽게 모을 수 있게 되었습니다. 그래서 데이터 과학자가 아니어도 '수천 행×수십 항목' 정도의 데이터를 다룰 일이 많아지고 있습니다. 그런데 데이터를 막연하게 바라만 보고 있으면 비즈니스에 유용한 지식으로 활용할 수 없겠지요. 다양한 항목에 눈길을 빼앗기다가 결국 '수많은 데이터가 있지만, 어차피 쓸모가 없다'는 결론에 이르게 되면 아무 소용이 없습니다. 목적이나 배경을 의식하고, 이를 생각하면서 데이터를 파악해야 비즈니스에 도움이 되는 내용을 뽑아낼 수 있습니다.

데이터 과학자는 **데이터의 전체 경향을 파악할 때, 대푯값만으로 판단하지 않고, 반드시 데이터 분포나 내역을 확인합니다.** 신문이나 텔레비전 등의 매스 미디어에서 소개된 데이터의 대다수는 평균값만 표시되어 있습니다. 하지만 이 책 퀴즈에서도 살펴봤듯 평균값만으로 데이터의 전체 경향을 파악할 수는 없습니다. 특히 실제 사회에서는 평균값=최빈값이 되지 않는 경우가 대부분입니다. 평균값을 확인할 때는 그 배경에 있는 데이터가 어떠한 분포를 보이는지 생각해서, 데이터 분포가 극단적으로 치우쳤다고 상정된다면 평균값을 그대로 받아들이지 않는 신중한 자세도 필요합니다.

또, 데이터 과학자는 **복수의 데이터를 조합하면서 상관관계나 인과관계를 탐색합니다.** 상관관계와 인과관계는 혼동되는 일도 많은데, 이 책 퀴즈에서도 살펴봤듯 구별해서 생각해야 합니다. 데이터를 확인해 나가면서 지금까지 몰랐던 상관관계를 찾아내면 '새로운 인과관계를 발견한 건지도 몰라!' 하고 흥분하게 될 때도 있지만, 그럴 때도 차분하게 결과를 고찰할 필요가 있습니다. **상관관계가 있다고 해서 반드시 인과관계가 있는 건 아니라는 사실**을 늘 유의하며, 냉정하게 데이터를 파악하도록 합시다.

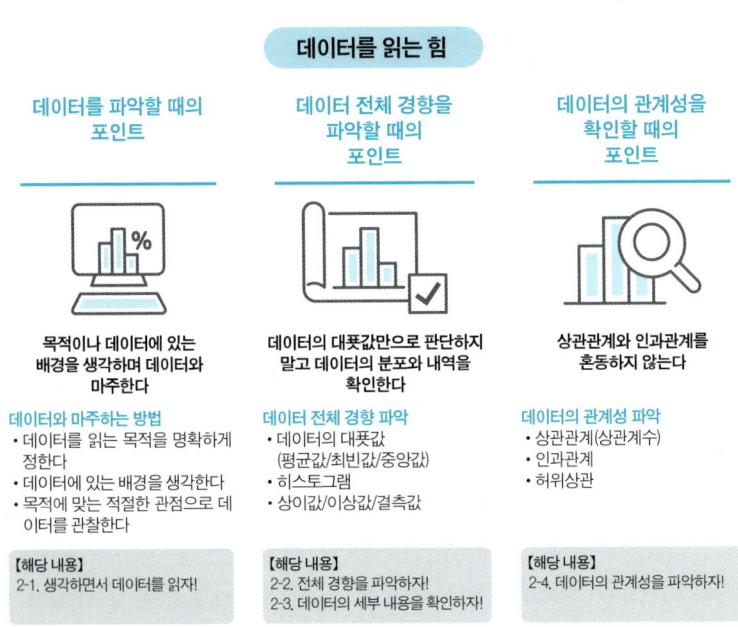

■ 데이터를 읽는 힘을 활용한 사례 : 앙케트 조사

최근 인터넷을 활용한 앙케트 조사가 보급되어 예전보다 간단하게 앙케트를 실시할 수 있게 되었습니다. 여러분 가운데도 마케팅 리서치 등의 대규모 앙케트 조사에는 관여하지 않더라도 이벤트 참가자들을 대상으로 한 앙케트나 서비스 만족도를 묻는 앙케트 등 소규모 앙케트 조사를 담당한 경험이 있는 사람은 많지 않을까 싶습니다. 혹은 앙케트 조사에는 직접 관여하지 않지만, 앙케트 조사로 모인 데이터 보고서를 읽는 입장에 있는 분도 있을 겁니다.

앙케트 조사 데이터를 올바로 파악하려면 데이터를 읽는 힘이 필요합니다. 앙케트 조사 데이터의 전체를 나타내는 대푯값으로 평균값이 자주 이용되지만, 이 책에서 배운 것처럼 데이터 분포를 확인하지 않는 한 그 전체상은 알 수 없습니다.

앙케트 조사 결과를 확인할 때는 보고서에 기재된 평균값에만 신경 쓰기보단 '이 평균값의 바탕이 된 데이터는 어떤 분포를 보이는가?', '극단적으로 치우친 데이터에서 계산한 평균값은 아닌가?'를 의식하는 것이 중요합니다.
식품·음료 등의 제조업이나 호텔·여행 등의 서비스업에서는 앙케트 조사나 인터뷰 조사 데이터 등을 이용해서 새로운 상품이나 서비스 기획·개선에 활용합니다. 데이터를 읽는 힘을 길러서 앙케트 조사 결과를 올바로 파악하도록 합시다.

앙케트 조사

소비자의 기호나 가치관, 구매 의향을 파악한다

- 업계
  - 제조(식품/음료/생활용품 등)
  - 서비스(호텔/여행/외식 등)
- 데이터
  - 앙케트 조사 데이터
  - 인터뷰 조사 데이터
- 방법
  - 새로운 상품이나 서비스 기획/개발
  - 앙케트 결과에 바탕을 둔 상품/서비스 개선

■ **데이터를 읽는 힘을 활용한 사례 : 상권 분석**

편의점·마트 등의 유통업이나 호텔·외식 등의 서비스업에서는 국세조사나 경제 총조사, 가계조사 등의 통계 데이터와 지도 데이터를 조합해 출점 판단이나 상권 마케팅에 활용합니다. 지도상에 통계 데이터를 포개어 상권을 분석하는 것을 '상권 분석'이라 부르는데, 일본 전역에 점포를 둔 편의점과 외식 체인점 등에서는 신규 점포를 출점할 때나 기존 점포를 재구성할 때 상권 분석을 실시합니다.

상권 분석을 할 때는 **지리정보 시스템**(GIS:Geographic Information System)을 이용해 출점 후보가 되는 지역 특성이나 경합 정보를 확인합니다. 각 지역 특성을 파악하기 위한 통계 데이터로 총무성 통계국이 공개하는 국세조사 데이터와 가계조사 데이터를 사용합니다. 국세조사는 일본에 거주하는 모든 사람과 세대를 대상으로 5년마다 실시하는 대규모 조사로, 여러분도 응답한 적이 있을 겁니다. 가계조사는 국민 가계수지의 실태 파악을 목적으로 통계적으로 선발한 약 9,000세대를 대상으로 실시합니다.

국세조사 데이터나 가계조사 데이터 등의 통계 데이터를 올바로 파악하려면 데이터를 읽는 힘이 필요합니다. 통계 데이터에는 수많은 데이터 항목이 포함되어 있기 때문에 데이터 사이의 관계성을 분석하면 많은 상관관계를 찾아낼 수 있습니다. 특히 자기 점포의 매출이나 방문객 수와 상관관계가 있는 데이터를 찾았을 때는 '새로운 발견을 한 게 아닌가' 싶은 생각에 당장이라도 보고서를 작성하고 싶어지겠지만 허위상관일 가능성도 있기에 **냉정하게 데이터 사이의 관계성을 판별하는 것**이 중요합니다. 데이터를 읽는 힘을 기르고, 상권 분석 결과를 올바로 파악하도록 합시다.

상권 분석

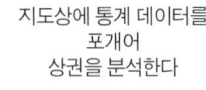

지도상에 통계 데이터를 포개어 상권을 분석한다

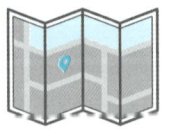

- 업계
  - 유통(편의점/마트/전문점 등)
  - 서비스(호텔/외식/레저 등)

- 데이터
  - 지도 데이터
  - 통계 데이터(국세조사/경제총조사/가계조사 등)

- 방법
  - 신규 점포 출점/기존 점포 재구성
  - 지역 마케팅

7-2. 데이터를 설명하는 힘을 활용한다

데이터 과학자는 **목적에 맞는 그래프 표현을 골라 설득력 있는 보고서나 제안서를 작성합니다.** 비즈니스 현장에서는 상사에게 보고하거나 고객에게 제안할 때 데이터를 이용해서 논리적으로 설명해야 합니다. 최근에는 데이터에 기반한 의사 결정이 중요시되고 있으며, 데이터를 적절하게 가시화하는 힘의 필요성이 높아지고 있습니다.

데이터 과학자는 데이터를 시각화하기 위한 그래프 표현으로 막대 그래프, 꺾은선 그래프, 산포도, 원 그래프를 자주 활용합니다. 이 4가지 그래프 표현법을 익히면 입수한 데이터의 특징이나 상이점, 관련성을 찾아낼 수 있게 됩니다.

그래프를 작성할 때는 **읽는 사람에게 오해를 불러일으키는 그래프를 만들지 않도록 주의**해야 합니다. 데이터에 기반해서 의사결정을 하려면 판단 근거가 된 데이터가 올바른 사실을 표현해야 합니다. 작위적으로 조작된 데이터나 오해를 불러일으키는 그래프를 바탕으로 의사결정을 하면 잘못된 판단으로 이어질 수밖에 없습니다.

또, 데이터 과학자는 **데이터를 비교함으로써 대상이 되는 사실이나 현상의 우열, 간격을 확인합니다.** 데이터를 비교할 때는 성질이 같은 것끼리 비교(Apple to Apple 비교)하도록 비교 대상을 설정해야 합니다. 올바로 비교 대상을 설정하지 않으면 적절한 우열이나 간격을 확인할 수 없습니다. 데이터를 비교하기 위해 어느 시점과의 비교, 계획값과의 비교, 타자와의 비교, 전체와의 비교 같은 4개의 시점을 분명히 정하는 것이 중요합니다. 데이터를 비교하는 목적에 따라 적절한 시점을 선택합니다.

데이터 과학자는 **그래프의 특이점이나 경향성, 상이성이나 관련성에 주목해서 데이터에서 과제를 찾아냅니다.** 항상 '특이한 값은 없는가?', '반복해서 보이는 경향은 없는가?', '다른 것과 비교했을 때 상이한 부분은 없는가?', '데이터와 데이터 사이에 관련성은 없는가?'같은 질문을 던지며 그래프를 확인합니다. 또, 데이터 과학자는 데이터에서 과제를 찾아내기 위해 숫자를 분해합니다. 예를 들어 매출을 고객 수×고객 단가로 분해하거나(곱셈에 의한 분해), 고객 수를 신규고객 수+기존 고객 수로 분해(덧셈에 의한 분해)합니다. 이러한 숫자 분해를 하려면 분해 대상으로 삼는 업계의 도메인 지식이 있어야 합니다. 데이터를 적절하게 설명할 수 있도록 대상으로 삼는 업계의 도메인 지식도 배워둡시다.

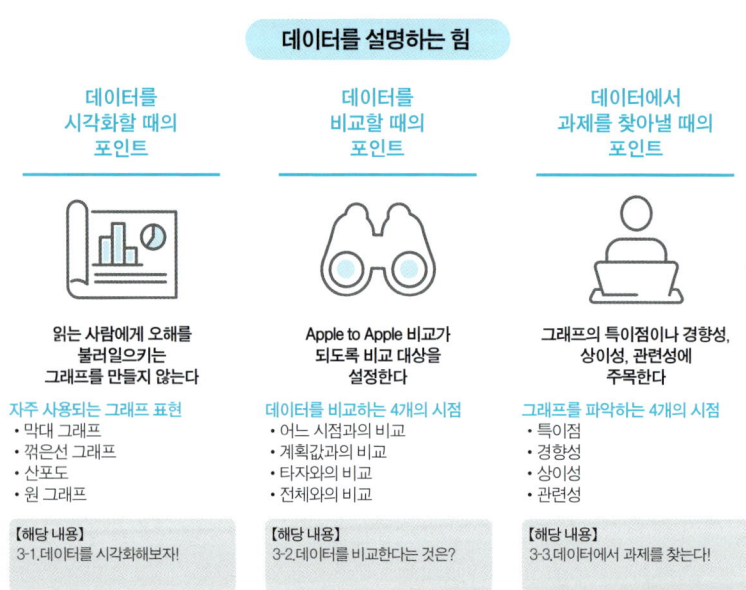

■ 데이터를 설명하는 힘을 활용한 사례 : 매출 분석

편의점이나 마트에서는 카운터에서 바코드를 스캔해서 판매 실적을 관리하는 **POS(Point of sale) 시스템**을 도입하고 있습니다. POS 시스템을 통해 언제,

어디서, 어떤 상품이 몇 개 팔리는지 기록되고, 이 정보는 매출 경향 분석에 활용됩니다. 또, 최근에는 물건을 살 때 포인트가 쌓이는 포인트 카드가 보급되면서 누가 구입했는지도 기록할 수 있게 되면서 판매 실적과 고객 ID를 연결한 ID-POS 데이터도 활용되고 있습니다.

나날이 축적되는 POS 데이터와 ID-POS 데이터는 매주 혹은 매월 실시되는 판매 분석에 활용됩니다. 매출을 분석할 때는 판매 실적을 날짜별이나 시간대별, 상품별로 분석함으로써 점포 운영에 문제가 없는지를 확인합니다. 또, 판매 실적을 분석해서 잘 팔리는 상품이나 판매가 부진한 점포를 찾아냅니다.

잘 팔리는 상품이나 판매 부진 점포를 가려내려면 다른 상품이나 다른 점포와 비교해야 합니다. 이때 주의할 점은 Apple to Orange 비교(다른 성질의 것과의 비교)가 되지 않도록 해야 합니다. 캠페인의 효과를 측정할 때도 판매 실적을 비교하면 도움이 됩니다. 캠페인을 실시했을 때의 매출과 그렇지 않을 때의 매출을 비교함으로써 캠페인의 효과를 측정합니다.

매출 분석 결과는 판매 부문이나 마케팅 부문에 보고할 필요가 있습니다. 판매 부문이나 마케팅 부문은 매출 분석 결과에 기반해서 다음 판매 방법이나 마케팅 방법을 검토합니다. 따라서 **판매 분석 결과가 잘못 전달되면 적절한 의사결정을 하지 못하게 됩니다.** 데이터를 설명하는 힘을 길러서 판매 분석 결과를 올바로 설명할 수 있도록 합시다.

판매 분석

일일 매출을 시각화함으로써
매출 향상 방법을 검토한다

- **업계**
  - 유통(편의점/마트/전문점 등)
  - 서비스(외식/레저 등)

- **데이터**
  - 판매 실적 데이터(POS 데이터/ID-POS 데이터)
  - 기상 데이터/캠페인 데이터

- **방법**
  - 잘 팔리는 상품의 판매 확대/매출 부진 점포 지원
  - 새로운 캠페인 기획/실시

■ 데이터를 설명하는 힘을 활용한 사례 : 품질 관리

자동차나 식품, 음료, 생활용품 등을 제조하는 제조업에서는 제조할 때의 측정 데이터나 검사 데이터를 활용해서 품질 관리를 실시합니다. 측정 데이터를 분석해서 불량품이 제조되는 조건이나 수순을 분명하게 밝히고, 원재료 혹은 제조 조건을 재검토하는 등의 개선 활동으로 연결합니다.

품질 관리(QC:Quality Control)에서는 'QC 7가지 도구'가 활용되고 있습니다. QC 7가지 도구란 제조 현장의 과제를 시각화하기 위한 수법으로 이 책에서 소개한 '그래프'나 '히스토그램', '산포도'가 포함됩니다. 그 밖에는 '파레토 차트', '특성 요인도', '관리도', '체크 시트'가 있습니다.

이 QC 7가지 도구는 품질 관리 영역에서 오래전부터 활용되고 있으며 **과제 발견에 데이터의 시각화가 유용하다**는 사실을 나타내주고 있습니다. 데이터를 시각화하는 힘을 길러서 품질 개선으로 이어 나가도록 합시다.

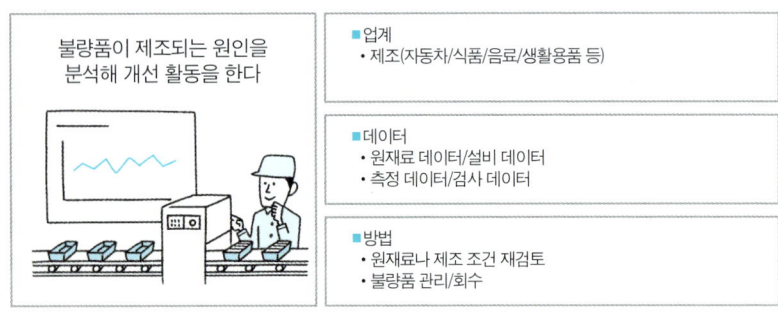

7-3. 데이터를 분류하는 힘을 활용한다

데이터 과학자는 **특징이 비슷한 데이터를 그룹으로 모아 대량의 데이터에서 중요한 요점을 뽑아냅니다.** 데이터를 그룹으로 나눌 때는 특징이 비슷한 데이터는 같은 그룹으로 분류하고, 반대로 특징이 비슷하지 않은 데이터는 다른 그룹으로 분류합니다.

특징이 '비슷하다/비슷하지 않다' 여부는 데이터 사이의 거리로 판단합니다. 이 책의 퀴즈에서는 '거리 공식(피타고라스의 정리)'을 이용해 데이터 사이의 거리를 계산했습니다. 대량의 데이터를 다룰 때는 데이터를 몇 개의 그룹으로 나누면 데이터를 파악·비교하기 쉬워집니다.

데이터 과학자는 **데이터를 분류할 때 반드시 처음에 데이터를 분류하는 목적을 명확하게 합니다.** 이 책 퀴즈에서도 살펴봤듯 데이터를 분류하는 목적이 분명하지 않으면 어떤 관점으로 데이터를 분류하면 좋을지 정할 수 없습니다. 데이터 과학자에게 대량의 데이터를 건네 주면 알아서 적당히 분류해 주리라 생각하는 사람도 있을지 모르지만, 대량의 데이터가 있어도 목적이 정해져 있지 않으면 분류할 수 없습니다. 데이터를 분류할 때는 사전에 분류하는 목적을 명확하게 정하고, 그 목적에 따른 관점으로 데이터를 분류하는 것이 중요합니다.

데이터 과학자는 주로 **k-means법을 이용해 대량의 데이터를 분류합니다.** 비즈니스 현장에서는 수천 건에서 수만 건의 데이터를 분류해야 하는 상황과 자주 직면하게 됩니다. 수십 건 정도의 데이터라면 데이터를 한 건씩 확인하면서 분류할 수 있겠지만, 수천 건이나 수만 건 규모의 데이터는 기계적으로 분류해야 합니다. 대량의 데이터를 분류할 때 사용되는 것이 이 책 퀴즈에서도 살펴본 k-means법입니다. 통계 해석 툴이나 기계학습 라이브러리 등에 설치되어 있는 k-means법을 이용함으로써 기계적으로 대량의 데이터를 분류할 수 있습니다. 단, k-means법을 활용할 때는 초깃값을 고르는 방법에 따라서 분류 결과가 달라진다는 사실에 주의해야 합니다(k-means법의 초깃값 문제).

k-means법을 이용할 때는 초깃값을 바꿔가며 여러 차례 분류함으로써 극단적인 분류 결과가 나오지 않았는지 확인하도록 합시다.

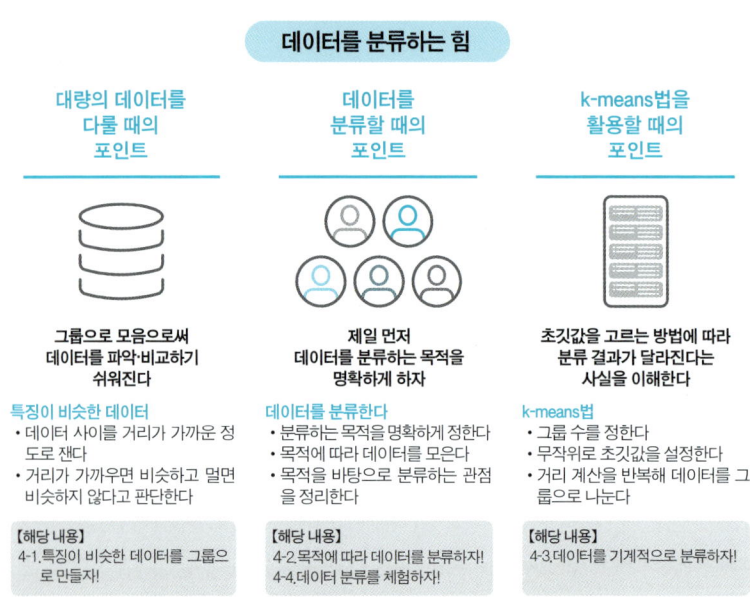

■ 데이터를 분류하는 힘을 활용한 사례 : 고객 세그먼테이션

온라인 쇼핑·편의점 등의 유통업이나 통신·항공 등의 인프라 서비스 영역에서는 회원 등록 데이터나 행동 이력 데이터를 활용해 고객의 기호나 니즈에 맞는 추천을 합니다. 각 고객에게 맞춘 방법을 검토하기 위해 구매 경향이나 행동 경향이 비슷한 고객끼리 그룹화(고객 세그먼테이션)하고는 하지요.

고객 세그먼테이션을 실시할 때는 **어떤 관점으로 고객을 그룹으로 나누고 싶은지를 사전에 명확하게** 정해둘 필요가 있습니다. 신규고객을 늘리고 싶은지, 우량 고객을 고정 고객으로 만들고 싶은지에 따라서 고객을 나누는 방법이 달라집니다. 또 업셀링(upselling)을 노리느냐, 크로스셀링(cross selling)을 노리느냐에 따라서도 고객을 나누는 방법이 달라집니다. 어떤 목적으로 고객 그룹을 나누고 싶은지를 명확하게 정한 다음 고객 세그먼테이션을 실시합니다.

고객은 다양한 관점에서 그룹으로 묶을 수 있습니다. 예를 들어 고객의 성별이나 연령, 직업, 가족 구성 등의 '데모그래픽(demographic)(라이프 스테이지)'으로 그룹을 나눌 수도 있고, 상품을 구입하러 다니는 빈도나 횟수, 이용 채널 등의 '행동 패턴(구매 패턴)'으로 그룹을 나눌 수도 있습니다. 또, 점포 이용 빈도나 만족도 등의 '충성도'나, 취미나 기호, 라이프스타일 등의 '가치관'으로 그룹을 나눌 수도 있습니다.

고객 세그먼테이션으로 작성한 그룹은 정기적으로 재검토해야 합니다. 고객의 행동 패턴이나 구매 패턴은 항상 변화하기 때문입니다. 대상이 되는 업무 영역에 따라 재검토 타이밍이 달라지는데, 반년이나 1년을 기준으로 고객 세그먼테이션 결과가 오래되지는 않았는지 확인하도록 합시다.

고객 세그먼테이션

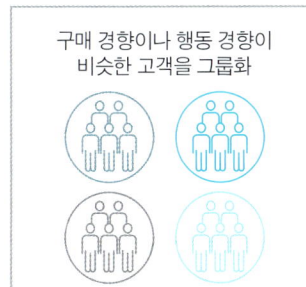

구매 경향이나 행동 경향이 비슷한 고객을 그룹화

- ■업계
  - 유통(온라인 쇼핑/편의점/전문점 등)
  - 인프라(통신/항공/에너지 등)

- ■데이터
  - 회원 등록 데이터
  - 구매 이력 데이터/행동 이력 데이터

- ■방법
  - 고객의 기호나 니즈에 맞춘 추천
  - 우량 고객을 고정 고객으로 만드는 방법

■ 데이터를 분류하는 힘을 활용한 사례 : 점포 뭉치기

편의점·마트 등의 유통업이나 호텔·외식 등의 서비스업에서는 매출 데이터나 입지/주변 시설 데이터를 활용해서 방문하는 고객층에게 맞는 상품 갖추기나 층 배정, 가격 설정 등을 하고 있습니다. 각각의 점포 특성에 맞춘 방법을 검토하기 위해 매출 경향이나 방문객 층이 비슷한 점포끼리 그룹화(점포 뭉치기)합니다.

점포를 뭉칠 때는 **입지/주변 시설 데이터를 제대로 모으는 것**이 중요합니다. 유통업이나 서비스업에서는 일반적으로 입지에 따라 방문하는 고객층이나, 고객이 붐비는 요일이 각각 다릅니다. 또, 오피스 거리나 번화가에 있는 점포인지 주택가에 있는 점포인지 도로변에 있는 점포인지에 따라 진행할 시책이 달라집니다. 또, 점포의 입지뿐 아니라 주변에 어떤 시설이 있는지도 중요한 정보가 됩니다. 점포 가까이에 역이나 버스정류장이 있는지, 학교나 병원은 있는지, 레저 시설이나 스포츠 시설은 있는지 등 주변 시설 데이터도 확실하게 모아둘 필요가 있습니다.

매출 데이터나 고객층 데이터와 함께 입지 데이터나 주변 시설 데이터를 이용함으로써 적절한 점포 그룹을 작성할 수 있게 됩니다. 데이터를 분류하는 힘을 길러서 점포를 그룹화하도록 합시다.

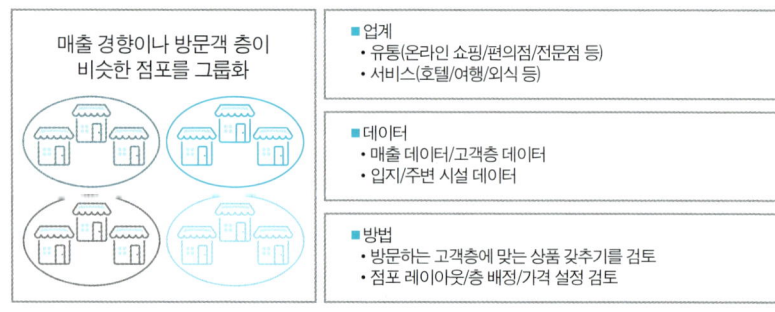

7-4. 데이터에서 법칙을 발견하는 힘을 활용한다

데이터 과학자는 **데이터에서 법칙을 찾아내 그 법칙을 적용함으로써 판별 문제의 결과를 추측합니다.** 비즈니스 현장에서는 '이 고객은 상품을 구입할 것 같은가/그렇지 않은가', '이 기계는 고장이 날 것 같은가/그렇지 않은가' 등 어느 쪽 상황이 될지 추측하는 '판별 문제(A·B 테스트)'를 자주 접하게 됩니다. 적은 데이터로부터 판별 문제를 추측하기 위한 법칙을 찾아내기는 어렵지만, 비슷한 상황이었을 때의 데이터가 대량으로 있으면 데이터에서 법칙을 찾아낼 수 있습니다.

데이터 과학자는 **데이터 근거를 바탕으로 판별 문제의 결과를 추측하기 위해 의사결정 트리 모델을 활용합니다.** 비즈니스 현장에서는 수천 건에서 수만 건의 데이터에서 법칙을 찾아내야 하는 상황을 직면할 때가 많습니다. 수십 건 정도의 데이터라면 데이터를 한 건씩 보면서 법칙을 확인할 수 있겠지만, 수천 건이나 수만 건 규모의 데이터를 다룰 때는 기계적으로 데이터에서 법칙을 찾아내야 합니다.

대량의 데이터에서 법칙을 찾아낼 때 사용하는 것이 의사결정 트리 모델입니다. 의사결정 트리 모델은 판별 문제를 풀기 위한 수법 중 하나로 복수의 조건 가지를 나무 구조로 표현하므로 직감적으로 이해하기 쉬운 모델로 알려져 있습니다. 의사결정 트리 모델을 작성함으로써 데이터 근거를 바탕으로 판별 문제의 결과를 추측할 수 있습니다.

그리고 데이터 과학자는 **판별 문제의 정밀도를 정답률, 적합률, 재현율 같은 지표를 이용해 평가합니다.** 이 책 퀴즈에서도 살펴봤듯 적합률과 재현율은 이율배반 관계에 있기 때문에 오검지(誤檢知)를 낮추고자 하면 놓치는 부분이 많아지고, 놓치는 부분을 낮추고자 하면 오검지가 많아집니다. 적합률과 재현율을 동시에 높이기는 어렵기 때문에 판별 문제의 목적에 따라 평가 지표를 나눠서 사용해야 합니다. 오검지를 낮추고 싶을 때는 '적합률'로 평가하고, 놓치는 부분을 낮추고 싶을 때는 '재현율'로 평가합니다.

판별 문제의 추측 결과를 확인할 때는 **추측 결과가 잘못될 때도 있다는 사실**을 알아두어야 합니다. 이 책 퀴즈에서도 등장한 코로나 바이러스 검사 방법처럼 판별 문제의 추측 결과는 2×2칸 크로스 표로 정리할 수 있습니다. 4칸 표 가운데 2칸은 정답이지만, 나머지 2칸은 오답(추측 결과가 잘못됨)입니다. 비록 대량의 데이터에서 도출한 법칙이라도 그에 들어맞지 않는 값(오답인 값)도 존재합니다.

의사결정 트리 모델 등을 활용함으로써 어느 정도 정밀도가 높은 추측은 가능하지만, 모든 데이터에서 정답인 모델을 만들 수는 없습니다. 놓치는 부분을 적게 하기 위해 오검지가 많아지는 코로나 바이러스 검사 방법처럼, 완벽한 추측 결과를 얻기는 어렵습니다. 이 점을 알아두고 판별 문제의 추측 결과를 확인하도록 합시다.

데이터에서 법칙을 찾아내는 힘

판별 문제를 생각할 때의 포인트

데이터에서 찾아낸 법칙을 적용해 결과를 추측한다

A·B 테스트
- 둘 중에 어느 쪽 상태가 될지 추측하는 문제(예:생존/사망)
- 어느 한쪽을 반드시 선택해야 한다

【해당 내용】
5-1.데이터에서 법칙을 찾아낸다!

의사결정 트리 모델을 작성할 때의 포인트

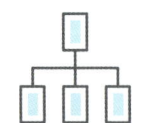

법칙을 끌어내기 위한 데이터를 많이 모아야 한다

의사결정 트리 모델
- 판별 문제를 풀기 위한 수법
- 복수의 조건 가지를 나무 구조로 표현
- 직감적으로 이해하기 쉬운 모델도 알려져 있나

【해당 내용】
5-2.판별 문제를 푸는 의사결정 트리 모델
5-4.의사결정 트리 모델을 활용해보자!

판별 문제의 정밀도를 평가할 때의 포인트

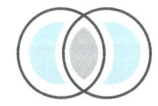

적합률과 재현율은 이율배반 관계에 있다

판별 문제의 정밀도 평가
- 오검지를 낮추고 싶을 때는 적합률로 평가한다
- 놓치는 부분을 줄이고 싶을 때는 재현율로 평가한다

【해당 내용】
5-3.판별 문제의 정밀도를 평가해보자!

■ 데이터에서 법칙을 발견하는 힘을 활용한 사례 : 설비 이상

자동차·금속 등의 제조업이나 도로·철도 등의 인프라 영역에서는 센서 데이터나 유지관리 데이터를 활용해서 설비를 감시하거나 이상을 검지합니다. 공장에서는 설비를 안정적으로 가동하려면 정기적인 수리와 유지관리가 필요합니다. 설비가 고장 나면 공장의 생산라인이 멈추기 때문에 항상 감시하고, 이상이 있으면 조기에 복구해야 하지요.

설비가 '고장이 날 것 같은지/그렇지 않은지'를 판단하는 것은 판별 문제(A·B 테스트)로 생각할 수 있습니다. 과거에 이상이 확인된 설비의 센서 데이터나 가동 기록 데이터를 바탕으로 설비의 노화를 추측하는 모델을 작성해 고장이 날 법한 설비를 찾습니다. 설비가 고장 나기 전에 미리 부품을 수리·교환함으로써 정상적인 설비 상태를 유지합니다. 이를 **예방적 유지 보수**라고 부르며 제조업이나 인프라 영역에는 이런 식으로 일을 진행합니다. 데이터에서 법칙을 찾아내는 힘을 길러서 정상적인 설비 상태를 유지할 수 있도록 합시다.

설비 이상

설비 이상을 검지해서 정상적인 상태를 유지

- ■업계
  - 제조(자동차/금속/화학 등)
  - 인프라(도로/철도/에너지 등)
- ■데이터
  - 센서 데이터
  - 가동 기록 데이터/유지 보수 데이터
- ■방법
  - 설비 감시/이상 검지
  - 설비의 수리 교환/예방적 유지 보수

■ 데이터에서 법칙을 발견하는 힘을 활용한 사례 : 고객 이탈

은행·보험 등의 금융업이나 통신·에너지 등의 인프라 영역에서는 계약 내용

이나 이용 실적 데이터를 활용해서 자사 서비스 해약으로 연결되는 요인을 분석한 뒤, 서비스 내용을 재검토하고 개선해 나갑니다.

경쟁사와의 고객 쟁탈전이 치열한 통신업에서는 과거부터 고객 이탈을 방지하기 위한 **이탈 분석(Churn Analysis)**을 하고 있습니다. 과거에 이탈한 고객의 계약 내용이나 이용 실적, 대응 이력을 바탕으로 고객이 해약을 결정하는 상황이나 요인을 분석합니다.

고객이 해약할 것 같은지/그렇지 않은지 여부를 가리는 것은 판별 문제(A·B 테스트)라고 생각할 수 있습니다. 과거에 이탈한 고객의 데이터에서 법칙을 찾아내 앞으로 타사 서비스로 갈아탈 가능성이 높은 고객을 찾아냅니다. 그런 다음, 해약 리스크가 높은 고객에게 특별 플랜을 제시하거나 만족 상황 청취 등 적절한 피드백을 받아 타사로 갈아타는 고객을 줄이는 것이지요.

최근 휴대전화와 인터넷 공급자 등의 통신 영역뿐 아니라 에너지 영역에서도 고객 이탈에 관한 분석이 주목받고 있습니다. 전력과 가스의 자유화로 신규 및 고정 고객 확보가 중요해진 만큼, 적극적으로 고객 이탈에 관한 분석을 하게 되었습니다. 데이터에서 법칙을 찾아내는 힘을 길러서 고객 이탈을 방지하도록 합시다.

고객 이탈

타사의 서비스로 갈아탈 가능성이 높은 고객을 찾아낸다

- **업계**
  - 금융(은행/보험 등)
  - 인프라(통신/에너지 등)

- **데이터**
  - 계약자 정보/계약 내용
  - 이용 실적 데이터/대응 이력 데이터

- **방법**
  - 서비스 내용 재검토/개선
  - 이탈 방지를 위한 특별 오퍼 방법

7-5. 데이터를 보고 예측하는 힘을 활용한다

데이터 과학자는 **수치 데이터의 관계성을 찾아내, 미지의 숫자를 예측합니다.** 비즈니스 현장에서는 미래의 수치를 검토해야 하는 등 데이터에서 미지의 숫자를 예측해야 합니다.

데이터 과학자는 미지의 데이터에서 찾아낸 관계성을 적용함으로써 미지의 수치를 예측합니다. 데이터에서 찾아낸 관계성을 적용할 때는 관계성을 찾아낸 데이터의 바깥쪽을 향해 예측하는 '외삽'이 되지 않았는지 항상 주의해야 합니다.

이 책 퀴즈에서도 살펴봤듯 기존 데이터 바깥쪽을 향해 미지의 데이터를 예측하는 외삽일 경우 데이터에서 찾아낸 관계성을 적용해도 올바른 예측을 할 수 없습니다. 외삽으로 예측한 경우, 상품 판매 예측 결과나 기계 고장 예측 건수가 마이너스가 되는 등 실제로는 있을 수 없는 예측 결과가 나오는 경우가 자주 있습니다. 이상한 예측 결과를 얻었을 때는 외삽이 되지 않았는지 확인하도록 합시다.

또, 데이터 과학자는 **수치 데이터의 관계성을 찾아낼 때, '데이터의 치우침'과 '데이터의 수'에 주의를 기울입니다.** 치우친 데이터나 극단적으로 수가 적은 데이터에서 찾아낸 관계성은 적용할 수 있는 범위가 제한됩니다. 이 책 퀴즈에서도 확인한 것처럼 데이터의 관계성을 확인할 때는 그 관계성의 배경에 데이터의 치우침이 없는지 주의해야 합니다. 입수한 데이터에 치우침이 없었다 하더라도 데이터를 모으는 시점에 치우친 집단에서 데이터를 모았을지도 모릅니다. 항상 '치우친 데이터를 모으지는 않았는지' 자문자답하면서 데이터를 마주해야 합니다.

그리고 데이터 과학자는 **시계열 데이터에 포함되는 '트렌드'나 '주기성'을 고려하면서 미래의 수치를 예측합니다.** 시계열 데이터는 세세한 변동을 제외한 데이터의 경향(트렌드)과 같은 주기로 변동을 반복하는 주기성을 포함합니다. 주기성에는 계절 변동이나 요일 변동, 시간 변동 등 다양한 변동이 있습니다.

시계열 데이터에서 미래의 수치를 예측할 때는 시계열 데이터에 포함되는 주기성을 고려해야 합니다. 주기성을 고려하지 않고 예측하고자 하면 제대로 예측할 수 없습니다. 데이터 과학자는 시계열 데이터에 포함되는 트렌드와 주기성을 고려하면서 미래의 수치를 예측합니다.

데이터를 보고 예측하는 힘

데이터를 보고 예측할 때의 포인트	데이터의 관계성을 찾아낼 때의 포인트	시계열 데이터를 다룰 때의 포인트
		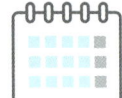
바깥쪽을 향해 예측하는 외삽이 되지 않았는지 주의한다	치우친 데이터에서 찾아낸 관계성은 적용할 수 있는 범위가 제한된다	같은 주기로 반복되는 주기성이 포함된 경우가 많다
데이터를 보고 예측한다 • 기존의 수치 데이터에서 관계성을 찾아낸다 • 찾아낸 관계성을 적용해서 미지의 숫자를 예측한다	수치 데이터의 관계성을 찾아낸다 • 찾아낸 관계성의 배경에 데이터의 치우침이 없는지 주의한다 • 극단적으로 적은 데이터에서 찾아낸 관계성에는 주의가 필요	시계열 데이터 • 트렌드와 주기성이 포함된다 • 계절 변동, 요일 변동, 시간 변동 등 다양한 주기성이 있다
【해당 내용】 6-1.수치 데이터의 관계성을 확인하자! 6-2.내삽과 외삽에 주의하자!	【해당 내용】 6-3.데이터의 치우침에 주의하자! 6-5.데이터를 보고 예측하자!	【해당 내용】 5-3.판별 문제의 정밀도를 평가해보자!

■ **데이터를 보고 예측하는 힘을 활용한 사례 : 상품 수요 예측**

편의점·마트 등의 유통업이나 식품·음료 등의 제조업에서는 판매 실적 데이터나 거래 이력 데이터를 바탕으로 상품의 수요를 예측해서 발주 관리나 재고 관리, 생산 계획에 활용합니다.

편의점이나 마트에서는 **상품의 수요를 예측**해야 적정한 수의 상품을 발주할 수 있습니다. 특히 편의점은 점포 공간이 제한되어 있기에 필요 이상의 상품을 재고로 떠안고 있을 수 없습니다. 과도한 재고를 떠안지 않기 위해서라도 매출을 예상할 수 있는 범위에서 상품을 발주해야 합니다. 또, 삼각김밥이나 도시락 같은 상품은 유통기한이 있기 때문에 남으면 폐기하게 됩니다. 그러면 판매가 예상되는 최소한의 숫자만 발주하면 되느냐 하면 그렇지만은 않습니다. 발주하는 수가 너무 적으면 손님 입장에서는 상품을 사려고 했는데 사지 못하는 기회 손실이 발생합니다. 재고 부족으로 인한 기회 손실과 재고 과다로 인한 폐기 손해의 균형을 고려해서 미래의 수요를 예측해야 합니다. 데이터를 보고 예측하는 힘을 길러서 상품 수요를 예측합시다.

또, 상품 수요를 예측할 때는 데이터의 치우침에 신경 쓰는 것도 잊지 않도록 합시다. 치우친 데이터에서 찾아낸 관계성은 적용할 수 있는 범위가 제한적입니다. 오피스 거리의 점포 데이터를 보고 작성한 수요 예측 모델을 도로변 점포에 적용하면 올바른 예측을 할 수가 없습니다. 필요에 따라서 수요 예측 모델을 여러 개 준비하는 등의 궁리가 필요합니다.

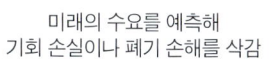

■ 데이터를 보고 예측하는 힘을 활용한 사례 : 이용객 수 예측

호텔·레저 등의 서비스업이나 항공·철도 등의 교통 영역에서는 고객 모집 실적 데이터나 이용 실적 데이터를 이용해 이용 고객을 예측합니다. 호텔이나 레저 시설에서는 이용객이 많은 성수기와 이용객이 적은 비수기가 분명해서 비수기에 손님을 어떻게 모을 것이냐가 중요한 주제지요. 최근에는 혼잡도 완화와 수요의 최대화를 목적으로 수요와 공급에 따라 가격을 조정하는 다이내믹 프라이싱(dynamic pricing)을 도입하는 기업이 늘고 있습니다. 이용객 수 예측 결과를 바탕으로 판매 현황이나 재고 현황에 근거해 가격을 설정합니다. 성수기에는 높은 가격을 설정하는 데 반해, 비수기에는 고객을 모으기 위해 낮은 가격을 설정합니다.

이용객 수를 예측할 때는 과거 이용 실적 데이터, 고객 모집 실적 데이터와 더불어 이벤트 데이터, 캠페인 데이터를 충분히 모아야 합니다. 직접 실시하는 이벤트나 캠페인에 관한 데이터는 물론이고, 주변 시설이나 경쟁사에서 실시할 예정인 이벤트나 캠페인을 추가하면 높은 정밀도로 이용객 수를 예측할 수 있게 됩니다. 데이터를 보고 예측하는 힘을 길러서 이용객 수를 예측하도록 합시다.

이용객 수 예측

이용자가 적을 법한 시기를 예측해서 손님을 모으기 위한 캠페인 실시

■ 업계
• 서비스(호텔/여행/레저 등)
• 인프라(항공/철도/도로 등)

■ 데이터
• 고객 모집 실적 데이터/이용 실적 데이터
• 이벤트 데이터/캠페인 데이터

■ 방법
• 고객 모집을 위한 캠페인 실시
• 다이내믹 프라이싱

제7장 <정리>

이 장에서 살펴본 것처럼 다양한 비즈니스 현장에서 데이터 리터러시를 활용할 수 있습니다. 이 장에서 소개한 사례를 참고하면서 본인 업무에 데이터 리터러시를 활용하도록 합시다.

데이터를 읽는 힘을 활용한다
데이터 과학자는 데이터를 읽는 목적이나 데이터에 있는 배경을 생각하면서 데이터와 마주한다.

- **데이터를 읽는 힘**
  - 데이터를 파악할 때는 목적이나 데이터 뒤에 있는 배경을 생각하면서 데이터와 마주한다
  - 데이터의 전체 경향을 파악할 때는 데이터의 대푯값으로만 판단하지 말고, 데이터의 분포나 내역을 확인한다
  - 데이터의 관계성을 확인할 때는 상관관계와 인과관계를 혼동하지 않는다

- **데이터를 읽는 힘을 활용한 사례**
  - **앙케트 조사**: 제조업이나 서비스업에서는 앙케트 조사 데이터를 활용해 새로운 상품/서비스 기획이나 개발에 활용한다
  - **상권 분석**: 유통업이나 서비스업에서는 통계 데이터를 활용해서 신규 점포 출점 판단에 활용한다

데이터를 설명하는 힘을 활용한다
데이터 과학자는 목적에 맞는 그래프를 선택해서 설득력 있는 보고서와 제안서를 작성한다.

- **데이터를 설명하는 힘**
  - 데이터를 시각화할 때는 읽는 사람에게 오해를 불러일으키는 그래프를 작성하지 말아야 한다
  - 데이터를 비교할 때는 Apple to Apple 비교가 되도록 비교 대상을 설정한다
  - 데이터에서 과제를 찾아낼 때는 그래프의 특이점이나 경향성, 상이성, 관련성에 주목한다

- **데이터를 설명하는 힘을 활용한 사례**
  - **매출 분석** : 유통업이나 서비스업에서는 판매 실적 데이터를 이용해 잘 팔리는 상품의 판매 확대 방안이나 판매 부진 점포 지원에 활용한다
  - **품질 관리** : 제조업에서는 제조 시의 측정 데이터나 검사 데이터를 이용해 원재료나 제조 조건의 재검토에 활용한다

데이터를 분류하는 힘을 활용한다

데이터 과학자는 특징이 비슷한 데이터를 그룹으로 묶음으로써 대량의 데이터에서 요점을 끌어내기 쉽게 만든다.

- **데이터를 분류하는 힘**
  - 대량의 데이터를 다룰 때는 그룹으로 묶음으로써 데이터를 파악·비교하기 쉽게 한다
  - 데이터를 분류할 때는 제일 먼저 데이터를 분류하는 목적을 구체적으로 정한다
  - k-means법을 활용할 때는 초깃값을 고르는 방법에 따라 분류 결과가 달라진다는 사실을 이해한다

- **데이터를 분류하는 힘을 활용한 사례**
  - **고객 세그먼테이션** : 유통업이나 인프라 서비스 영역에서는 거래 이력 데이터를 활용해 우량 고객을 고정 고객으로 만들고 있다

- **점포 뭉치기** : 유통업에서는 매출 데이터나 입지/주변 시설 데이터를 활용해 방문하는 고객층에 맞는 상품을 갖춰놓는다

데이터에서 법칙을 찾아내는 힘을 활용한다

데이터 과학자는 데이터에서 찾아낸 법칙을 적용함으로써 판별 문제의 결과를 추측한다.

● **데이터에서 법칙을 찾아내는 힘**
- 판별 문제를 생각할 때는 데이터에서 찾아낸 법칙을 적용해서 결과를 추측한다
- 의사결정 트리 모델을 작성할 때는 법칙을 끌어내기 위한 데이터를 충분히 모아야 한다
- 판별 문제의 정밀도를 평가할 때는 적합률과 재현율이 이율배반 관계에 있다는 사실을 이해한다

● **데이터에서 법칙을 찾아내는 힘을 활용한 사례**
- **설비 이상** : 제조업에서는 센서 데이터나 가동 기록 데이터를 활용해 설비를 감시하거나 이상을 검지한다
- **고객 이탈** : 금융업이나 교통 영역에서는 대응 이력 데이터를 활용해 서비스 내용 재검토나 개선으로 연결한다

데이터에서 예측하는 힘을 활용한다

데이터 과학자는 수치 데이터의 관계성을 찾아내 미지의 숫자를 예측한다.

● **데이터를 보고 예측하는 힘**
- 데이터를 보고 예측할 때는 바깥쪽을 향해 예측하는 외삽이 되지 않았는지 주의한다
- 치우친 데이터에서 찾아낸 관계성은 적용할 수 있는 범위가 제한된다는 사실을 이해한다

- 시계열 데이터에는 세세한 변동을 제외한 데이터 경향(트렌드)과 같은 주기로 변동을 반복하는 주기성을 포함한다

● **데이터를 보고 예측하는 힘을 활용한 사례**
- **상품 수요 예측 :** 유통업이나 제조업에서는 거래 이력 데이터를 활용해 수요 예측에 바탕을 둔 발주 관리나 생산 관리로 연결한다
- **이용객 수 예측 :** 서비스업에서는 이용 실적 데이터나 이벤트 데이터를 활용해 고객 모집을 위한 캠페인으로 연결한다

맺는 말

■데이터 과학자를 목표로 하는 열정의 중요성

최근 몇 년 사이에 데이터 과학자를 목표로 하는 사람이 늘고 있습니다. 신입사원이나 20~30대 젊은 인재가 특히 많은데, 지망 이유를 물으면 '식량 부족과 지구 온난화 등을 조명하고, 그 원인을 밝혀서 해결 방안을 제시함으로써 사회 과제를 해결하고 싶다', '지금까지 없었던 비즈니스의 가치와 기쁨을 제시하고, 풍요로운 생활을 실현하는 데 공헌하고 싶다' 등 높은 이상을 가진 사람이 많은 것 같습니다.

고전적인 경영 방식을 취하는 기업에서도 항상 경영 데이터를 훑어보고, 나열된 숫자를 바탕으로 비즈니스의 전망을 살펴서 새로운 비즈니스의 가능성을 생각하거나 장래에 발생할 만한 거래상의 리스크를 찾아 차선책을 찾는 등 경영에 활용해왔습니다.

한편 2010년대부터 시작된 IT 진화는 지금까지 없었던 대량의 정보를 모으는 센서 네트워크를 실현하고, 적은 시간으로 유의미한 답을 얻을 수 있는 강력한 계산 처리능력을 제공하고 있습니다. 이것이 데이터를 통해 새로운 사실을 해명하거나 지금까지 없었던 높은 정밀도로 미래를 예측할 수 있게 하고, 데이터 과학자를 목표로 하는 인재의 '꿈'으로 이어지고 있다고 생각합니다.

■통찰력이 만드는 미래

그렇다면 데이터 과학자가 밝혀낸 사회의 진실과 비즈니스의 규칙성과 같은 '통찰력'은 앞으로 우리 생활과 삶에 어떤 영향을 줄까요?

데이터 과학자는 사회와 기업, 생활의 온갖 상황에서 밸류 체인(가치 사슬 모형)상의 과제를 해결하고, 새로운 가치를 찾아내고 있습니다. 수리적인 측면도 중요하지만, 우리를 둘러싼 다양한 현상의 뒷면에 감춰진 통찰력을 얻음으로써 DX로 대표되는 사회 변혁을 가능하게 합니다.

현재는 이러한 개개의 통찰력은 단일한 개체의 가치로 간주하는 일이 많지만, 앞으로는 개별의 사실이 아니라, 모이고 조합되어서 미래를 만드는 양식이 될 겁니다. 구체적으로는 제조업에서 얻은 통찰력, 유통업 혹은 서비스업에서 얻은 통찰력을 조합해 업종을 뛰어넘은 새로운 가치를 낳을 수 있습니다. 만들고(제조업), 나르고(물류업), 판매하는(유통업·서비스업) 것을 연결하는 밸류 체인·기술 혁신 등을 예로 들 수 있겠지요. 이 통찰력의 집합체를 실현하기 위해서는 데이터 과학자뿐 아니라 앞으로 더 많은 사람이 데이터 과학을 배워야 하겠습니다.

■ **인재를 기른다, 조직을 강화한다**

NEC에서는 다양한 업종의 고객 분석 업무나 고객 기업의 DX 안건에 대응하는 일이 최근 몇 년 사이에 폭발적으로 늘고 있습니다. 그 배경에는 코로나 바이러스와 천재지변, 지역 분쟁 등 글로벌 사회 환경이 급격하게 변화하는 가운데, 기업이 데이터 과학을 구사해서 복잡해지는 과제를 어떻게 해결하고 어떤 의사 결정을 내릴지 여부가 점점 중요해진다는 사실이 자리하게 되는 것 같습니다.

많은 기업 경영자 층의 중요한 책무는 계속해서 데이터 과학자를 육성하는 것뿐 아니라 기업 안에서 활용하기 위한 구조를 만드는 일과 조직을 편성하는 일입니다.

이 책은 그러한 능력을 기르는 것을 목표로 NEC의 데이터 과학자들이 집필했습니다. 이 책이 데이터 과학을 배우려는 사람, 기업의 디지털 변혁을 진행하고자 하는 사람에게 최적의 입문서가 되기를 바랍니다.

2022년 3월

일본 전기 주식회사

AI·애널리틱스 사업부 사업부장 이케다 마사유키

참고문헌

제1장

- 『AI戦略 2019 ~ 人・産業・地域・政府全てにAI ~ 』
  統合イノベーション戦略推進会議決定、2019年6月11日
  https://www8.cao.go.jp/cstp/ai/aistratagy2019.pdf
- 『AI白書2022』AI白書編集委員会、2022年4月28日
- 『DX白書2021 日米比較調査にみるDXの戦略、人材、技術』
  IPA 独立行政法人 情報処理推進機構、2021年12月1日
- 『DXリテラシー標準 ver.1.0』経済産業省、2022年3月、https://www.meti.go.jp/policy/it_policy/jinzai/skill_standard/DX_Literacy_standard_ver1.pdf
- 『データサイエンティスト スキルチェックリスト ver.4』
  一般社団法人 データサイエンティスト協会、2021年11月19日
  https://www.datascientist.or.jp/common/docs/skillcheck_ver4.00_simple.xlsx
- 『数理・データサイエンス・AI (リテラシーレベル) モデルカリキュラム ~ データ思考の涵養 ~ 』数理・データサイエンス教育強化拠点コンソーシアム、2020年4月
  http://www.mi.u-tokyo.ac.jp/consortium/pdf/model_literacy.pdf
- 『AI人材の育て方 先端IT人材の確保がビジネス成長のカギを握る』
  孝忠大輔、2021年6月 (翔泳社)

제2장

- 『統計学入門 (基礎統計学Ⅰ) 』
  東京大学教養学部統計学教室、1991年7月 (東京大学出版会)
- 『分析者のためのデータ解釈学入門』江崎貴裕、2020年12月 (ソシム)
- 『データ分析に必須の知識・考え方 統計学入門 仮説検定から統計モデリングまで重要トピックを完全網羅』阿部真人、2021年11月 (ソシム)
- 『最短突破 データサイエンティスト検定 (リテラシーレベル) 公式リファレンスブック 第2版』菅由紀子、佐伯諭、髙橋範光、田中貴博、大川遥平、大黒健一、森谷和弘、參木裕之、北川淳一郎、守谷昌久、山之下拓仁、苅部直知、孝忠大輔、2022年5月 (技術評論社)

제3장

- 『統計でウソをつく法 —数式を使わない統計学入門』
  ダレル・ハフ (著)、高木秀玄 (訳)、1968年7月 (講談社)
- 『グラフをつくる前に読む本 一瞬で伝わる表現はどのように生まれたのか』
  松本健太郎、2017年9月 (技術評論社)
- 『データビジュアライゼーション —データ駆動型デザインガイド—』
  Andy Kirk (著)、黒川利明 (訳)、2021年8月 (朝倉書店)

제4장

- 『東京大学のデータサイエンティスト育成講座 Pythonで手を動かして学ぶデータ分析』中山浩太郎 (監修)、松尾豊 (協力)、塚本邦尊、山田典一、大澤文孝 (著)、2019年3月 (マイナビ出版)
- 『パターン認識と機械学習 下 ベイズ理論による統計的予測』C.M.ビショップ (著)、元田浩、栗田多喜夫、樋口知之、松本裕治、村田昇 (監訳)、2012年1月 (丸善出版)

제5장

- 『Kaggleで勝つデータ分析の技術』
  門脇大輔、阪田隆司、保坂桂佑、平松雄司、2019年10月 (技術評論社)
- 『Rではじめるデータサイエンス』Hadley Wickham、Garrett Grolemund (著)、黒川利明 (訳)、大橋真也 (技術監修)、2017年10月 (O'Reilly Japan, Inc.)
- 『Rグラフィックスクックブック 第2版 —ggplot2によるグラフ作成のレシピ集』Winston Chang (著)、石井弓美子、河内崇、瀬戸山雅人 (訳)、2019年11月 (O'Reilly Japan, Inc.)

제6장

- 『最短突破 データサイエンティスト検定 (リテラシーレベル) 公式リファレンスブック 第2版』菅由紀子、佐伯諭、髙橋範光、田中貴博、大川遥平、大黒健一、森谷和弘、釜木裕之、北川淳一郎、守谷昌久、山之下拓仁、苅部直知、孝忠人輔、2022年5月 (技術評論社)

- 『統計学入門（基礎統計学Ⅰ）』
東京大学教養学部統計学教室、1991年7月（東京大学出版会）
- 『パターン認識と機械学習 上』C.M.ビショップ（著）、元田浩、栗田多喜夫、樋口知之、松本裕治、村田昇（監訳）、2012年1月（丸善出版）

제7장

- 『教養としてのデータサイエンス（データサイエンス入門シリーズ）』北川源四郎、竹村彰通（編集）、内田誠一、川崎能典、孝忠大輔、佐久間淳、椎名洋、中川裕志、樋口知之、丸山宏（著）、2021年6月（講談社）
- 『業界別！AI活用地図 8業界36業種の導入事例が一目でわかる』
本橋洋介、2019年11月（翔泳社）

종이와 연필로 익히는 데이터 분석
데이터 과학자의 가설 사고

출간일 | 2024년 2월 8일

지은이 | 고추 다이스케, 가와치 아키오, 고노 슌스케, 스즈키 가이리, 나가키 사키, 나카노 준이치
본문 일러스트 | 무라야마 우키
옮긴이 | 김지윤
펴낸이 | 김범준
기획 · 책임편집 | 권혜수, 조부건
교정교열 | 윤모린
편집디자인 | 김옥자
표지디자인 | 심서령

발행처 | (주)비제이퍼블릭
출판신고 | 2009년 05월 01일 제300-2009-38호
주 소 | 서울시 중구 청계천로 100 시그니쳐타워 서관 9층 949호
주문 · 문의 | 02-739-0739 　　　**팩스 |** 02-6442-0739
홈페이지 | http://bjpublic.co.kr　**이메일 |** bjpublic@bjpublic.co.kr

가 격 | 20,000원
ISBN | 979-11-6592-256-6 (93000)

한국어판 © 2024 (주)비제이퍼블릭

이 책은 저작권법에 따라 보호받는 저작물이므로 무단 전재와 무단 복제를 금지하며,
내용의 전부 또는 일부를 이용하려면 반드시 저작권자와 (주)비제이퍼블릭의 서면 동의를 받아야 합니다.

이 책을 저작권자의 허락 없이 **무단 복제 및 전재(복사, 스캔, PDF 파일 공유)**하는 행위는 모두 저작권법 위반입니다. 서식권법 제136조에 따라 **5년** 이하의 징역 또는 **5천만 원** 이하의 벌금을 부과할 수 있습니다. 무단 게재나 불법 스캔본 등을 발견하면 출판사나 한국저작권보호원에 신고해 주십시오(불법 복제 신고 https://copy112.kcopa.or.kr).

잘못된 책은 구입하신 서점에서 교환해드립니다.